Gefördert durch:

Nationaler Kulturfonds
der Republik Bulgarien

sowie mit freundlicher Unterstützung von:

Bulgarisches Kulturinstitut »Haus Wittgenstein«
Nationales Zentrum für Theater beim Ministerium
   für Kultur der Republik Bulgarien
Nationales Zentrum de Buches beim Ministerium
   für Kultur der Republik Bulgarien

© 2006 Drava Verlag
Satz und Druck: Drava
Klagenfurt | Celovec
www.drava.at

ISBN 10: 3-85435-472-X
ISBN 13: 978-3-85435-472-7

Junges Theater aus Bulgarien

Herausgegeben von
Borislav Petranov &
Alexander Sitzmann

Aus dem Bulgarischen
von Alexander Sitzmann

Drava Verlag
Klagenfurt | Celovec

Inhalt

6 Das bulgarische Drama
nach der politischen Wende von 1989

9 Jana Dobreva:
Die Wärme im November

71 Teodora Dimova:
Schlangenmilch

123 Ina Božidarova:
Saxophon

153 Emil Bonev:
Das Wort Schweigen

191 Jurij Dačev:
Salon der Tränen

225 Kalin Iliev:
Die Grenze

274 Kurzbiographien der Autoren

276 Bühnenrechte

Das bulgarische Drama
nach der politischen Wende von 1989

In der Entwicklung des bulgarischen Dramas zu Beginn des 20. Jahrhunderts können dieselben Charakteristika beobachtet werden, die auch für die Entwicklung des europäischen Dramas dieser Periode typisch sind. Von besonderem Interesse sind die Theaterstücke, die in den 20er Jahren des letzten Jahrhunderts entstanden sind. Thematik und Struktur dieser Werke decken sich mit den Fragestellungen der modernen europäischen Autoren aus jener Zeit. Es gibt Autoren, die vom Symbolismus beeinflußt sind, aber auch solche, in deren Stücken man den Nachhall des Naturalismus vernehmen kann. Im allgemeinen entwickelt sich das bulgarische Drama bis 1944 in verschiedenste Richtungen, und gerade in dieser Vielfalt liegt eine seiner größten Stärken.

In den Jahren nach dem September 1944 wird den Dramatikern das für die Literatur in der Sowjetunion charakteristische Modell des sozialistischen Realismus aufgezwungen. In Bulgarien wird nicht nur das autoritäre politische System des sozialistischen Imperiums durchgesetzt, sondern es wird auch das Andersdenken in der Literatur verboten. Während der 70er und 80er Jahre des vergangenen Jahrhunderts erschienen dann die ersten Theaterstücke, die mithilfe der allegorischen Sprache der Fabeln versuchten, die akut gewordenen Probleme in der Entwicklung des sozialistischen Bulgarien zu thematisieren. Die Inszenierungen solcher Texte erfreuten sich eines außergewöhnlichen Interesses seitens der Zuschauer. Diese Theaterstücke wurden von staatlicher Seite verboten und von den Bühnen verbannt. All das trug dazu bei, sie mit einer besonderen Aura zu umhüllen – ihre Autoren wurden zu Helden. In seiner Entwicklung verpaßte das bulgarische Theater während dieser Periode eine ganze Etappe, insbesondere das Aufkommen und die Entwicklung des absurden Dramas. Zwar tauchten auf einigen alternativen Bühnen Interpretationen von Texten Eugène Ionescos auf, doch nur sporadisch, sodaß eigentlich nicht nur in der Dramatik, sondern auch in der theatralischen Praxis Erfahrungen in der Entzifferung dieser Art von Stücken fehlten.

Nach der politischen Wende von 1989 fielen alle Tabus. Das Publikum erwartete, daß in den Schubladen der »Helden« viele Texte lägen, die nur auf ihre Premiere warteten. Bedauerlicherweise erwies sich das Theater auf der Straße als viel interessanter als jenes auf den Bühnen. Die allegorische Sprache der Fabeln hatte ausgedient. Auf den Bühnen hielt die Abgeschmacktheit Einzug. Im Kampf um das Publikum entbrannte eine Schlacht der Ausdrucksmittel. Manche Regisseure überschritten in ihrer Machtlosigkeit die Grenze des Ästhetischen, andere versuchten, der Straße Konkurrenz zu machen, indem sie politische Spektakel veranstalteten. Aber das reale Theater draußen war stärker.

Der Anfang der 90er Jahre war eine Periode der Collagen in der Dramatik. Niemand mehr griff nach einem ganzen Theaterstück. Jeder zog es vor, irgendeinen Text neu zu variieren und zu vervollständigen. Genau in diese Zeit fallen auch die ersten Gehversuche der neuen Namen in der bulgarischen Dramatik. Doch sie kamen nicht aus dem Nichts. Ihre Arbeit ist ein Produkt des Anhäufens und Zusammenführens von Kenntnissen und Erfahrungen. Auf eine natürliche Art und Weise kehrte so die Vielfalt in die bulgarische Dramatik zurück.

Motivation für die Zusammenstellung dieses Sammelbandes war die Tatsache, daß es seit der politischen Wende von 1989 keinen Überblick über das moderne bulgarische Drama in deutscher Sprache gegeben hat. Unser Wunsch war es, Autoren und Autorinnen vorzustellen, die sich als Dramatiker gerade in der zweiten Hälfte der 90er Jahre des 20. Jahrhunderts etabliert haben. Ihre Texte fürs Theater sind auf den bulgarischen Bühnen aufgeführt worden und haben sich des Interesses des Publikums erfreut. Wir sind weit entfernt von dem Gedanken, daß nur diese drei Damen und drei Herren das neue Gesicht des bulgarischen Dramas verkörpern. Aber wir sind davon überzeugt, daß ihre Stücke mit Sicherheit jene Vielfalt in der neuen bulgarischen Dramatik umreißen werden, von der die Rede war.

Die Herausgeber

Jana Dobreva:

Die Wärme im November

Personen:
ELENA
ALEX
MÄDCHEN
JUNGE

Ein kleines Restaurant in einer Stadt am Meer mit zwei, drei hölzernen Tischen und Stühlen.
Im Interieur des Restaurants gibt es Hinweise auf eine andere Zeit – ein altes Radio, hier und dort altmodische Gegenstände ... In einer Ecke ist ein Kleid aus »Großmutters Zeiten« aufgehängt. An der Wand hängt ein uraltes Hochzeitsphoto – ein Mann und eine Frau, die ihre Köpfe aneinanderlehnen ... Diese Gegenstände deuten nur eine bewahrte, andere Empfindsamkeit an. Alles andere ist zeitgemäß und von heute ...
Neben dem Lokal ist die Küche – es ist notwendig, daß wir nur einen kleinen Teil von ihr sehen. In die Küche gelangt man durch eine Tür hinter der Bar. Und von der Küche, über eine innere Treppe, geht man nach OBEN, *wo das Zimmer des Mädchens und des Jungen ist. Ich stelle es mir mit einem großen französischen Fenster vor, durch das wir sehen werden, was dort vor sich geht ... Das Mädchen sitzt im Zimmer auf einer Matratze, ringsum durcheinandergeworfene Blätter ... Man hört aus der Ferne den Lärm eines Flugzeugs – er verstummt ...*

DAS MÄDCHEN: |*schreibt*| Mu ... ti ... la ... tion ... |*sie wiederholt, um das Wort zu behalten*| **Mutilation. Mutilation.**
Der Lärm eines Flugzeugs durchschneidet die Luft.

DAS MÄDCHEN: |*schreibt*| Be able ... to ... do ... |*wiederholt*| Be able to do, oh, das habe ich schon gelernt! |*Streicht es durch*| UNTEN, *die Tür des Lokals öffnet sich – der Junge trägt eine Kiste Bier herein und lädt sie auf der Bar ab ... Unter der Achsel trägt er die Post – Zeitungen und Briefe; er wirft sie auf einen Tisch und geht hinaus.*

DAS MÄDCHEN: |*schreibt*| Irri ... Irrita ... tion ... |*wiederholt*| Irritation. Das habe ich auch schon gelernt. Irritation war es ... |*schaut ins Heft, um sich zu erinnern*| Ärger!

In der Ferne der Lärm eines Flugzeugs, das landet.

Das Mädchen wirft die Blätter zur Seite, richtet sich auf, schaut aus dem Fenster hinauf zum Himmel ...

Die Tür des Lokals öffnet sich – der Junge trägt weitere Kisten herein, ruft jemandem draußen zu: »Das ist alles, vielen Dank!«, geht hinter die Bar und verschwindet dort durch die Türe ...

Das Mädchen oben nimmt den Telefonhörer ab und wählt eine Nummer.

Im Hintergrund der Bühne erscheint Alex mit einer Reisetasche in der Hand – er hat einen eleganten Anzug an, holt tief Luft, hält sie kurz an ... Er atmet heftig aus, ruft: »Taxi!«

Das Telefon im Lokal läutet ...

Der Junge kommt mit einem großen Heft und einem Taschenrechner durch die Türe hinter der Bar ...

DER JUNGE: |*hebt den Telefonhörer ab*| Ja?

DAS MÄDCHEN: |*vom Fenster aus*| Good morning!

DER JUNGE: Hase! Bist du aufgewacht?

DAS MÄDCHEN: Schon lange. How are you?

DER JUNGE: Mir geht es sehr gut. Und wie geht es dir?

DAS MÄDCHEN: Fine, thank you! Ich kann mein blaues Badetuch nicht finden!

DER JUNGE: Es hängt sicher auf der Wäscheleine.

DAS MÄDCHEN: Was soll es denn auf der Wäscheleine?

DER JUNGE: Wahrscheinlich trocknet es.

DAS MÄDCHEN: Es war doch gar nicht schmutzig!

DER JUNGE: Ich weiß nicht, ob es schmutzig war oder nicht, aber ich habe es auf der Wäscheleine gesehen. Wozu brauchst du es?

DAS MÄDCHEN: Ich werde an den Strand gehen.

DER JUNGE: Im November?
DAS MÄDCHEN: Ist es schon November?
DER JUNGE: Hase, du bist doch nicht etwa nackt?
DAS MÄDCHEN: Ich glaube fast, ich bin nackt. Und wenn du dich nicht beeilst, werde ich bald alt sein!
DER JUNGE: Ich komme sofort geflogen! |*will den Telefonhörer auflegen, aber in diesem Augenblick bewegt sich jemand an einem Tisch am Ende des Raumes*| Wer ist da?
DAS MÄDCHEN: Wo? |*sieht sich um*|
Die Bühne wird erleuchtet – wir sehen Elena, die an einem Tisch am Ende des Raumes sitzt, bekleidet mit einem Trenchcoat und mit einem Hut auf dem Kopf. Elena sitzt mit aufrechtem Rücken da, sie hat ihre Tasche auf die Knie gelegt ...
DER JUNGE: Gnädige Frau! Ich habe Sie gar nicht bemerkt!
ELENA: Es war offen.
DAS MÄDCHEN: |*ins Telefon*| Mit wem sprichst du?
DER JUNGE: |*ins Telefon*| Mit einer Waldfee. Aber bleib so, ist das in Ordnung?
DAS MÄDCHEN: Wie?
DER JUNGE: |*leise*| Ganz nackt.
DAS MÄDCHEN: Eigentlich bin ich gar nicht nackt.
DER JUNGE: Sei mir nicht böse, aber wir haben Kundschaft.
DAS MÄDCHEN: Oh, heute ist Samstag.
DER JUNGE: Mhm ...
DAS MÄDCHEN: Sie ist verrückt!
DER JUNGE: Nur seltsam.
DAS MÄDCHEN: Auf unserem Samstagnachmittagssex lastet ein Fluch!
DER JUNGE: Wir müssen aufhören!
DAS MÄDCHEN: Weil die Durchgeknallte aus dem Viertel jeden Samstag Bohnen mit Würstchen ißt!
DER JUNGE: Ich lege auf!
DAS MÄDCHEN: Wer ist dir wichtiger – sie oder ich!
DER JUNGE: Was ist los mit dir? |*zu Elena*| Entschuldigen Sie bitte, gnädige Frau!
ELENA: Sprechen Sie nur, ich habe es nicht eilig.
DAS MÄDCHEN: Du hast gesagt, daß wir nicht mehr aufsperren werden! Alle haben geschlossen! Sie ruhen sich aus und machen

sicher Liebe in der Badewanne. Aber du bist ja Kneipenwirt mit Leib und Seele! Kein einziger Tourist ist mehr in der Stadt, aber wir haben offen! Du hast doch versprochen, daß ...
DER JUNGE: |*geduldig*| Es hängt auf der Wäscheleine.
DAS MÄDCHEN: Was?
DER JUNGE: Dein blaues Badetuch. In letzter Zeit wäschst du dauernd. Die Waschmaschine läuft von morgens bis abends. Erstens wird sie bald den Geist aufgeben, und zweitens ...
das mädchen: Was willst du damit sagen?!
der junge: Dir reicht die schmutzige Wäsche ja nicht! Du wäschst auch die saubere. Fünfmal am Tag.
DAS MÄDCHEN: Was soll das heißen, ich wasche ununterbrochen?
DER JUNGE: Das frage ich mich auch.
DAS MÄDCHEN: Bist du sicher, daß ich ununterbrochen wasche?
DER JUNGE: Ich liebe dich! |*legt den Hörer auf*| Es tut mir wirklich leid, gnädige Frau!
ELENA: Man kann ihr nicht den Mund stopfen, was?
DER JUNGE: Sie ist irgendwie nervös ... dieser Tage ...
ELENA: Und ihrer Meinung nach bin ich verrückt, ist es nicht so?
DER JUNGE: Ach was! Nichts dergleichen, gnädige Frau!
ELENA: Die ganze Stadt ist dieser Meinung ... |*kichert, rückt ohne Notwendigkeit ihren extravaganten Schal zurecht*|
DER JUNGE: Wie üblich, gnädige Frau?
ELENA: Ja.
DER JUNGE: Ein kleiner Pfefferminzlikör. Nescafé. Bohnen mit Würstchen. Und Wermut.
ELENA: Aber nicht gleichzeitig!
DER JUNGE: |*lächelt*| Auf keinen Fall! |*schenkt den Pfefferminzlikör ein und bringt ihn ihr*|
ELENA: Tun Sie heute statt zwei Löffeln Zucker drei in meinen Kaffee.
DER JUNGE: Drei Löffel Zucker? Dieser Samstag ist also etwas Besonderes?!
Der Lärm eines Flugzeugs zerschneidet die Luft ...
ELENA: Haben Sie das gehört?!
DER JUNGE: Was, gnädige Frau?
ELENA: Irgendein Flugzeug ...

DER JUNGE: |*lauscht*| Der Flughafen ist sehr weit von hier entfernt. Gott sei Dank! So können wir dem Meer lauschen, nicht wahr? Die Touristen haben es monatelang übertönt, aber jetzt ist die Stadt still geworden. Es war ein langer Sommer.

ELENA: |*gereizt*| Was wollen Sie damit sagen! Daß die Flugzeuge, die ich seit dem Morgen höre, keine Flugzeuge sind!

DER JUNGE: Warum ziehen Sie Ihren Mantel nicht aus, gnädige Frau?

ELENA: Was stimmt nicht mit meinem Mantel?

DER JUNGE: Es wird Ihnen bequemer sein.

ELENA: Dieser Schal ist ein Geschenk. |*kichert*| Wie dem auch sei ... Heute Nacht bin ich um drei Uhr aufgewacht. Und kein Auge habe ich mehr zugetan.

DER JUNGE: Ich werde Ihnen einen starken Kaffee machen.

ELENA: |*mehr zu sich selbst*| Ich habe zu Charlie gesagt: »Ich höre Flugzeuge, die landen.«

DER JUNGE: Das kommt von der Schlaflosigkeit, gnädige Frau.

ELENA: Die Schlaflosigkeit ... Die denkt sich nur, daß sie mich brechen wird.

DER JUNGE: Und vom Wechsel der Jahreszeiten. Alle sind etwas durcheinander im November. Es ist noch warm, aber es ist trotzdem schon November. Es ist Herbst.

ELENA: Ich weiß, daß es Herbst ist. Deshalb habe ich gestern zu Charlie gesagt: »Dieser November kann uns täuschen. Es kann schlagartig kalt werden, ganz plötzlich.« |*zum Jungen, als sei es etwas Wichtiges*| Vertrauen Sie nie der Wärme im November! Es ist eine trügerische Wärme!

DER JUNGE: Ich vertraue nur meinen Augen, gnädige Frau.

ELENA: Den Augen! Was für ein Unsinn!

DER JUNGE: |*schaut zum Telefon*| Ich verstehe nicht, warum sie in letzter Zeit so unzufrieden ist ... Der lange Sommer hat uns viel Kundschaft gebracht. Wir haben gut verdient. Sie sollte doch zufrieden sein!

ELENA: Frauen! |*kichert*|

DER JUNGE: Ich versuche, sie aufzuheitern, ich erzähle ihr Filme, wir spielen Master Mind, gehen auf Partys, ich habe ihr sogar vorgeschlagen zu heiraten. Was soll ich denn noch tun!

ELENA: Lassen Sie uns ein wenig Musik hören!
DER JUNGE: Beginnen Sie nicht mit dem Pfefferminzlikör, solange ich Ihnen nicht die Musik angemacht habe! Heute bin ich wohl etwas zerstreut ... Die französischen Chansons natürlich, gnädige Frau! Gleich werde ich die CD finden.
Das Fenster oben wird erleuchtet – es erscheint das Mädchen mit dem Telefonhörer in der Hand.
DAS MÄDCHEN: Aber Sie haben doch gesagt, ich solle Sie am Samstag anrufen! Und was für einen Unsinn erzählen Sie mir jetzt! |*während sie spricht, geht sie im Zimmer auf und ab*| ... Ich habe ein ausgezeichnetes Zeugnis und bin der Meinung, daß ich mich beim Vorstellungsgespräch sehr gut präsentiert habe! Ich habe mich sogar für einen Englischkurs angemeldet, um meine Sprachkenntnisse zu perfektionieren. Ich war sicher, daß Sie mich einstellen würden! Und jetzt kommen Sie mir mit der dummen Ausrede, daß ich keine Berufserfahrung auf diesem Gebiet hätte! Woher soll ich diese Berufserfahrung denn nehmen, mich muß doch irgend jemand einstellen, damit ich Erfahrung sammeln kann! Nein, jetzt hören Sie mir mal zu! Ich habe die Schnauze voll von alten, selbstgefälligen Vollidioten! Ich kann schon seit eineinhalb Jahren keine Arbeit finden wegen solcher wie Ihnen! Sie haben sich überall eingenistet, und ich gehe jede Wette ein, daß ich mehr über Biologie weiß als Sie, Sie haben doch schon lange alles vergessen! Sie werden nicht auflegen, denn sonst komme ich und erwürge Sie! Und das wird Ihr letzter Samstag sein! Ich habe Biologie studiert, weil ich das Fach liebe, und Ihr armseliges Institut ist der Ort, wo ich von Nutzen sein kann! Aber das interessiert Sie ja überhaupt nicht! Idiot! |*schlägt gegen den einen Flügel des Fensters, schließt es*|
Im Lokal – laute Musik. Der Junge hat die CD in die Anlage eingelegt.
ELENA: Danke.
DER JUNGE: Zum Wohl, gnädige Frau!
ELENA: |*der Musik lauschend, hebt ihr Glas mit Pfefferminzlikör an, trinkt einen Schluck – zufrieden*| Ach, Charlie ... Das ist ein richtiger Samstag ...

Pause – die Musik und Elena.
ELENA: |*zu sich selbst*| Du erinnerst dich doch an diesen dummen Traum, Charlie! Gestern nacht habe ich ihn wieder geträumt ... Wenn dieser dumme Traum auftaucht, gerät immer etwas durcheinander ... Die Träume täuschen mich nie, Charlie ... Das Problem sind nicht die Träume, sondern die Menschen. Die Menschen, die nicht träumen, halten immer noch jene für verrückt, die träumen ... |*trinkt einen kleinen Schluck*| So ist es, Charlie ...
Das Telefon läutet.
DER JUNGE: Ja?
DAS MÄDCHEN: |*von oben*| Sag nicht »Ja« zu mir, Hase!
DER JUNGE: Gut, wir werden heute abend nicht arbeiten. Ich werde dich ins Kino ausführen, einverstanden?
DAS MÄDCHEN: Hase!
DER JUNGE: Sag schon?
DAS MÄDCHEN: Erzähl mir den Film von gestern abend!
DER JUNGE: Äh ...
DAS MÄDCHEN: Sie ist erst beim Pfefferminzlikör, nicht wahr?
DER JUNGE: Ich werde auch das übrige vorbereiten, du brauchst dich um nichts zu kümmern.
DAS MÄDCHEN: Brauche ich nicht, aber ... Es fehlte gerade noch, daß ich im November Bohnen mit Würstchen koche! Im November habe ich Urlaub. November! Wann ist es November geworden!
DER JUNGE: Dieser Tage.
DAS MÄDCHEN: Wird sie nicht bald gehen?
DER JUNGE: Nein, wird sie nicht.
ELENA: |*holt aus ihrer Tasche einen kleinen Spiegel, betrachtet ihren Schal*|
DAS MÄDCHEN: Um sie herum ist es voller Gespenster!
DER JUNGE: Das geht uns nichts an!
ELENA: Und ich sage zu Charlie: »Dieser Schal ist ein Geschenk.« Charlie lacht. »Was ist, glaubst du mir etwa nicht!« Und Charlie lacht sich tot.
DAS MÄDCHEN: Was ist da los, spricht sie mit sich selbst!
DER JUNGE: Das hat keine Bedeutung.
DAS MÄDCHEN: Hase!

DER JUNGE: Ich höre?
DAS MÄDCHEN: Komm sofort und umarme mich!
ELENA: |zum Jungen| Können Sie es etwas lauter stellen! Dieses Chanson! Das ist eines meiner liebsten!
DER JUNGE: Selbstverständlich, gnädige Frau! |stellt die Musik lauter|
DAS MÄDCHEN: |im Telefon| Was will sie, was ist das für ein Lärm?
DER JUNGE: Schrei nicht, mir platzt noch das Trommelfell!
ELENA: |steht auf, tanzt| Wie habe ich damals zusammen mit Edith Piaf auf den Tischen gesungen ... Ich konnte singen wie Edith Piaf, ich konnte singen wie Maria Callas. Ich sang wie jeder, der ich sein wollte! ... |kichert|
DAS MÄDCHEN: Leg mal ein bißchen Rap auf, hoffentlich verzichtet sie dann auf ihre Samstagspartys!
ELENA: Und wenn ich nicht sang wie jemand, der ich sein wollte, dann dachte ich mir eigene Lieder aus. Über die Liebe, über viiiiieeeeel Liebe ... Und über alles Mögliche ... Sie hörten mir mit offenem Mund zu! Sie sangen mit mir. Oh! Du glaubst mir nicht, nicht wahr Charlie! Du glaubst mir nie! Hättest du wenigstens eine Nacht mit mir verbringen können, damals ... Du würdest es glauben! |kichert|
DAS MÄDCHEN: Ich komme runter und bringe sie um! So werden wir unsere Samstage endlich freihaben.
DER JUNGE: |zum Mädchen| Du verwandelst dich langsam in eine Terroristin!
ELENA: Oh! Auf eine gewisse Art und Weise war ich eine Terroristin. Die Musik zu beherrschen bedeutet, die ganze Welt zu beherrschen! Du kannst mit der Welt tun, was immer du möchtest! |geht zum Tisch, trinkt vom Pfefferminzlikör| Eine Terroristin! |kichert| Aber sie sagten »der Spatz« zu mir. Ich sah so zart aus ... |kichert, als sei es ein großes Geheimnis| Zur Täuschung der übrigen, Charlie! |zum Jungen| Machen Sie dieses Chanson noch etwas lauter, bitte!
DAS MÄDCHEN: Stell es nicht lauter!
Der Junge stellt die Musik lauter.
DAS MÄDCHEN: Ich kann dich nicht hören!
DER JUNGE: Ich sage auch nichts.

DAS MÄDCHEN: Sie haben mich beim Vorstellungsgespräch abgelehnt!
DER JUNGE: Schon wieder!
DAS MÄDCHEN: Was soll dieses »schon wieder« heißen?
ELENA: Ich habe sogar das Leben selbst getäuscht, Charlie! |*trinkt einen kleinen Schluck*| Das Leben dachte sich, daß ich zerbrechen würde, damals war meine Taille gerade mal so ... |*kichert*|
DAS MÄDCHEN: Glaubst du etwa auch, daß ich nie Arbeit finden werde?
DER JUNGE: So habe ich das nicht gemeint!
DAS MÄDCHEN: Es scheint dir ja nicht leid zu tun!
DER JUNGE: Es reicht, Hase! Das ist jetzt nicht der passende Zeitpunkt für solche Gespräche!
DAS MÄDCHEN: Ich habe ein Problem!
DER JUNGE: Ich auch. |*deckt den Hörer ab*| Heute ist sie lauter als je zuvor!
ELENA: |*laut*| Aber ich bin nicht zerbrochen, Charlie! Ich kann immer noch feiern! |*hebt den Pfefferminzlikör an und trinkt ihn auf einen Zug aus*| Brrr! |*schaudert heimlich*| Ich vertrage den Pfefferminzlikör nicht, Charlie! |*kichert*| Ich kann nicht einmal seinen Geruch leiden! Aber Feiertage muß man einhalten, man muß sehr aufpassen, daß man seine Feiertage nicht verpaßt, Charlie! Denn als Gott den Menschen schuf und ihm Atem einblies ... Damals, Charlie, wußte Gott am allerbesten von allen, daß dieses Leben absolut unerträglich sein würde. Deshalb war das erste, was Gott dem Menschen schenkte, die Freude!
Der Junge lauscht Elena in Gedanken versunken ...
DAS MÄDCHEN: Hallo?
Der Junge legt den Hörer auf die Gabel.
DAS MÄDCHEN: Hallo?
Die Musik hört abrupt auf, zusammen mit der Beleuchtung, die flackert, sie geht für einen Augenblick aus, dann wird es erneut hell, aber das Licht ist schwächer als vorher ...
Die Tür des Lokals geht auf – Alex kommt herein. Er hat die Reisetasche dabei, mit der wir ihn am Anfang gesehen haben.
ALEX: Guten Tag.
DER JUNGE: |*schaut immer noch Elena an, antwortet nicht*|

ALEX: |*mit einem Lächeln*| Hallo, ist da jemand?
DER JUNGE: Ja ... äh ... guten Tag, mein Herr!
ALEX: Ist das hier Pomorska Nummer 8?
DER JUNGE: Pomorska 8, ganz genau. Nur der Strom ist ausgefallen.
ALEX: Ach du lieber Gott! Fällt der Strom hier denn immer noch aus?
DER JUNGE: Es kommt selten vor. Es ist sogar den ganzen Sommer über nicht passiert. Wir haben einen Generator, es gibt kein Problem mit der Elektrizität, das Licht ist einfach nicht so hell. Kommen Sie weiter, mein Herr!
ALEX: Na gut, wir werden uns auch mit gedämpfterem Licht anfreunden ... |*schaut sich um*| Ist das die Kneipe von Nikola?
DER JUNGE: Welcher Nikola? Sowohl mein Großvater, als auch mein Vater hießen Nikola.
ALEX: |*scherzhaft*| Sehe ich etwa auch schon aus wie ein Großvater?
DER JUNGE: Wie ein Großvater, ich bitte Sie! Nein, mein Herr.
ALEX: »Bei Nikola« – so hieß dieses Lokal, nicht wahr?
Elena setzt sich an den Tisch mit dem Rücken zu Alex ...
DER JUNGE: Vater hat den Namen nicht geändert, ich auch nicht.
ALEX: Wichtig ist, daß es immer noch existiert.
DER JUNGE: Was, mein Herr?
ALEX: Naja ... dieses Lokal.
DER JUNGE: Woher kommen Sie?
ALEX: Von weit her, mein Junge ... |*geht herum, sieht sich um*|
DER JUNGE: Der Hase meint, daß heutzutage nichts mehr so weit entfernt ist. Die Welt sei ganz klein geworden.
ALEX: Und wer ist er, dieser Hase?
DER JUNGE: Meine Freundin. Sie ist kein er, sondern eine sie. Sie ist seit einiger Zeit irgendwie sauer. Meiner Meinung nach aber bleiben Entfernungen einfach Entfernungen. Wie sehr die Welt auch kleiner werden mag.
ALEX: Schau an ... Du und der Hase – für und gegen die Globalisierung, was? ... Ich habe das Gefühl, eine lange Reise gemacht zu haben, um hierher zu kommen. Ja, eine sehr lange Reise sogar ... |*berührt die Tische, schaut*| Schön ist es hier.

DER JUNGE: Ich freue mich, daß es Ihnen gefällt. Etwas zum Trinken?

ALEX: Warum sollte ich so einen weiten Weg auf mich genommen haben, wenn ich nicht etwas trinke ... Ein Bier. Ich trinke es direkt aus der Flasche. So haben wir damals hier getrunken ... Vor sehr langer Zeit ...

Elena nimmt vorsichtig ihren Hut vom benachbarten Stuhl und setzt ihn sich auf ...

ALEX: Wir haben getanzt. Wir haben geträumt. Wir haben getrunken. Es ist so lange her. Wie in einem anderen Leben ... Oder wie das Leben eines anderen ...

DER JUNGE: Auch jetzt wird getrunken, mein Herr. Sehen Sie, die Träume und das Tanzen sind defizitärer. Besonders die Träume.

ALEX: Der Laden läuft also, was?

DER JUNGE: Im Sommer ist es voll. Der Garten ist groß. Man hat keine Zeit, die Füße hochzulegen.

ALEX: Im Endeffekt macht man kein Geschäft mit Träumen. Ein Geschäft macht man mit dem Trinken. |*lacht*| Das war ein Scherz!

ELENA: |*ganz leise*| Ich gehe jetzt, Charlie!

DER JUNGE: Das Bier, mein Herr!

ELENA: |*ganz vorsichtig und behutsam, damit man sie nicht bemerkt, nimmt sie ihren Trenchcoat vom benachbarten Stuhl*|

ALEX: Die Stadt hat sich verändert! Ich habe sie kaum wiedererkannt. Sie kam mir so verfallen vor, so arm ...

DER JUNGE: Im Gegenteil, mein Herr. Es wird viel gebaut.

ALEX: Wie sind die Menschen hier?

DER JUNGE: Menschen eben. Jeder hat seine eigenen Probleme. Eine Stadt wie jede andere, denke ich mir. Das, was sie von allen anderen Städten unterscheidet, ist, daß es meine Heimatstadt ist.

ALEX: Meine auch ...

Elena erstarrt mit dem Mantel in der Hand ...

ALEX: Als ich noch klein war, gab es in dieser Stadt viele Bäume. Und Brunnen an jeder Ecke. Man konnte nicht durstig bleiben in dieser Stadt. |*steht erneut auf, geht zum Fenster, schaut hinaus*| Jetzt ist es vielleicht nicht genau dasselbe, weil ich nicht mehr klein bin ... |*lacht*| Ich bin an meinem Elternhaus vorbeigegangen – dort wohnt jetzt niemand ... Es ist seltsam, an seinem Elternhaus vorbeizugehen, in dem niemand wohnt ... |*lacht*| Ich habe sogar in meine Hosentasche gelangt, um den Schlüssel für mein Elternhaus herauszuholen. Witzig! Ich habe ja schon lange keinen Schlüssel mehr zu meinem Elternhaus ... He, Junge, ich werde das Fenster einschlagen, was sagst du dazu? Werden sie mich verhaften, wenn ich das Fenster meines Elternhauses einschlage?

ELENA: |*ganz leise*| Ich werde draußen ein wenig spazierengehen, Charlie. Das ist gut für mein Herz!

ALEX: Bei Nikola ... Wir liefen aus dem Gymnasium fort, versteckten uns hier. Dein Großvater war ein guter Mensch, mein Junge. Er verriet uns nie. Er gab uns sogar ein Glas Wein aus. Er sagte, er liebe es, die Menschen zu füttern und zu tränken. |*lacht*| Hier haben wir uns französische Chansons angehört. Ob sie noch jemand hört, ich glaube nicht ...

DER JUNGE: |*erinnert sich an Elena*| Gnädige Frau! Brauchen Sie etwas?

ALEX: Kürzlich hat man mich in einem Interview gefragt: »Fehlt Ihnen Bulgarien?« Mir fehlt die Kneipe von Nikola – habe ich ihnen geantwortet. Ich will meine Heimatstadt sehen und ein Bier in der Kneipe von Nikola trinken.

DER JUNGE: Gnädige Frau!

ELENA: |*ohne sich umzudrehen*| Sprechen Sie mit mir?!

ALEX: |*zu sich selbst*| Und wenn wir von hier aufbrachen, küßten wir uns im Schatten der Bäume. Wir machten Liebe im Schatten der Bäume! Ich hatte diese Dinge vergessen ...

DER JUNGE: |*zu Elena*| Haben Sie Ihren Pfefferminzlikör ausgetrunken? Soll ich Ihnen schon den Kaffee servieren?

ELENA: |*mit dem Rücken zu ihnen, winkt mit der Hand*| Leise, leise!

DER JUNGE: |*kommt hinter der Bar hervor und geht zu Elena*| Geht es Ihnen gut, gnädige Frau?

ELENA: |*schaut ihn verzweifelt an*| Ich will ...

DER JUNGE: Was?

ELENA: |*leise*| Ich will gehen ...

DER JUNGE: Und die Bohnen mit Würstchen?
ALEX: Bohnen mit Würstchen!
DER JUNGE: Wir machen sie nach einem speziellen Rezept von Großvater, mein Herr. Für die Fremden ist es eine Attraktion, sie verlieben sich geradezu in unsere Bohnen mit Würstchen.
ALEX: Ich will auch Bohnen mit Würstchen! Ist doch so, man kann sagen, ich sei ein Fremder ... in meiner Heimatstadt. |*lacht*| Bohnen mit Würstchen ... Auch das hatte ich vergessen!
ELENA: |*leise*| Charlie!
DER JUNGE: Sind Sie aus beruflichen Gründen hier, mein Herr?
ALEX: Ich habe auch ein wenig zu tun ... |*lacht etwas gezwungen*| Eine etwas speziellere Angelegenheit ...
DER JUNGE: Warum setzen Sie sich nicht, mein Herr?
ALEX: Ich habe keine Lust zu sitzen ... Ich bin hier hereingekommen, und für einen Augenblick ist es mir so vorgekommen, als würde genau jetzt alles wieder von vorne anfangen. Nicht, daß ich mich beschweren würde. Ich habe fast die ganze Welt gesehen. Aber weißt du, mein Junge: Das Leben ist schmackhaft. Du willst mehr und mehr!

Die innere Tür des Lokals öffnet sich abrupt – das Mädchen kommt herein.

DAS MÄDCHEN: |*zum Jungen*| Warum legst du das Telefon auf, wenn ich mit dir rede?
DER JUNGE: Nicht jetzt!
DAS MÄDCHEN: Du bist sicher froh darüber, daß du dir keine neue Köchin suchen mußt!
DER JUNGE: |*vorwurfsvoll*| Wir haben Gäste! Es ist unhöflich ...
DAS MÄDCHEN: Ich bin nicht höflich, Hase! Wer hat dir gesagt, ich sei höflich? |*nimmt die Post vom Tisch*|
ALEX: |*lächelnd*| Fräulein, Sie sind sicher der Hase! Ich freue mich, Ihre Bekanntschaft zu machen!
DAS MÄDCHEN: |*zu Alex*| Sie sind wohl nicht von hier.
ALEX: Ich war von hier.
DAS MÄDCHEN: Und von wo sind Sie jetzt?
ALEX: Ich komme aus Amerika.
DAS MÄDCHEN: Amerika? Ach! Wie ist es dort? |*heftet ihren Blick auf einen Brief*| Und wir lernen hier Englisch, nicht wahr, Ha-

se? Wir haben uns für einen Englischkurs angemeldet, um unsere Sprachkenntnisse zu perfektionieren. |*dreht den Brief in ihren Händen hin und her*| Das heißt, ich habe mich angemeldet. Vielleicht gehe ich ja eines Tages nach Amerika. |*versteckt den Brief in ihrer Hosentasche*| Und der Hase sagt, daß es hier schon November sei. Es stimmt, daß es Menschen gibt, die gerne im November am Strand spazierengehen. Gehören Sie etwa zu denen?

ALEX: |*lacht*| Ich hatte bisher nicht viel Zeit, um am Strand spazierenzugehen, Fräulein. Ich hatte keine Zeit für Strände.

DAS MÄDCHEN: Warum lachen Sie? Es ist traurig, keine Zeit für den Strand zu haben! Mein blaues Badetuch ist verschwunden, sonst gehe ich für mein Leben gern an den Strand. Aber während der Saison ist das hier so ein Tollhaus, daß ich überhaupt nicht dazukomme! Nur gut, daß die Saison immer irgendwann zu Ende geht, damit auch ich an den Strand gehen kann ...

DER JUNGE: Pssssst!

DAS MÄDCHEN: Sag nicht »pssssst« zu mir!

ELENA: |*ohne sich umzudrehen*| Einen Kaffee! Mit viel Zucker!

DER JUNGE: Sofort, gnädige Frau.

ALEX: |*starrt den Rücken von Elena an*| Du hast recht, Fräulein! Morgen werde ich zum Meer gehen ... Ich werde ein wenig am Strand entlanggehen ... Morgen.

DAS MÄDCHEN: Was machen Sie in Amerika?

ALEX: Ich bin Arzt. Ich habe eine Privatklinik.

DAS MÄDCHEN: Arzt? Der Hase hört manchmal nicht gut. Und er sieht auch nicht gut. Und gestern hatte er einen Schleier vor dem einen Auge. |*klopft nervös auf die Tasche mit dem Brief*| Grauer Star.

ALEX: Eine Verschleierung der Linse. Unangenehm.

DAS MÄDCHEN: Sehr unangenehm!

DER JUNGE: Du bist wohl heruntergekommen, damit wir uns zerstreiten.

DAS MÄDCHEN: Kennen Sie ein Medikament gegen die Verschleierung der Linse? Die Augenärztin Borisova hat gesagt – grauer Star, und das war's. Er steht auf die Borisova, mein Herr!

DER JUNGE: Ich kenne überhaupt keine Borisova!

DAS MÄDCHEN: Andererseits, würde er nicht so oft zu ihr gehen, um angeblich seine Augen untersuchen zu lassen, hätte er jetzt keine Ahnung davon, daß er ein kurzsichtiger Astigmatiker mit einem Schleier vor dem Auge ist. Grauer Star. Was für ein Horror!
ELENA: Nein, ich werde keinen Kaffee trinken. Nicht wahr, Charlie?
ALEX: |*starrt auf den Rücken von Elena*| Wer ist Charlie?
DAS MÄDCHEN: |*immer wütender*| Unser Hund heißt Charlie. Hieß unser Hund nicht Charlie, Hase? Wir haben seinen Namen ein paar Mal geändert, ich kann mich nicht mehr erinnern, wie er hieß!
DER JUNGE: Hör auf!
DAS MÄDCHEN: |*herausfordernd*| Ich mache doch nur Spaß, Hase!
DER JUNGE: Wir haben keinen Hund.
DAS MÄDCHEN: Aber wenn wir einen hätten, würden wir ihn Charlie nennen.
ALEX: |*um ihren Streit zu beenden*| Wie geht es deinem Vater, mein Junge?
DER JUNGE: Er ist gestorben.
DAS MÄDCHEN: Vor fünf Jahren, nicht wahr, Hase? Wir, der Hase und ich, haben uns auf der Beerdigung seines Vaters kennengelernt. Ich sang im Kirchenchor auf dem Friedhof. Ganze fünf Jahre. Wie die Zeit verfliegt!
DER JUNGE: Was hat das jetzt für eine Bedeutung, wo wir uns kennengelernt haben?
DAS MÄDCHEN: Was denn, Hase! Die eine Hälfte ist immer traurig, und die andere nicht so sehr. Das ist doch deine Philosophie! Das ist manchmal sogar heiter! |*schenkt sich Wodka in ein frisches Glas ein*| Heiter ist zum Beispiel, wie du versuchst, die Traditionen deines Vaters zu bewahren. Weil er die Traditionen deines Großvaters bewahrt hat ... Sicherlich willst du deshalb, daß wir in dieser verfluchten Stadt bleiben, bis wir in Rente gehen.
DER JUNGE: |*wütend, zum Mädchen*| Ich habe dir gesagt, du sollst aufhören!
DAS MÄDCHEN: Schrei mich nicht an!
DER JUNGE: Wird es dir leichter ums Herz werden, wenn wir uns zerstreiten? Bitte schön, wir streiten, bist du jetzt zufrieden?

DAS MÄDCHEN: |*explodiert*| Wie lange soll ich noch zu Vorstellungsgesprächen gehen, bei denen ich abgelehnt werde! Wenn ich fünfzig bin, mit zwei Schleiern vor den Augen, wird mich vielleicht endlich irgend jemand irgendwo einstellen. Aber was werde ich dann sehen – mit so vielen Schleiern vor den Augen wird alles ganz verschmiert sein vor meinen Augen ... Mit fünfzig werde ich nicht einmal mehr das Bild deines Urgroßvaters sehen! |*zeigt auf das Hochzeitsbild*|

DER JUNGE: |*reißt ihr das Glas aus den Händen und schüttet es ins Spülbecken*|

DAS MÄDCHEN: |*wütend*| Laß die Finger von meinem Glas, Hase!

ALEX: Also sind weder dein Vater noch dein Großvater unter den Lebenden ...

DAS MÄDCHEN: |*herausfordernd*| Mögen sie in Frieden ruhen!

ALEX: |*plötzlich*| Weißt du was, Fräulein! Ich bin mit Sicherheit nicht so weit gereist, um dir zuzuhören!

Das Mädchen schaut ihn erstaunt an.

ALEX: Ja, Fräulein! Sein Vater und ich waren Freunde!

DAS MÄDCHEN: Ach so?! Ich habe Sie nicht auf der Beerdigung gesehen.

ALEX: Ich habe gesagt, du sollst schweigen, Fräulein! Bis ihr fünfzig werdet, bis eure Augen sich mit Schleiern bedecken, könnt ihr Wunder vollbringen! Mein Gott! Wenn ich so viel Zeit vor mir hätte ...

Pause – sie schweigen.

ALEX: Dieses Bild war auch früher hier ... |*betrachtet das Hochzeitsbild*| Ich erinnere mich, ja, daran erinnere ich mich ... daß ich mich auch damals gefragt habe: Haben sie wirklich ihr Leben so verbracht – Wange an Wange ... Sind sie glücklicher gewesen? In einer nicht so globalisierten Welt. Einfach so – Wange an Wange ... Obwohl auch ich ein glücklicher Mensch bin ... |*trinkt von seinem Bier*| Aber in diesem dummen Interview, anläßlich meines sechzigsten Geburtstags ... Eine hiesige Zeitung rief mich an, sie hätten eine Rubrik für prominente Bulgaren ... Was sind schon sechzig Jahre, wenn man darüber nachdenkt! ... Sie fragten mich, wie ich mich fühle, womit ich mich beschäftige, ich antwortete: »Ich reise!« Und nachher schrieben sie in der Zeitung mit Großbuchstaben: »Mit sechzig Jahren ist Alex Sotirov ein Reisender.«

Elena steht abrupt auf, zieht fieberhaft ihren Trenchcoat an, zieht sich den Hut noch tiefer ins Gesicht ... Sie macht sich auf in Richtung Türe ...

DER JUNGE: Gnädige Frau!

ELENA: Mein Schirm liegt noch im Taxi! Und das Taxi ist verschwunden! Ich muß es suchen!

DER JUNGE: Welches Taxi, gnädige Frau?!

ELENA: Nichts, nichts ... Ich habe mir gesagt – ich werde sowohl einen Hut mitnehmen, als auch einen Schirm. Wenn ich den Schirm vergesse, bleibt mir der Hut. Auf dem Kopf. Falls es regnet. Wenn ich aber den Hut vergesse, habe ich einen Schirm. Für jeden Fall, falls es regnet ... Wenn es nicht regnet, auch kein Problem, alles ist in Ordnung, wenn es nicht regnet. Aber wenn es regnet ...

ALEX: |*starrt Elena an*| Es wird nicht regnen.

ELENA: Oh! Ich habe vergessen zu zahlen ... Ein kleiner Pfefferminzlikör.

ALEX: |*betrachtet sie aufmerksam*| Draußen ist es sonnig, keine Wolken am Himmel, es wird nicht regnen. Warum nehmen Sie den Hut nicht von Ihrem Kopf?

ELENA: Was erlaubt er sich? Kannst du deinen Ohren trauen, Charlie?

ALEX: Sie erinnern mich die ganze Zeit an ...

ELENA: |*unterbricht ihn schnell*| Aber plötzlich habe ich so starke Kopfschmerzen bekommen, daß ich schon gehen wollte, ohne zu bezahlen. |*wühlt in ihrer Tasche*|

DER JUNGE: Das geht aufs Haus, gnädige Frau!

ELENA: Nein, nein, ich werde bezahlen!

DER JUNGE: Vergessen Sie das Bezahlen jetzt! Sie müssen sich um sich selbst kümmern! Ich erwarte Sie nächsten Samstag.

ALEX: Samstag?! ...

Die Beleuchtung flackert und es wird wieder ganz hell.

ELENA: |*zieht den Hut noch tiefer ins Gesicht*|

ALEX: |*beugt sich herab, starrt in das Gesicht Elenas unter ihrem Hut.*|

ELENA: **Sie verwechseln mich!**

ALEX: Das ist nicht möglich!
ELENA: Endlich! |*holt das Portemonnaie aus ihrer Tasche*|
ALEX: Das ist ein Wunder! Nach so vielen Jahren!
ELENA: |*gereizt, zu den jungen Leuten*| Wovon spricht er? |*legt Geld auf die Bar, zum Jungen*| Sie sind ein guter Junge! Aber ich denke ... ich denke, daß man seine Rechnungen begleichen muß ... Früher oder später ... Wir bezahlen alle unsere Rechnungen, nicht wahr, Charlie?
Sie macht sich auf den Weg hinaus, aber als sie an Alex vorbeigeht, zieht er ihr plötzlich den Hut vom Kopf, er lacht nervös ...
ALEX: |*zu den jungen Leuten*| Wenn das kein Scherz ist! |*zu Elena*| Was ist, hast du mich nicht erkannt? Ich bin's, Alex!
Pause. Die beiden sehen sich an.
ALEX: Ich bin zurück!
Elena senkt abrupt den Kopf und beginnt fieberhaft, die Knöpfe ihres Trenchcoats zuzuknöpfen ...
ALEX: Eine Flasche Champagner, mein Junge! Dieses unglaubliche Treffen müssen wir begießen!
ELENA: |*plötzlich*| Charliiiiiiie!
Pause.

Die Beleuchtung verändert sich, vielleicht spielt Musik – das Bühnenbild wechselt zu »DAMALS« – das sind Teile der Erinnerungen von Elena und Alex, die wir hören werden ... Wie diese Erinnerungen aussehen werden, ist ganz und gar Entscheidung des Regisseurs. Aber die Atmosphäre muß sich auf irgendeine Art und Weise verändern, damit wir ganz klar begreifen, daß wir uns in der Vergangenheit befinden ... Man hört die Stimmen der jungen Elena und des jungen Alex.

DER JUNGE ALEX: Elena!
DIE JUNGE ELENA: Alex?
DER JUNGE ALEX: Du bist ganz naß!
DIE JUNGE ELENA: Es regnet.
DER JUNGE ALEX: Dann wird uns alles gelingen. He, du ähnelst einem Spatzen!
DIE JUNGE ELENA: Ein bißchen ... ein bißchen wundere ich mich schon, warum ich überhaupt gekommen bin ...

DER JUNGE ALEX: Beim ersten Treffen wundert sich jeder ein bißchen!
DIE JUNGE ELENA: Du auch?
DER JUNGE ALEX: Ich höre auf mein Herz. Und ich stelle nicht viele Fragen!
DIE JUNGE ELENA: Und was sagt dir dein Herz?
DER JUNGE ALEX: »Küß sie, küß sie, küß sie!«
DIE JUNGE ELENA: Hier gefällt es mir.
DER JUNGE ALEX: Das wird unser Platz sein, nasser Spatz!
DIE JUNGE ELENA: Das ist unser Platz, Alex ...

JETZT:
DAS MÄDCHEN: Ich habe nicht die Angewohnheit, meine Nase in fremde Angelegenheiten zu stecken, ich habe genug eigene Probleme, mehr als mir lieb ist, aber Sie beide kennen sich offensichtlich! |*trinkt*| Und obwohl Sie sich kennen, kennt Frau Elena Sie nicht. Das scheint mir ein bißchen ...
DER JUNGE: |*unterbricht sie*| Hase, warum gehst du nicht nach oben?
ELENA: |*schüttelt den Kopf, als wolle sie die Stimmen aus der Erinnerung verjagen*| Was wir auch sagen ... im November kann es regnen ...
ALEX: Ich wußte nicht, daß du hier bist. Ich dachte, daß du ...
ELENA: |*unterbricht ihn*| Gib mir meinen Hut zurück! |*kichert, versucht den Kicheranfall zu unterdrücken*|
ALEX: |*bewegt, zu den jungen Leuten, knetet den Hut Elenas in seinen Händen*| Ich habe mich gefragt, ob sie noch in dieser Stadt ist, wo sie ist ...
ELENA: Ich will meinen Hut!
Alex setzt den Hut auf Elenas Kopf, läßt seine Hände auf ihrem Kopf ruhen, sieht sie an ...
ALEX: Ich ... hatte gehofft, dich zu finden, Elena.
DAS MÄDCHEN: |*plötzlich zum Jungen*| Weißt du, warum ich dich liebe?
DER JUNGE: Warum liebst du mich?
DAS MÄDCHEN: Weil du so gutmütig bist.
DER JUNGE: Nach fünf Jahren – eine bahnbrechende Entdeckung!
DAS MÄDCHEN: Hase! Wir haben ... einen Brief bekommen.

DER JUNGE: Was für einen Brief?

DAS MÄDCHEN: |*zögert*| Die Rückschläge machen mich wohl bösartig ... Ich bin nicht bösartig ...

DER JUNGE: Und was für einen Brief haben wir bekommen?

DAS MÄDCHEN: Ich werde mal die Bohnen kochen ... Haben wir Würstchen?

Der Junge sieht sie an, wartet auf eine Antwort wegen des Briefes ...

DAS MÄDCHEN: Natürlich haben wir welche. Du hast wieder für alles gesorgt. Nicht wahr? |*Sie öffnet die Türe hinter der Bar und geht in die Küche; der Raum dort wird erleuchtet, und wir sehen, wie das Mädchen den Umschlag aufreißt, den Brief herausnimmt, liest ...*|

Alex betrachtet Elena ...

ELENA: Glotz mich nicht so an, Alex! Du starrst mich so an, als sei ich gealtert!

ALEX: Was ist los mit dir?

ELENA: Ich bin doch nicht wirklich gealtert?

ALEX: Alles ist in Ordnung ...

ELENA: Hundesohn!

ALEX: Ja, das ist Elena. |*rückt ohne Notwendigkeit ihren Hut zurecht*| Ich würde dich überall und zu jeder Zeit erkennen!

ELENA: So ein Quatsch!

ALEX: Wir sind ein wenig älter geworden, aber unser Charakter ist wohl derselbe geblieben.

ELENA: Was ... was machst du hier?

ALEX: Ich schaue mir die Sehenswürdigkeiten meiner Heimatstadt an. |*schiebt ihren Hut auf die andere Seite*|

ELENA: Ach so?!

ALEX: Das Schönste, was mir in meiner Heimatstadt passieren konnte, war, dich zu treffen! |*schiebt ihren Hut wieder auf die eine Seite*|

ELENA: Hände weg von meinem Hut, Alex!

ALEX: |*nimmt die Hände von ihrem Hut*| Ich verstehe dich nicht, Elena ...

ELENA: |*denkt nach, nach einer Pause nimmt sie den Hut vom Kopf*| Also gut ...

ALEX: Elena? ...
Elena und Alex sehen einander an.
DER JUNGE: Warum setzen Sie sich nicht, Herrschaften? Suchen sie sich einen Tisch aus!
ALEX: Ah, ja ... Es wird wohl nötig sein, daß wir alle Tische reservieren! Wir werden heute abend eine ... lange Rechnung machen. |*lacht*| Wir ziehen es vor, alleine zu sein! Nicht wahr, Elena?
DER JUNGE: Ich werde zusperren und das »Geschlossen«-Schild aufhängen, mein Herr.
DAS MÄDCHEN: |*aus der Küche, steckt den Brief wieder in den Umschlag, laut*| Genau, schreib: »Wir haben eine geschlossene Gesellschaft.«
DER JUNGE: |*zu Elena und Alex*| Man wird Sie nicht stören!
DAS MÄDCHEN: |*von drinnen*| Wo ist diese verfluchte Knackwurst! Wo sind die verfluchten Bohnen!
DER JUNGE: |*durch die Tür, ohne zu öffnen*| Irgendwann werde ich dir so eine reinhauen!
DAS MÄDCHEN: |*von drinnen*| Schau, daß du mir nicht den neuen Zahn ausschlägst! Den, den sie mir letztes Jahr gemacht haben!
ELENA: Alex ... mit den schönen Locken ... Wo sind deine Locken, Junge?
ALEX: |*scherzhaft*| Die Zeit hat sie gefressen.
ELENA: Ham-ham! Hat sie sie so gefressen?
ALEX: |*lacht*| Die Zeit ... was für ein Vielfraß!
ELENA: Alex ... du bist sehr gealtert!
ALEX: Was ist mit dem Champagner, mein Junge!
DER JUNGE: Sofort, mein Herr!
ALEX: Setzen wir uns, Elena!
Sie setzen sich an einen Tisch – Alex hält Elena den Stuhl, sie zieht ohne Notwendigkeit ihren Schal zurecht ... Alex setzt sich ihr gegenüber.
Sie schweigen.
Der Junge öffnet geräuschvoll den Champagner.
Elena steht abrupt auf und zieht ihren Trenchcoat aus.
Alex springt auf und nimmt ihn ihr ab.
DER JUNGE: Der Champagner! |*bringt ihn, schenkt ein*| Zum Wohl!

ALEX: Ja. Danke! Na dann ... Zum Wohl, Elena!
ELENA: Oh! Zum Wohl!
Beide trinken einen Schluck.
ALEX: Ja, der Champagner ist gut ... |*begutachtet die Flasche*| Schmeckt er dir?
ELENA: Ich mag keinen Champagner.
ALEX: Früher hast du ihn gemocht.
ELENA: Niemals. |*kichert*|
ALEX: |*lacht*| Du machst einen Scherz!
ELENA: Du hast es vergessen. Ich trinke keinen Champagner.
ALEX: Dann ... bestellen wir dir etwas anderes. Was trinkst du jetzt?
ELENA: Ich kann ein Glas Champagner trinken.
ALEX: Besser du trinkst etwas, das dir schmeckt.
ELENA: Es ist einerlei.
ALEX: Es ist nicht einerlei, Elena. Ich will, daß es uns gut geht!
ELENA: Laß uns nicht streiten, Alex! Ich werde dieses Glas Champagner trinken.
ALEX: Wieso wirst du Champagner trinken, wenn du keinen Champagner magst?!
ELENA: Weil ich heute abend beschlossen habe, Champagner zu trinken!
ALEX: Das ist doch Unsinn!
ELENA: |*legt nervös ihren Schal ab*| Gut, dann bestell mir einen großen Pfefferminzlikör. Aber ich werde ihn nicht trinken. Ich werde nicht einmal daran lecken. Weil ich Champagner trinken werde!
ALEX: Was ist denn jetzt los? Wir haben uns seit so vielen Jahren nicht mehr gesehen!
ELENA: |*unterbricht ihn*| Ich weiß besser als du, wie lange wir uns nicht gesehen haben!
ALEX: Gibt es irgendein alkoholisches Getränk, das du wirklich magst? Das du gerne trinkst? Und das ich dir bestellen soll?
Elena denkt nach, dann hebt sie das Glas mit Champagner an und trinkt es auf einen Zug leer.
ALEX: Mein Gott!
Pause – Elena bindet sich erneut vorsichtig ihren Schal um den Hals ...

Aus der Küche kommt das Mädchen und schenkt sich Wodka ein ... Danach geht sie wieder in die Küche ...
Elena und Alex schweigen.
DER JUNGE: Einen großen Pfefferminzlikör, habe ich das richtig gehört, gnädige Frau?
ELENA: Ganz richtig. Nicht wahr, Charlie?
Pause – Elena holt einen Spiegel aus ihrer Handtasche, betrachtet ihren Schal, danach packt sie den Spiegel vorsichtig wieder weg ...
ELENA: Und, wie geht es dir, Alex?
ALEX: Gut, danke. Ich ... ja, mir geht es gut.
Pause – Elena und Alex schweigen ...
DER JUNGE: |*bringt den Pfefferminzlikör, stellt ihn vor Elena hin*| Bitte sehr. Zum Wohl!
ALEX: Mir geht es wirklich gut. Ich achte auf mich. Treibe Sport.
ELENA: Wunderbar. Sehr schön.
Pause – beide schweigen und wissen nicht, was sie sagen sollen. Danach plötzlich gleichzeitig:
ALEX: Weißt du, Elena ...
ELENA: |*gleichzeitig mit Alex*| Im November ist es ein bißchen ...
Beide hören auf ... Sie schweigen.
ELENA: |*kramt in ihrer Tasche, holt eine Zigarette hervor*|
ALEX: Seit wann rauchst du?
ELENA: Ich rauche nicht.
ALEX: Ich habe mich von den Zigaretten losgesagt.
ELENA: Ich auch. Ich halte sie nur so ...
ALEX: Ich habe erst vor einem Jahr damit aufgehört. Aber ich hätte schon längst aufhören sollen. Dafür trinke ich nur bei besonderen Anlässen. Wie jetzt.
ELENA: |*zieht an der nicht angezündeten Zigarette*| Wunderbar, wunderbar ... Der Sommer hat viel zu lange angehalten. Es sollte schon Herbst sein. Es stimmt schon, morgens ist es neblig, aber der Nebel lichtet sich schnell, und tagsüber ist es sehr warm. Einfach unglaublich für den November!
ALEX: Ja. Ich habe meinen Mantel mitgenommen. Ich dachte, daß ich ihn brauchen würde, ich habe nicht erwartet, daß es so warm sein würde ...
Pause – sie wissen nicht, was sie sagen sollen.

ALEX: Zum Wohl, Elena!
ELENA: Zum Wohl, Alex. |*greift nicht nach ihrem Glas*|
ALEX: |*trinkt sein Glas auf einen Zug aus*| Noch ein wenig?
ELENA: Ich habe noch.
ALEX: Wirst du den Pfefferminzlikör trinken?
ELENA: Ja.
ALEX: Wie geht es Pavel?
ELENA: Oh! Pavel.
ALEX: Lebt er immer noch in diesem Haus mit den schiefen Fenstern?
ELENA: Pavel ist umgezogen.
ALEX: Wahrscheinlich sind die schiefen Fenster seines Hauses vollends schief geworden, was? Ist er deshalb umgezogen?
ELENA: Ham-ham!
ALEX: Was?
ELENA: |*kichert*| Einfach so hat uns die Zeit gefressen – ham!
ALEX: |*lacht*| Ham-ham, war es so?
ELENA: Ham! Sie schluckte uns in Stücken.
ALEX: |*lacht, schmatzt*| Wie schmackhaft wir doch waren!
ELENA: |*lacht*| Wie gut der Zeit meine Nase geschmeckt hat.
ALEX: Und meine linke Ferse.
ELENA: Und meine rosigen Wangen!
ALEX: Und mein schwarzer Haarschopf!
ELENA: Ham! Ham!
ALEX: Und meine Leber und meine Galle und mein Magen.
ELENA: Die Zeit hat zuerst mein Herz verschluckt. So weit hat sie den Rachen aufgesperrt – haaaaam!
Beide lachen.
ELENA: |*hebt plötzlich das Glas Champagner an und trinkt es aus*|
Kurze Pause.
ALEX: Ich habe an dich gedacht, Elena ... Ich habe mich gefragt, wo du bist. Ob du in dieser Stadt bist ... Ich habe mich gefragt, ob es möglich ist, daß ich durch diese Stadt gehe, daß ich dich irgendwo auf der Straße sehe, inmitten vieler Menschen, und dich nicht erkenne. Ob es möglich ist, daß du an mir vorbeigehst in dieser Stadt und mich nicht erkennst. Ich wollte, daß wir uns treffen! Ich wollte ein wenig mit dir plaudern! Weil ... |*hält inne*| Eigentlich dachte ich, du wärest in Sofia.

ELENA: Ich bin nicht in Sofia.
ALEX: Ich dachte sogar, daß du auf den Bühnen der Welt stehst!
ELENA: Ich bin hier, Alex. In dieser Stadt.
ALEX: Wann bist du zurückgekommen?
ELENA: Vor ... einiger Zeit.
ALEX: Als ... damals als wir ...
ELENA: Oh! Ich muß mir die Hände waschen! |*steht auf und geht in Richtung Toilette*|
ALEX: |*zur Bar, zum Jungen*| Das ist Elena.
Der Junge sieht ihn an.
ALEX: Wir waren im gleichen Gymnasium. Danach zogen wir nach Sofia ... Ich studierte Medizin, und sie war am Konservatorium. Ja, das ist Elena ... Wir beide ... wir konnten feiern!
Der Junge sieht ihn an, dann dreht er sich um und öffnet die Türe hinter der Bar – der Raum dort wird erleuchtet ...
DAS MÄDCHEN: |*sitzt auf dem Küchentisch, läßt die Füße baumeln*|
DER JUNGE: Hallo. |*kommt in die Küche*|
DAS MÄDCHEN: Hallo.
Beide stehen einige Zeit lang da, sehen einander an ...
DAS MÄDCHEN: Entschuldige!
DER JUNGE: |*geht zu ihr, sie steigt vom Tisch herunter – sie umarmen sich und verharren in der Umarmung*|
DAS MÄDCHEN: |*nach einer Pause*| Küß mich sofort!
Sie küssen sich.
DAS MÄDCHEN: Laß uns Liebe machen!
DER JUNGE: |*knöpft ihre Bluse auf*| Sofort ...
Verdunklung ...

Es erscheint die Beleuchtung von »DAMALS« und die Silhouette von Alex am Tisch im Lokal. Im Dunkeln kommt Elena aus der Toilette, geht zum Tisch ...
Wir hören die Stimmen der jungen Elena und des jungen Alex.
Es erschallt das Lachen der jungen Elena ...

DER JUNGE ALEX: Bist du glücklich, Spatz?
DIE JUNGE ELENA: Mit dir ja.
DER JUNGE ALEX: Dann geh mit mir fort!
DIE JUNGE ELENA: Wohin?

DER JUNGE ALEX: Wohin auch immer?
DIE JUNGE ELENA: Vater wird mich umbringen.
DER JUNGE ALEX: Und wenn wir weit weggehen?
DIE JUNGE ELENA: Was ist der Sinn?
DER JUNGE ALEX: Der Sinn liegt im Reisen.
DIE JUNGE ELENA: Sag es, Alex?
DER JUNGE ALEX: Was?
DIE JUNGE ELENA: Das über die Störche!
DER JUNGE ALEX: Das ganze Feld war voller Störche.
Die junge Elena lacht.
DER JUNGE ALEX: Das ganze Feld war voller Störche.
Das Lachen der jungen Elena hallt wider.
DER JUNGE ALEX: Das ganze Feld war voller Störche. Das ganze Feld war voller Störche ...
JETZT:
ELENA: |*ist schon nah beim Tisch, sie kichert gleichsam über die Erinnerung*|
ALEX: Etwas in deinem Lachen hat sich verändert, Elena.
ELENA: |*setzt sich*| Ach so?
ALEX: Kannst du dich noch erinnern, wie du gemeinsam mit Edith Piaf auf den Tischen sangst?
ELENA: Ich habe mir die Hände gewaschen.
ALEX: Ich zog dich herunter, damit die anderen Männer dir nicht unter den Rock schauen konnten.
ELENA: Vielleicht will ich mich an nichts erinnern, Alex! Warum bist du dir so sicher, daß ich mich überhaupt an irgend etwas erinnern will?
ALEX: Weil ... |*hält inne*|
ELENA: Oh! Einmal hast du mich so am Rock gezogen, daß ich vom Tisch fiel und mir den Knöchel verstauchte. Danach konnte ich einen ganzen Monat lang nicht gehen. Mein Fuß war angeschwollen. Und es tat weh.
ALEX: |*lacht*| Das ist nicht wahr, du verfälschst die Geschichte!
ELENA: Jetzt erinnere ich mich, daß ich noch Kleider aus dieser Zeit in meinem Kleiderschrank habe – mit vor lauter Ziehen ausgeleierten Nähten ...
ALEX: Das heißt, du ...

ELENA: |*unterbricht ihn*| Du warst ein eifersüchtiger Dummkopf, Alex, und ich habe mir meinen Knöchel deinetwegen ruiniert.

ALEX: Du erinnerst dich also an mich?

ELENA: |*nach einer Pause*| Immer, wenn das Wetter schlechter wird, erinnere ich mich an dich. Dann tut mir mein Knöchel so weh, daß ich dich nicht vergessen kann.

ALEX: Singst du noch?

ELENA: Ich werde auch dieses Glas Champagner trinken. |*hebt es an, trinkt*|

ALEX: Womit beschäftigst du dich?

ELENA: Mit allem Möglichen. Wie ist es in Amerika?

ALEX: Viel Arbeit. Viiiiiiel Arbeit.

ELENA: Arbeitest du immer noch?

ALEX: Ich habe eine Privatklinik. Eine große und berühmte Klinik. Ich habe viel Geld gemacht.

ELENA: Seltsam, ich habe nie etwas über dich gehört?!

ALEX: Jetzt bin ich reich, Elena. Ich habe so viel Geld, daß ich nicht weiß, was ich damit anstellen soll!

ELENA: |*ruhig, durch ein Lächeln hindurch*| Dann steck es dir doch hinten rein, Alex!

ALEX: |*lacht*| Ich soll es mir hinten reinstecken?

ELENA: Ganz genau.

ALEX: Elena ... Immerhin ist es das Geld, das das Leben angenehm und erträglich macht, teure Elena.

ELENA: |*ironisch*| Teurer Alex ... Wenn du so viel Geld hast, dann werde ich noch einen Kaffee trinken. Mit viel Zucker. Zucker ist gesund. Er hilft zu vergessen. Man entwickelt schneller eine Sklerose und vergißt dadurch auch immer schneller. Und es gibt doch so viel zu vergessen, nicht wahr, Alex? |*auf einmal laut*| Was ist denn mit meinem Kaffee! Ich habe ihn vor ein paar Jahren bestellt!

Pause – von der Bar kommt keine Antwort ...

ALEX: |*in Richtung Bar, zu den jungen Leuten*| Was wissen die schon ... Sie haben ja keine Vorstellung davon, wie es war ...

ELENA: Wie war es denn, Alex?

ALEX: Wir waren jung, wir waren Dissidenten, heimlich hörten wir die Beatles. Und jetzt haben sie noch nicht einmal etwas vom Prager Frühling gehört!

ELENA: Warum sollten sie ausgerechnet vom Prager Frühling gehört haben?

ALEX: |lächelt| Weil es keinen bulgarischen Frühling gab. Es gab einen Prager Frühling, es gab Ereignisse in Ungarn und in Polen, aber nicht in Bulgarien! Alles passiert nur um uns herum. Irgend jemand anderes macht die Ereignisse, wir schauen nur zu und seufzen – daß wir fünfzig werden und grauen Star bekommen! Daß wir mit fünfzig die Welt wie durch ein verschmiertes Binokel sehen werden! Die Welt hat sich verändert, Systeme haben sich geändert, Ideologien, Mauern sind gefallen, Grenzen. Nur das ewige Gejammer hier ist dasselbe geblieben!

ELENA: Trink auch den Pfefferminzlikör aus, Alex! Dann wirst du aufhören, Unsinn zu reden!

ALEX: Ich rede Unsinn?!

ELENA: Du sprichst so, als seist du von hier. Als ob du hiergewesen wärest.

ALEX: In all den Jahren habe ich mich immer dafür interessiert, was hier passiert. Ich las Zeitungen, sprach mit vielen Bulgaren – sie bitten mich oft um Hilfe in der Klinik. Man könnte sagen, ich weiß mehr als ...

ELENA: |plötzlich| Oh! Verflucht!

Alex schaut sie an.

ELENA: |streckt vorsichtig die Hand zum Revers seines Sakkos aus, leise| Käfer ... |dann legt sie plötzlich ihren Zeigefinger auf seine Nase| Bip!

ALEX: |sieht sie an, lächelt|

ELENA: |leise| Bi-biiiip ...

ALEX: |faßt ihre Hand, hält sie in der seinen| Der Prager Frühling war kein Unsinn!

Pause – die Hand Elenas in der Hand von Alex ...

ALEX: |hält ihre Hand| Das war Geschichte, die wir schnell wieder vergessen haben! Alles, was uns damals unmöglich erschien, ist jetzt möglich. Aber wenn die Leute kein Gedächtnis dafür haben, was war ... Wozu war das alles gut, wenn wir kein Gedächtnis haben und ...

ELENA: Steck dir auch den Prager Frühling hinten rein, Alex!

Pause.
ELENA: Alex ist empört! |*zieht ihre Hand aus der seinen*|
ALEX: Du hörst mir nicht zu!
ELENA: Na und?
ALEX: Warum verhältst du dich so?!
ELENA: Ich habe dich nicht zu diesem Treffen eingeladen, Alex!
ALEX: Willst du mir etwas sagen, Elena?
ELENA: Oh! Viele Dinge, Alex ...
Pause.
ALEX: Dann laß uns trinken.
ELENA: Pavel war dein bester Freund!
ALEX: Ist es das, was du mir sagen wolltest?
ELENA: In Bulgarien gab es wichtige Ereignisse!
ALEX: Ach wirklich?!
ELENA: Aber was hast du schon mit Bulgarien am Hut!
ALEX: Da schau an ...
ELENA: Ich glaube nicht, daß du nur hier bist, um die Sehenswürdigkeiten deiner Heimatstadt zu bewundern!
ALEX: Diese Stadt gehört mir genauso wie dir, Elena.
ELENA: Du tust nie etwas ohne Grund!
ALEX: Du meinst aber nicht, daß ich dich um Erlaubnis hätte bitten müssen, um in meine Heimatstadt zurückzukehren?
ELENA: Die Welt hat sich wirklich verändert. Aber sie ist nicht besser geworden. So wie die Menschen mit den Jahren nicht besser werden. Sie werden schlechter. Viel enttäuschter. Was sollen wir für Ansprüche an die Welt stellen! Wenn die Leute ...
ALEX: Ich bin nicht enttäuscht.
ELENA: Ach so?
ALEX: Ich habe meine Träume verwirklicht, Elena.
ELENA: Und hast du einen besseren Freund als Pavel getroffen?
ALEX: Nein ... Aber ...
ELENA: Pavel, dein bester Freund, spielt in der Unterführung beim Gymnasium, in das wir drei gingen! Pavel – der außergewöhnliche Geiger! Er stirbt vor Hunger! Sie werfen Kleingeld vor seine Füße. In eine Pappschachtel. Weißt du, warum? Weil sowohl vorher, als auch jetzt die verfluchte Welt keinen Bedarf an Geigern hat! |*stopft ihren Schal in die Handtasche*|

ALEX: Das ist ... eine Katastrophe. Aber du bist doch nicht der Meinung, ich hätte sie verursacht?

ELENA: Die Musikerpension deines besten Freundes reicht nicht einmal für Brot und Milch! Nein, Alex, du bist nicht der Grund dafür! Die Zeiten sind einfach so ... Praktisch, einfach, schnell, bequem – die Ideale der heutigen Welt! ... Wir wollen uns satt essen, Geld verdienen, nach Amerika auswandern, die ganze Welt in unsere Bäuche stopfen! Wer braucht schon Geigen! Sollen doch alle Geigen vertrocknen, verschimmeln, vermodern! Und die Musiker – ab in die Unterführungen! Und von dort – so schnell wie möglich auf den Friedhof! Die Friedhöfe sind schon übervoll von Musikern! Sie haben kürzlich eine neue Parzelle eröffnet! Sie haben sie gesäubert und im Fernsehen gezeigt – dort werden sie nur Künstler begraben! Welche Ehre! Eine tiefe Verbeugung vor dieser Parzelle! Die Künstler haben endlich ihren Platz unter der Sonne gefunden ... auf dem Friedhof!
Pause.

ELENA: Selbstverständlich, du bist auch daran nicht schuld, Alex! Du bist an überhaupt nichts schuld! Ich frage mich nur ... was ist der Erfolg ... Zu welchem Preis! Lohnt es sich?
Pause.

ELENA: |*holt den Schal aus ihrer Handtasche, bindet ihn sich langsam um*| Pavel hatte die Wahl ... Die Wahl zwischen zwei Unterführungen. Die beim Bahnhof oder die bei unserem Gymnasium ... Ich dachte, er würde lieber von einem Dach springen, als die Stufen der Unterführung hinunterzusteigen! Ich hatte Angst um ihn. Aber Pavel hat sich nicht umgebracht. Er hat sich einfach für das Gymnasium entschieden, weil es näher ist ... Ja, Pavel hat überlebt, indem er die Stufen der Unterführung hinunterging ... Ich kann nicht umhin, mich zu fragen, wessen Erfolg bedeutender ist ... Nein, ich kann nicht ... umhin zu fragen ...

ALEX: |*steht auf, geht zur Bar, schaut sich die Flaschen an*| Ich sehe keinen Champagner ...

Pause – Alex nimmt eine Flasche Wein, öffnet sie an der Bar.

ALEX: |*während er die Flasche öffnet*| Kannst du dich noch daran erinnern, wie das Konservatorium Tomaten einmachte?

Elena schweigt.

ALEX: |*nimmt Gläser von der Bar, bringt sie an den Tisch*| Bei dieser studentischen Brigade ... Ich kam euch besuchen. In irgendeinem Dorf. Wie hieß das Dorf doch gleich noch?
Elena schweigt.
ALEX: |*schenkt Wein in die Gläser ein*| Ihr mußtet Tomaten in Gläser einmachen. Du und Pavel. Das Mädchen, das vier Oktaven abdeckte, mit der musikalischen und so schönen Stimme, und ... Pavel. Wer konnte das ahnen ... die Unterführung ... mein Gott! ... Und über ihn schrieben sie solche Kritiken ... Die große Hoffnung am bulgarischen Musikhimmel ... Pavel ...
ELENA: |*nervös*| Beruhige dich, Charlie!
ALEX: |*schaut sie an*| Trotzdem ... trinken wir auf dich, Elena ...
ELENA: |*hebt abrupt das Glas an und trinkt es aus*|
ALEX: |*schaut sie an*| Den ganzen Tag bin ich per Anhalter dorthin gefahren, ich kam staubig und todmüde an, und wir haben uns so vollaufen lassen! Was ich für Sachen gemacht habe, ha! Den ganzen Tag per Anhalter! Pavel war in dich verliebt.
ELENA: Paprika.
ALEX: Was für Paprika?!
ELENA: Wir füllten die Einmachgläser mit Paprikaschoten.
ALEX: Nein, mit Tomaten habt ihr sie gefüllt!
ELENA: Wir konservierten gegrillte Paprikaschoten, Alex. Pavel zerbrach die Einmachgläser, holte die Paprikaschoten heraus, zerriß sie in dünne Streifen und machte kleine Figuren aus ihnen. Den ganzen Tag über modellierte er Schafe, Drachen, Sonnen, Wolken, nackte Frauen und die Nase des Kommandanten der Brigade. |*kichert*| Er hatte so eine Nase!
ALEX: Und er schrieb auf die Erde »Elena«. Mit den Streifen von gegrillten Paprikaschoten. Ich glaube, es waren Tomaten.
ELENA: Es waren Paprikaschoten.
ALEX: Hast du eine Familie?
ELENA: Natürlich ... Ja. |*drückt ihren Hals*|
ALEX: Am Abend, als ich ankam, tranken wir Wodka – »Stoličnajar«, wir krochen auf allen Vieren. Wir wechselten uns dabei ab, dich als Pferdchen auf dem Rücken zu tragen. Und du schriest: »Es schneit! Es schneit! Es schneeeeeiiiiit!«

ELENA: Wenn ich betrunken bin, kommt es mir immer so vor, als ob es schneit. Ich spüre, wie nasse Schneeflocken in meinen Kragen fallen.

ALEX: Später hat man euch bestraft – dich und Pavel. Wegen Rowdytum oder so etwas Ähnlichem.

ELENA: Und danach begann es wirklich zu schneien.

ALEX: Ja. Es schneite. Im Winter.

ELENA: Oh! Damals begann es schon vor dem Winter. In jenem Jahr gab es heftigen Schneefall, es war kalt und frostig, Leute sind erfroren. Es geschah vor dem Winter. |nach einer Pause| Wie dem auch sei ... Wir tranken den Wodka aus, und danach tranken wir auch noch eine Flasche Cognac der Marke »Slănčev brjag«. Und Pavel begann zu weinen und sagte, daß das Leben viel zu schön sei, als daß er es ertragen könnte.

ALEX: Weil er stockbesoffen war. Du hattest Schnee im Kragen, und er weinte. Ihr vertrugt beide keinen Alkohol!

ELENA: Und weil das Leben schön war. Damals.

Pause.

ALEX: |erhebt sein Glas und trinkt es auf einen Zug aus, nach einer Pause| Ich konnte das Leben immer gut ertragen. Ja ... Und ich habe es bis heute nicht erfahren – ist damals etwas zwischen euch vorgefallen?

ELENA: Viele Dinge sind vorgefallen, Alex. Bist du verheiratet?

ALEX: Ja. Ich bin verheiratet.

ELENA: Wie sieht deine Frau aus?

ALEX: Ein ehemaliges Mannequin.

ELENA: Bist du deshalb nach Amerika ausgewandert? Auch hier hättest du ein ehemaliges Mannequin heiraten können!

ALEX: Das hätte ich wohl.

ELENA: Hast du es auf der Donau getan, Alex?

ALEX: Nein, ich habe kein ehemaliges Mannequin auf der Donau geheiratet. Wir haben es in der Kirche getan.

ELENA: Du hast dich in die Donau gestürzt und zu schwimmen begonnen, hast du es so gemacht?

ALEX: Genau so.

ELENA: Bist du sehr naß geworden, Alex? Als du dich in die Donau stürztest?

ALEX: Ganz.
ELENA: Was hast du dir dabei gedacht, Alex? Als dein Körper die Donau durchschnitt, damals ... beim Prager Frühling ... was hast du gedacht?
ALEX: Ich habe gebetet, daß ich die Schleppkähne nicht verwechsle. Daß ich nur nicht auf einen russischen Schlepper aufsteige! Statt auf einen deutschen. Mir wäre fast das Herz zersprungen! Hätte man mich gefaßt, wäre ich wohl nicht mehr unter den Lebenden!
ELENA: Das hast du gedacht?
ALEX: Etwas in der Art.
ELENA: Weißt du, Alex ... Du hättest hierher zurückkommen sollen. Zumindest zur Beerdigung deiner Mutter.
Pause.
ELENA: Ich und Pavel haben deine Mutter begraben. Und ich denke, daß du hier sein hättest sollen. Um die Augen deiner Mutter zu schließen ... Das hättest du sollen ... Alex.
ALEX: Junge!
Die Küche wird erleuchtet.
DAS MÄDCHEN: |*sitzt im Schneidersitz auf dem Tisch*| Und er sagt was?
DER JUNGE: |*zieht sein Hemd an*| Er sagt: »Atme nicht, hast du gehört!«
DAS MÄDCHEN: Warum soll sie nicht atmen?
DER JUNGE: Damit es die Nachbarn nicht hören. Es hat sich herausgestellt, daß ihre Nachbarn Terroristen sind. Aber das erfahren sie erst jetzt. Bis gestern wußten sie nichts und waren die besten Freunde, wie man so sagt.
DAS MÄDCHEN: Mit den Terroristen?
DER JUNGE: Die Frau vögelte sogar mit dem Nachbarn, und als sie jetzt erfährt, daß er ein Terrorist ist, fällt sie in Ohnmacht. Deshalb bringt der Mann sie wieder zu Bewußtsein – den Mann spielt Harrison Ford –, und sie schlägt die Augen auf, und Harrison Ford sagt: »Atme nicht!«
DAS MÄDCHEN: Hase!
DER JUNGE: Findest du es nicht interessant?
DAS MÄDCHEN: Werden wir unser Leben so verbringen?

DER JUNGE: Was ist so schlecht an unserem Leben?
DAS MÄDCHEN: Werden wir wirklich bis zu unserer Pension kochen, servieren und abräumen? Werden wir wirklich bis dahin dumme Filme anschauen?
DER JUNGE: Du schaust sie dir doch gar nicht an, Hase! Sobald ich den Film einlege, schläfst du ein!
DAS MÄDCHEN: Manchmal habe ich böse Vorahnungen ...
DER JUNGE: |*vergräbt seine Hände in ihren Haaren*| Du bist sehr schön, Hase!
DAS MÄDCHEN: I am beautiful.
DER JUNGE: Besonders nach dem Sex.
DAS MÄDCHEN: I am alive ... Ich lebe ...
Der Junge dreht sich um und geht ins Lokal hinaus ...
Das Mädchen springt in der Küche vom Tisch, zieht das Tischtuch ab und geht über die innere Treppe nach oben ...
ALEX: |*schreit*| Was ist mit den Bohnen mit Würstchen?
DER JUNGE: Sie sind fertig, mein Herr.
ELENA: |*ruhig*| Ich will keine!
ALEX: Und ich bitte dich, mit mir die Bohnen mit Würstchen zu probieren.
ELENA: Nein.
ALEX: Soweit ich mich erinnern kann, haben wir früher genug gestritten. Ist es nicht langsam an der Zeit, damit aufzuhören?
ELENA: Ich werde keine Bohnen mit Würstchen essen.
ALEX: Die Bohnen mit Würstchen waren Teil dieses Ortes. Das war unser Lieblingsessen!
ELENA: Wir aßen Bohnen mit Würstchen, weil es das Billigste auf der Karte war.
ALEX: |*schreit*| Was willst du jetzt damit sagen – daß ich dir Bohnen mit Würstchen vorsetze, weil es billig ist!? Weißt du überhaupt, was du da sagst?!
ELENA: |*ruhig*| Habe ich etwa gesagt, daß du mir Bohnen mit Würstchen vorsetzt, weil es billig ist!
ALEX: Ich verstehe dich nicht, Elena!
ELENA: Nein, hast du gehört, daß ich gesagt hätte: »Ich werde keine Bohnen mit Würstchen essen, weil es billig ist!«

ALEX: |*genervt*| Du bist entnervt!
ELENA: Was für ein Zusammenhang besteht zwischen meinem Nervenkostüm und der Tatsache, daß ich keine Bohnen mit Würstchen will!
ALEX: Das hier war unser Ort!
Das Telefon an der Bar läutet.
ELENA: Das einzige, was ich gesagt habe, ist, daß ich keine Bohnen mit Würstchen essen werde! Ich habe nicht gesagt, daß es billig ist!
ALEX: Mein und dein Ort, Elena! Das hier waren unsere Bohnen mit Würstchen! Jeden Samstag ...
ELENA: Oh! Samstag! Am besten wäre es, wenn keiner mehr die widerlichen Bohnen mit Würstchen erwähnt! Denn ich will sie nicht einmal mehr riechen, diese Bohnen mit Würstchen!
ALEX: |*wütend*| Jeden Samstag trafen wir uns hier, um französische Chansons zu hören! Später, als wir nach Sofia gingen, um zu studieren, fehlte uns dieser Ort! Deshalb kamen wir jeden Samstag hierher – ob in den Ferien oder nicht, aber jeden Samstag, wenn wir Geld für die Fahrt hatten! Aber du ißt keine Bohnen mit Würstchen! Auf keinen Fall! Um nichts in der Welt!
DER JUNGE: |*hebt den Telefonhörer ab*| Ja?
DAS MÄDCHEN: Wenn wir schließen würden, Hase, müßten wir uns jetzt nicht mit diesen verrückten Alten herumärgern! |*legt auf*|
DER JUNGE: |*knallt den Hörer auf die Gabel, zu Elena und Alex*| Zum letzten Mal, Herrschaften! Bohnen mit Würstchen, ja oder nein?
Sie schweigen.
DER JUNGE: Das Huhn ist ganz frisch. Wir sind auch für unsere gemischte Platte bekannt – verschiedene Käsesorten mit Gewürzen, die unser Patent sind. Wir haben auch eine Spezialität, die ...
Das Telefon läutet.
DER JUNGE: |*gereizt*| Was?
DAS MÄDCHEN: Hase, ich habe einen Pickel!
DER JUNGE: Gut.
DAS MÄDCHEN: Ich rufe nur an, um dich etwas zu fragen – werde ich dir immer noch gefallen, wenn ich ganz voller Pickel bin?

DER JUNGE: Du bist nicht normal!
DAS MÄDCHEN: |*lacht auf*| Ich habe doch gar keinen Pickel, Hase! Ich nehme dich nur auf den Arm. Ich versuche, dich aufzuheitern! Aber ... ach, ich muß dir etwas sagen!
DER JUNGE: Ich fange langsam an, richtig sauer zu werden!
DAS MÄDCHEN: Ich weiß nicht, wie ich es dir sagen soll!
DER JUNGE: Wie du meinst. Aber wasch nicht wieder, wäre das möglich?
DAS MÄDCHEN: |*schaut das Tischtuch auf dem Bett an*| Na ja ...
DER JUNGE: Es reicht! |*legt auf*| Nun, werden Sie zu Abend essen?
ALEX: Wir werden zu Abend essen! Einen starken Kaffee mit viel Zucker. Für Elena. |*greift sich die Speisekarte, schlägt sie auf*| Und für mich Bohnen mit Würstchen. Die Würstchen später. Omelett mit Pilzen. Eine Flasche Wermut. Crème Caramel. Tatarische Frikadellen ... Pfannkuchen mit Honig und Nüssen und ... Eintopf auf Panagjuriśte-Art! |*schlägt die Karte zu*|
DER JUNGE: |*zu sich selbst*| Seltsame Bestellung ... |*kocht den Kaffee*|

Das Mädchen öffnet oben Schubladen und Kommoden, nimmt von dort saubere Wäsche heraus und häuft sie auf dem Bett auf. Während des folgenden Dialogs von Elena und Alex sammelt das Mädchen den Wäscheberg zusammen, öffnet die Waschmaschine, stopft die Wäsche hinein ...

ALEX: Beschuldigst du mich etwa?!
ELENA: Wir hatten keine Nachricht von dir, wir hatten keine Vorstellung davon, wo du warst. Pavel hat das Unmögliche versucht, um mit dir in Kontakt zu treten! Am Ende fand er deine Frau. Er sagte ihr: »Seine Mutter ist gestorben. Sagen Sie ihm, er soll zurückkommen!« Hat dir deine Frau gesagt, daß du hierher zurückkommen sollst?
ALEX: Ja, Elena. Meine Frau hat mir gesagt, daß ich hierher zurückkommen soll.
ELENA: Ist sie schön?
ALEX: Was hat das jetzt ...
ELENA: Hat sie dich je so geliebt wie ich?
ALEX: Ich habe spät geheiratet. Die Liebe war nicht das Wichtigste. Ich wollte Kinder.

ELENA: Hat sie dir Kinder geschenkt?
ALEX: Nein.
ELENA: Kann sie gut kochen?
ALEX: Sie perfektioniert die bulgarische Küche. Ich habe es ihr beigebracht.
ELENA: Und wie ... ist sie im Bett?
ALEX: Laß gut sein, Elena!
ELENA: Worüber sprecht ihr miteinander? Du und sie – wie eßt ihr zu Abend, wie trinkt ihr Wein, wie lacht ihr, wie wacht ihr auf, wie empfangt ihr Gäste, wie ...
ALEX: |*ruhig*| Hör auf!
ELENA: Sag mir nicht, was ich tun soll, Alex! Wenn ich es will, werde ich aufhören, wenn ich es nicht will – werde ich nicht aufhören! Wie heißt sie?
ALEX: Miriam.
ELENA: Miriam ... |*nach einer Pause*| Wie dem auch sei ...
ALEX: Irgend etwas ist mit dir geschehen ...
ELENA: Ach so?
ALEX: Etwas Böses hat von dir Besitz ergriffen.
ELENA: |*unterbricht ihn*| Warum bist du hier, Alex? Wenn doch dein Leben erträglich ist. Wenn du nicht enttäuscht bist ... Warum bist du hier?
ALEX: Du bist wohl eine streitsüchtige und bösartige Frau geworden.
ELENA: Du kannst mich nicht verletzen!
ALEX: Was ist aus deinen Träumen geworden, Elena? Hast du sie verwirklicht?
ELENA: Mach dir keine Sorgen, Charlie, er wird mich nicht verletzen!
ALEX: Charlie?! ... |*schaut sich um*| Wo bist du, Charlie? Unter dem Tisch? Zeig dich endlich, Charlie!
ELENA: Laß Charlie in Frieden!
ALEX: Ist aus dir denn nichts geworden, Elena?
ELENA: Oh! Treten Sie Alex nicht auf die Füße, er kann beißen!
ALEX: Ich habe Erfolg. Ich habe alles erreicht, alles, alles!
ELENA: |*schreit*| Was willst du dann noch hier?
ALEX: |*kategorisch*| Mich trifft keine Schuld! Ich habe nur getan, was ich tun mußte!

ELENA: Du bist geflohen! In einer Zeit, als dafür Bestrafung drohte. Uns haben sie bestraft. Sie ließen uns aufs Polizeirevier kommen. Sie verhörten uns. Wir schrieben Eimer voller Tinte leer. Sie drohten uns. Sie entließen Vater. Sie zerstörten seine Karriere. Sie setzten ihn auf die niedrigste Stufe zurück. Sie wollten von deiner Mutter, daß sie sich von dir lossagt. »Rückkehrrechtloser« – so ein Wort gab es, Alex, und du kanntest es genau.

ALEX: Mich trifft keine Schuld!

ELENA: Du wußtest, was du uns einbrocken würdest! So waren die Zeiten. Oh! Es gab bulgarische Ereignisse, Alex! Wir hier, deine Freunde und Verwandten, wir haben sie erlebt! Du bist auf den deutschen Schleppkahn geklettert und verschwunden, aber wir hier ...

ALEX: Das war mein Leben! Nicht das meiner Eltern, nicht einmal deines!

ELENA: Hundesohn!

ALEX: Was erwartete mich schon in jenem System! Mit einem Portier als Vater und einer Putzfrau als Mutter! Drei Jahre Pflichtdienst in irgendeinem Dorf – nein! Das war nicht Teil meiner Pläne! Bauern in Opanken zu heilen – nein!

ELENA: Du bist fortgegangen, ohne es mir zu sagen! Du bist einfach verschwunden!

ALEX: Du hattest ein schönes Zuhause, dein Vater war Bürgermeister, Geld, eine Villa, ein Auto. Was hatte ich? Meine Eltern putzten das Treppenhaus von solchen wie deinen Eltern! Ja, mein und dein Talent hielten sich die Waage. Ich weiß nicht einmal, ob ich in der Medizin vier Oktaven abgedeckt habe, wohl kaum! Dein Talent war sogar noch größer als meines ... Und was ist aus dir geworden?

ELENA: Hundesohn! Lügner! Hundesohn! Hundesohn!

ALEX: Warum hast du aufgehört? Warum singst du nicht mehr?

ELENA: Er habe an mich gedacht. Du wußtest ja nicht einmal, ob ich lebe! |*wühlt in der Tasche, holt einen Lippenstift heraus, ihre Hände zittern*|

ALEX: Alle sagten dir eine glänzende Zukunft voraus! Was hast du aus deiner Zukunft gemacht, Elena?

ELENA: Ich werde nicht mehr trinken!

ALEX: Was ist mit dir geschehen, Elena?
Elena legt mit zitternder Hand Lippenstift auf.
ALEX: Dieser Ort hier, dieser Talentfriedhof! Hat er auch dich vernichtet?
ELENA: Schlag zu, Alex. Schlag weiter zu.
ALEX: Nur eines, beschuldige mich nicht, hast du verstanden, Elena! Wenn ich es dir damals gesagt hätte, dann hätte dein Vater, der Herr Bürgermeister, mich aufgehalten! Ich bin nicht schuld daran, daß ich auf mein Herz gehört habe! Ich bin nicht schuld daran, daß ich Elan hatte! Und daß ich Raum brauchte! Und Freiheit! Viel Freiheit!
ELENA: Ich will jetzt gehen!
ALEX: Das ewige Schuldgefühl! Dieses unausrottbare, slawische Gefühl! Diese Triebfeder der Selbsterniedrigung hier – das Schuldgefühl! Hier muß man schuldig sein!
ELENA: Slawisch oder nicht – das hier ist meine Luft. Manchmal atme ich schwer, aber zumindest atme ich meine eigene Luft!
ALEX: Die Luft der Misere. Der Niederlage.
ELENA: Gut, Alex.
ALEX: Der Verwesung. Des Zusammenbruchs. Des Verlustes von Idealen.
ELENA: Bist du jetzt fertig, Alex?
ALEX: Der Kriminalität. Des schmutzigen Geldes. Der Korruption. Der absoluten Gesetzlosigkeit.
ELENA: Und die Luft der Freundschaft. Und noch vieler anderer Dinge.
ALEX: Die Wahrheit ist, daß ich mich, wäre ich hier geblieben, in einen Provinzdoktor mit einer Neigung zum Alkohol und zur Dickleibigkeit verwandelt hätte ...
ELENA: Es reicht, Alex!
ALEX: Ich habe meine Fähigkeiten erkannt, mein Potential! Ich ging fort und arbeitete hart! Fleiß und Zielstrebigkeit – das war mein Leben dort! Es war nicht leicht! Niemand schenkte mir etwas! Ich habe es mit Fleiß und Zielstrebigkeit erreicht ... Ist das etwa ein Verbrechen! Die Zeit hat gezeigt, daß ich mich nicht getäuscht habe. Jetzt habe ich Geld. Ruhm. Einen Beruf, den ich liebe. Ein schönes Haus. Ich bin ein Arzt von Weltruf! Heute bin ich ein Star!

ELENA: Ich, ich, ich, ich, ich, ich ... |*packt langsam den Lippenstift zurück in ihre Tasche*|

ALEX: Das, was ich damals getan habe ... Ich weiß nicht, ob es fair war ... Aber es war richtig.

ELENA: Wir haben einen großen Fehler gemacht mit diesem Treffen, nicht wahr, Charlie?

Die Beleuchtung verändert sich – »DAMALS«.
Abruptes Klingeln an einer Wohnungstür.
Die Stimmen der jungen Elena und des jungen Alex.

DER JUNGE ALEX: Familie Georgiev?

DIE JUNGE ELENA: Sie sind hier falsch!

DER JUNGE ALEX: Sie haben die Putzfrau nicht bezahlt.

DIE JUNGE ELENA: Ich habe Ihnen doch gesagt – Sie verwechseln da etwas!

DER JUNGE ALEX: Also gut, ich weiß, daß Sie nicht die Georgievs sind. Ich habe mich absichtlich getäuscht. Ich habe Sie gestern gesehen, als Sie einzogen.

DIE JUNGE ELENA: Na und?

DER JUNGE ALEX: Ich gedenke, Sie zu heiraten.

DIE JUNGE ELENA: Mich?!

DER JUNGE ALEX: Ganz genau. Der Baum vor dem Eingang ist eine Esche.

DIE JUNGE ELENA: Wie bitte?!

DER JUNGE ALEX: Gestern haben Sie ihn betrachtet und sich gefragt, was es ist. Es ist eine Esche.

DIE JUNGE ELENA: Was?

DER JUNGE ALEX: Der Baum. Bi-biiip!

DIE JUNGE ELENA: Was tust du da! Nimm deinen Zeigefinger von meiner Nase!

DER JUNGE ALEX: Mein Finger klebt fest, mein Finger klebt fest, mein Finger klebt fest! Er kann nur durch Magie wieder gelöst werden! Die magischen Worte sind: »Ja, Alex, ich werde Tee mit dir trinken.«

DIE JUNGE ELENA: Ich trinke keinen Tee.

DER JUNGE ALEX: Noch besser. Dann trinken wir heute abend also Wein. Ich erwarte dich in der Primorska 8. Dort gibt es einen

verrückten Ort. Da treffen sich Künstler, Musiker – es ist fröhlich. Sag: »Ich werde kommen.«
DIE JUNGE ELENA: |*lächelt*| Du bist verrückt!
DER JUNGE ALEX: Sag es.
DIE JUNGE ELENA: |*durch ein Lachen hindurch*| Ich werde kommen.

JETZT:
Das Mädchen hockt vor der Waschmaschine, schaut zu, wie sie sich dreht. Dann steht sie auf und geht langsam die Stufen hinunter ...
Der Junge nimmt ein Tuch und wischt die Bar ab ...
Elena sitzt mit aufrechtem Rücken am Tisch, und ihr Finger spielt mit irgendeinem Krümel auf der Tischdecke ...
Alex geht im Lokal auf und ab ...
Stille ...
Das Mädchen hebt den Deckel des Topfes hoch, steckt den Finger hinein und leckt ihn ab.
ALEX: |*mehr zu sich selbst*| Nein, wir werden keine Bohnen mit Würstchen essen ...
DAS MÄDCHEN: |*öffnet die innere Tür, kommt herein*| Als ob jemand vor kurzem geläutet hätte ... |*leckt ihren Finger ab*|
DER JUNGE: Das bildest du dir nur ein.
DAS MÄDCHEN: Was soll ich jetzt mit diesen Bohnen mit Würstchen machen! |*schenkt sich Wodka ein*|
ALEX: |*zu sich selbst*| Wir werden sie nicht essen.
DER JUNGE: Sie werden sie nicht essen. Sie haben Probleme.
DAS MÄDCHEN: Ich habe auch ein Problem – einen halben Topf Bohnen mit Würstchen! Sie haben sich so intensiv daran erinnert, daß ich beschlossen habe, daß sie gar nicht genug davon bekommen würden! Soll ich sie jetzt essen? Ausgerechnet Bohnen mit Würstchen werde ich essen! |*trinkt*| Ich werde sie Charlie geben.
DER JUNGE: Gib sie Charlie.
DAS MÄDCHEN: Charlie ißt keine Würstchen.
DER JUNGE: Charlie ißt keine Bohnen.
DAS MÄDCHEN: Bohnen ißt er. Aber Würstchen nicht.
DER JUNGE: Charlie mag keine Bohnen. Aber wenn ich ihm Würstchen gebe, dann ißt er sie.

DAS MÄDCHEN: Es ist umgekehrt.
DER JUNGE: Gut, dann gib ihm weder Bohnen, noch Würstchen!
DAS MÄDCHEN: Warum, die Bohnen werde ich ihm geben.
DER JUNGE: |*sieht sie an, dann nimmt er ihr das Glas aus der Hand und schüttet den Inhalt ins Spülbecken; leise, verärgert zum Mädchen*| Sie sind hierhergekommen, sie haben mein Lokal zugemacht! Sie bestellen nichts! Oder sie bestellen Unsinn! Ich pfeife auf ihre lange Rechnung!
ELENA: Könnte ich bitte eine Scheibe Brot haben?
DER JUNGE: Werden Sie etwa Brot zu Abend essen!
ELENA: Mir fehlt nichts! Nur mein Magen ... |*geht zur Bar, man gibt ihr eine Scheibe Brot*| Danke.
Pause. Elena ißt Brot.
ELENA: Wenn mein Magen anfängt, weh zu tun ... muß ich Brot essen. So geht es vorbei.
DAS MÄDCHEN: Ich habe gehört, daß man bei Magengeschwüren lebendige Schnecken essen soll. Ganz lebendig und roh. Sie werden nicht gekocht, denn wenn sie gekocht werden, werden sie nicht mehr wirklich lebendig sein.
DER JUNGE: Pssssst!
DAS MÄDCHEN: |*explodiert*| Hör auf mir den Mund zu verbieten, Hase! Warum soll ich der Frau nicht von den Schnecken erzählen! Siehst du nicht, daß sie ein Magengeschwür hat! |*zu Elena*| Die Tante meiner Mutter hat so ihr Magengeschwür auskuriert. Sie aß je zwei Schnecken morgens, mittags und abends. Obwohl sie eigentlich nicht ihre richtige Tante ist, weil mein Großvater, der Vater meiner Mutter, nie eine Schwester hatte. Aber Mama nannte sie »Tante«. Nachdem sie jedoch die Schnecken gegessen hatte, starb ihre Tante. Aber nicht an einem Magengeschwür. Die Schnecken heilten ihr Magengeschwür vollständig. Sie starb an etwas anderem, ich kann mich nicht mehr genau erinnern, woran. Und Mama hatte seitdem keine Tante mehr. Was für ein Horror! |*zum Jungen, sie wirft den Brief auf die Bar*| Ich weiß überhaupt nicht, wie ich es dir sagen soll! Wie ich es auch anstelle ... Ich kann mir schon vorstellen, was passieren wird, wenn ich es dir sage! Aber dieser Brief ist für dich! Nur das kann ich dir sagen!

DER JUNGE: Ich erwarte keinen Brief.
DAS MÄDCHEN: Du erwartest keinen. Aber ... Du hast eine Greencard gewonnen!
DER JUNGE: Wie bitte?!
DAS MÄDCHEN: |besorgt| Was ist schon dabei, Hase! Du kannst sie benutzen, du kannst sie aber auch nicht benutzen!
DER JUNGE: |sieht sie an| Ich habe nie einen Antrag auf eine Greencard gestellt!
DAS MÄDCHEN: Ich habe ihn für dich gestellt.
DER JUNGE: Sag das nochmal! Ich glaube, ich habe mich verhört?!
DAS MÄDCHEN: Da haben wir es, jetzt bist du böse ...
DER JUNGE: Sag noch einmal, was du getan hast?!
DAS MÄDCHEN: Ich habe den Antrag sowohl für mich, als auch für dich gestellt, du gewinnst! Natürlich bin ich auch noch unabhängig davon zu einem Vorstellungsgespräch gegangen, so daß wir jetzt beide gültige Papiere haben. Wir können fortgehen! Endlich! Ich habe alles arrangiert!
DER JUNGE: |nach einer Pause| Da hast du ja ganze Arbeit geleistet ... hinter meinem Rücken.
DAS MÄDCHEN: Komm schon, Hase!
ELENA: Haben Sie lebendige Schnecken auf der Speisekarte?
DER JUNGE: |schreit| Nein! |dreht sich um und geht in die Küche, rennt die innere Treppe nach oben, stürzt ins Zimmer, schließt das Fenster|
DAS MÄDCHEN: |zu Elena und Alex| Sehen Sie, was jetzt passiert ist ... Was für ein Horror ... Ich wußte, daß er wütend sein würde ... Aber ich hatte gehofft, daß ... Was soll ich denn jetzt machen ... |zögert einen Augenblick, dann rennt sie dem Jungen hinterher|
ELENA: Ich habe mich immer gefragt, was letztlich mein langjähriges Magengeschwür heilen würde. Und dabei war es ganz einfach – lebendige und völlig rohe Schnecken ...
Das Mädchen rennt die innere Treppe nach oben ...
ELENA: Ich werde sie auf keinen Fall kochen ...
Der Junge kommt aus dem Zimmer und geht die Treppe nach unten ...
DER JUNGE: Du hast mich belogen!

DAS MÄDCHEN: Es ist nicht ganz so!
DER JUNGE: Ich werde nicht nach Amerika gehen!
DAS MÄDCHEN: Wenn wir darüber sprechen, wenn wir es abwägen ...
DER JUNGE: Wie oft denn noch? Sollen wir achttausend Mal abwägen! Ich habe dir gesagt, daß ich weder nach Amerika, noch nach Kanada, noch nach Australien, noch nach Neuseeland und auch sonst nirgendwohin gehen werde!
DAS MÄDCHEN: He, schrei nicht so, wir haben Gäste!
DER JUNGE: Lügnerin!
DAS MÄDCHEN: Schweig!
DER JUNGE: Du bist verrückt, du bist durchgedreht, du bist Alkoholikerin, du bist eine dreckige Lügnerin!
DAS MÄDCHEN: |schreit| Ich bin keine Alkoholikerin!
Elena geht langsam zur Stereoanlage, drückt einen Knopf – ein französisches Chanson ...
Der Junge rennt die Treppe nach oben, geht ins Zimmer, das Mädchen hinterher. Von OBEN: Der Streit der jungen Leute geht weiter, wir hören ihre Stimmen:
DER JUNGE: Ich werde es nicht tun!
DAS MÄDCHEN: Warum denn?
DER JUNGE: Weil ich nicht will! Ich habe dir schon zwanzigtausend Mal gesagt, daß ich nicht will!
DAS MÄDCHEN: Aber wir werden hier Falten bekommen in dieser Kneipe, bis wir keine Träume mehr haben und auch sonst nichts! Willst du das?
DER JUNGE: Aber dort reißen sie sich um Biologen! Die Finger lecken sie sich dort nach dir!
DAS MÄDCHEN: |schreit| Komm mir nicht so!
DER JUNGE: Komm du mir nicht zu nahe!
DAS MÄDCHEN: Das käme mir ja gar nicht in den Sinn!
Elena macht das französische Chanson lauter – die Musik übertönt die Stimmen der jungen Leute ...
Pause – es erklingt nur das französische Chanson ...
Elena tanzt ...
Die Beleuchtung verändert sich ... DAMALS:
Die Stimmen der jungen Elena und des jungen Alex.
DIE JUNGE ELENA: Ich werde nicht abtreiben!

DER JUNGE ALEX: Es ist noch zu früh für Kinder. Es ist überhaupt nicht der richtige Zeitpunkt dafür!
DIE JUNGE ELENA: Du bist ein Hundesohn, Alex! Warum freust du dich nicht!
DER JUNGE ALEX: In zwei Tagen ist mein Staatsexamen, laß mich in Frieden!
DIE JUNGE ELENA: Ich habe dir gesagt, daß ich schwanger bin, und du freust dich nicht!
DER JUNGE ALEX: Ich freue mich!
DIE JUNGE ELENA: Du freust dich nicht!
DER JUNGE ALEX: Wir werden nach meiner Prüfung darüber reden!
DIE JUNGE ELENA: Ich bin schwanger, du Dummkopf! Du hast mir ein Kind gemacht! Was soll ich jetzt meinem Vater sagen!
DER JUNGE ALEX: Wir werden heiraten.
DIE JUNGE ELENA: Wann?
DER JUNGE ALEX: Am Sonntag.
DIE JUNGE ELENA: Und wenn es Zwillinge sind?
DER JUNGE ALEX: Wenn es Zwillinge sind, dann heiraten wir am Montag.
DIE JUNGE ELENA: Warum habe ich mich in dich verliebt, warum nur!

JETZT:
Elena drückt auf den Knopf an der Stereoanlage – die Musik hört auf ...
ALEX: Ich habe dich sehr geliebt, Elena ...
Pause.
ALEX: Sehr ... Aber ich konnte nicht hierbleiben.
Pause.
ALEX: Besonders am Anfang dort ... war es schwer, schrecklich. Weil mich die Sehnsucht nach dir zerriß!
Elena schweigt ...
ALEX: Ich schrieb ununterbrochen Briefe ... am Anfang ... Ich wußte, daß sie euch nicht erreichen würden. Ich war wie ein verwundetes Tier ... am Anfang. Ich schrieb dir mehrere Briefe am Tag.
Elena schweigt ...

ALEX: Ich schrieb dir, wie sehr ich dich liebe, wie sehr du mir fehlst! Ich habe nie eine andere getroffen, die ich mehr als dich geliebt hätte!
Elena atmet vorsichtig ein ...
ALEX: Aber ich denke, wir müssen ... ich denke, daß wir einander vergeben müssen ...
Pause.
ALEX: Wir sind gezwungen, einander zu vergeben.
Pause.
ALEX: Sag doch etwas, Elena!
Pause.
ELENA: Dieses schreckliche Türchen ... Diese schreckliche Hoffnung – daß du zurückkommen würdest ... Nicht wahr, Charlie?
ALEX: Sag etwas zu mir, Elena! Nicht zu Charlie. Ich bitte dich, Elena!
ELENA: Alex bittet ... Die Welt muß auf dem Kopf stehen ...
ALEX: Ich war ... sehr einsam. In all den Jahren ...
ELENA: |*atmet tief ein und aus*|
ALEX: Ich war so einsam ohne dich, Elena.
Pause.
ELENA: In jenem Jahr ... als der Winter vorzeitig kam. Als du dich in die Donau warfst, ohne mich vorzuwarnen ... Als du dich in einen Flüchtling verwandeltest, für den wir die Suppe auslöffeln mußten ... Als die Welt einstürzte. Als jemand Sofia schwarz anmalte ... Und es war, als würde ich die Stadt zum ersten Mal sehen. Als es nicht denkbar war, ein Kind ohne Vater zur Welt zu bringen. Als ich es nicht wagte, in diese Stadt zurückzukehren. Als Vater mich fand. Ich war im fünften Monat schwanger. Und Vater verprügelte mich. Und bis zur Geburt lag ich unbeweglich im Krankenhaus. Als ich betete, du würdest die Schleppkähne verwechseln. Und daß sie dich fassen. Daß sie dich ins Gefängnis stecken. Nur, damit du hier bist. Damals, als ich dich mehr liebte als das Leben selbst ... Damals ist meine Stimme verlorengegangen.
ALEX: Was sagst du da?!
ELENA: Sie haben mich viermal operiert, obwohl schon nach der zweiten Operation klar war, daß es keine Hoffnung gibt. Ich würde

nie mehr singen können. Mein Gesangsprofessor weinte. Auch Pavel weinte. Ich konnte nicht weinen. Ich war ausgetrocknet.
ALEX: Geburt, sagtest du?!
ELENA: Ich habe immer gewußt, daß die Wärme im November eine trügerische Wärme ist. |schaudert| Im November wird es plötzlich kalt ...
ALEX: Damals redeten wir von Abtreibung, nicht von Geburt!
ELENA: Sicherlich hat Gott die Welt in genau so einem trügerischen November erschaffen ...
ALEX: Du hast das Kind zur Welt gebracht?!
ELENA: |schaudert| Gott hat die Welt im Nebel eines Novembermorgens erschaffen ... Wahrscheinlich hat Gott nicht besonders gut gesehen, als er die Welt erschuf ... Der Nebel hindert einen daran, gut zu sehen ...
ALEX: Damals hatte ich dir eine Notiz hinterlassen, zu wem und wohin du gehen solltest, um die Abtreibung vornehmen zu lassen. Ich hatte alles arrangiert!
ELENA: Deshalb gibt es so viel Leid ... Weil Gott nicht gut gesehen hat ... Oh! Ich bin gezwungen, dir zu vergeben. Wolltest du das sagen, Alex? Mein ganzes Leben lang versuche ich, dir zu vergeben!
ALEX: |zweifelnd| Du hast das Kind zur Welt gebracht?!
ELENA: Ja, Alex, dein Sohn erblickte im April das Licht der Welt.
|holt tief Luft|
Alex schweigt, sieht sie an.
ELENA: Um fünf Uhr morgens.
ALEX: |ungläubig| Ich habe einen Sohn?!
ELENA: |holt wieder Luft| Ich atme ...
Pause.
ALEX: Mein Sohn?! ...
ELENA: |atmet ein| Ich denke, daß ich endlich wieder atmen kann ...
ALEX: Einen Sohn ... Das ist doch nicht dein großer Auftritt, Elena?
ELENA: Nach so vielen Jahren kann ich endlich atmen ...
OBEN, der Junge öffnet das Fenster und holt tief Luft ...
Das Mädchen sitzt auf der Matratze, der Junge setzt sich neben sie, und sie umarmt ihn ... Der Brief liegt auf dem Bett neben ihnen.

DER JUNGE: Hier ist mein Großvater gewesen. Hier ist mein Vater gewesen. Hier bin auch ich. Das hier ist ein Ort wie jeder andere Ort! Aber das, was ihn von der ganzen Welt unterscheidet, ist, daß es mein Ort ist!

DAS MÄDCHEN: Wenn wir alt werden und Urenkel haben, was werden wir ihnen dann erzählen?

DER JUNGE: Wie sehr wir uns geliebt haben. Und wie gewissenhaft du Englisch gelernt hast. Um deine Sprachkenntnisse zu perfektionieren.

DAS MÄDCHEN: Immerhin habe ich Biologie studiert, nicht wahr! Nicht, um im Kirchenchor auf dem Friedhof zu singen, und auch nicht, um in der Küche zu versauern! In der Kneipe deines Großvaters!

DER JUNGE: Im Kirchenchor auf dem Friedhof zu singen ist viel ungewöhnlicher, als nach Amerika zu gehen. Schon dort, auf dem Friedhof, habe ich mir gesagt: »Sie ist ungewöhnlich ...«

DAS MÄDCHEN: Hase! Wenn wir alt sind, werden wir nicht mehr Liebe machen können.

DER JUNGE: Auch dann werde ich dich lieben.

DAS MÄDCHEN: Hier gibt es keine Hoffnung.

DER JUNGE: Ich glaube nicht, daß es irgendwo auf der Welt Hoffnung gibt. Wenn du sie dir nicht selbst machst, wirst du nirgends Hoffnung finden.

DAS MÄDCHEN: Wir werden hinfahren, und wir werden sehen, ob es uns gefällt ...

DER JUNGE: Es wird mir nicht gefallen.

DAS MÄDCHEN: Woher willst du das wissen?

DER JUNGE: Es gibt Dinge, die ich im voraus weiß.

DAS MÄDCHEN: Machst du das einfach nur so, aus Sturheit? Nur weil ich es so gerne will!

DER JUNGE: Ich kann versuchen, meinen Koffer zu packen, aber ich kann nicht zum Grab meines Vaters gehen und ihm sagen: »Vater, ich gehe fort.«

DAS MÄDCHEN: Jetzt gehen doch alle fort. Er wird es verstehen.

DER JUNGE: Er glaubte an mich. Nie wird irgendwo jemand so sehr an mich glauben wie mein Vater.

DAS MÄDCHEN: Und was soll ich jetzt machen ... Ich kann ohne dich nicht leben ...

DER JUNGE: Dann lebe mit mir!
DAS MÄDCHEN: Hier wird nie etwas Bedeutendes passieren ...
DER JUNGE: Glaubst du wirklich, daß es etwas Bedeutenderes gibt als die Liebe?!
DAS MÄDCHEN: Und glaubst du wirklich, daß wir unser Leben wie auf jenem Bild unten verbringen können – Wange an Wange?
DER JUNGE: Ja, das glaube ich.
Pause.
ELENA: Deine Mutter sagte zu mir: »Du wirst das Kind bekommen, Elena. Die Kinder sind ein Geschenk des Himmels, um geboren zu werden.« Später kam sie zu mir nach Sofia, und wir lebten beide in meiner Studentenwohnung ... zusammen mit dem Kind. Sie war die beste Frau in meinem Leben ...
ALEX: Das ist nicht zu glauben ... Du hast es zur Welt gebracht ...
ELENA: Als sie ihn mir gaben, sah er aus wie ein Großvater. Wie du in dreihundert Jahren.
ALEX: Du ...
ELENA: Er ist auf einem Kreuzweg geboren. Einem Kreuzweg zwischen mir und dir. Damit haben wir unser Kind gezeichnet ...
ALEX: Du hattest gesagt, du würdest abtreiben!
ELENA: Du sagtest mir, ich solle abtreiben!
ALEX: Ist das deine Art, dich an mir zu rächen, Elena? Was soll das?!
ELENA: Am Anfang ähnelte er dir. Es war schmerzlich ... Später veränderten sich seine Züge. Ich begann, mich in ihm zu entdecken.
ALEX: Ich will ihn sehen!
ELENA: Ja, deine Mutter sagte, daß das Leben das ist, was wir sehen. Und das, was passiert. Es passiert alles mögliche. Und wir sind hier, um es zu erleben. Wir haben keine Wahl.
ALEX: Einen Sohn also ...
ELENA: Obwohl wir jeden Tag wählen. Ob wir mit dem Zug reisen sollen oder mit dem Bus. Ob wir dieses oder jenes Buch lesen sollen.
ALEX: Ich habe einen Sohn ...
ELENA: Aber die wichtigsten Dinge scheinen vorbestimmt. Du kannst sie weder auswählen, noch kannst du vor ihnen fliehen. Oh! Ich brauche Champagner!
ALEX: Nein, es gibt keinen Champagner.

ELENA: Gerade jetzt habe ich Lust auf Champagner! |*hämmert an die Küchentüre*| Ich will Champagner!
ALEX: Wie sieht er aus? Womit beschäftigt er sich? Er muß schon ein erwachsener Mann sein, ist er verheiratet, hat er Kinder? Ist er groß? Was ...
ELENA: |*hämmert an die Küchentüre*| Hiiiilfeeee!
Das Treppenhaus wird erleuchtet – der Junge rennt vom Zimmer nach unten zur Küche ...
DAS MÄDCHEN: |*oben*| Mutilation ... Verstümmelung. Be able to do ... Etwas tun können ... Mutilation ... Verstümmelung. Be able to do ... Etwas tun können ... |*vergräbt ihr Gesicht in den Händen*|
ELENA: |*schnell*| Und bis heute träume ich, ich sei auf Tournee ... Wir singen »Turandot«. Der Salon ist überfüllt. Ich bin an der Reihe. Ich höre den Ruf und gehe. Ich gehe. Aber ich kann die Bühne nicht finden. Ich gerate in ein Labyrinth, ich schlage irgendwelche blauen, riesigen, schweren Vorhänge zur Seite. Ich gehe. Aber die Bühne ist nicht da. Meine Beine beginnen zu zittern, mein Hals schnürt sich zusammen. Aber ich gehe. Es ist wichtig! Ich muß die Bühne erreichen! Aber das Labyrinth endet nicht. Und dann höre ich, daß jemand meine Arie zu singen beginnt, jene Arie ... |*beginnt leise zu singen, fast rezitativ*| Ich bleibe stehen. Ich lausche ...
DER JUNGE: |*öffnet die innere Tür, kommt herein*| Was ist hier los?
ELENA: Ich kann mich nicht rühren. Und ich muß gehen, es ist wichtig!
DER JUNGE: |*zu Alex*| Brauchen Sie Hilfe?
ELENA: |*schnell*| Ich muß die Bühne erreichen und ihnen sagen, daß es meine Arie ist! Ich singe sie! Ich versuche weiterzugehen, aber meine Beine sind bleiern. Dann muß ich also schreien, denke ich mir. Davon hängt mein Leben ab! Mein Leben – das ist das Singen! Wenn ich zu schreien beginne, wird mich schon jemand hören. Er wird mich hier herausholen. Und ich werde singen! Ich öffne den Mund, aber aus meinem Hals kommt nur ein heiseres »Hilfe!« ...
DAS MÄDCHEN: Mutilation ... Verstümmelung ... |*rennt die Treppe nach unten und wieder hinauf, und wieder hinunter und wieder*

hinauf ... Unterwegs sammelt sie Kleider, Tischdecken – alles was ihr unter die Augen kommt – ein, sie wirft sie aufs Bett ...|
ELENA: |*leise, fast flüsternd*| Hilfe, Hilfe, Hilfe!
DAS MÄDCHEN: Be able to do ... Etwas tun können ...
Pause.
ALEX: Eine Kiste Champagner, mein Junge! Ich weiß nicht einmal, ob uns das reichen wird ...
DAS MÄDCHEN: Wenn das die Liebe ist ...
DER JUNGE: Sehen Sie denn nicht, daß Sie Hilfe braucht!
ALEX: Glaube nie den Frauen, mein Junge! Alle sind sie Lügnerinnen! Sie werden sich etwas ausdenken, wie sie dich dem Erdboden gleichmachen können ... und sei es nach zweihundert Jahren! Ausnahmslos alle! Auch im Jenseits werden sie dich finden, mein Junge, um es dir heimzuzahlen! Um dich zu vernichten! Um alles unwichtig zu machen, alles ... was du aufbaust ... Eine Frau kann mit nur einer Handbewegung ein ganzes Imperium vernichten. Dein Imperium! So ist es, mein Junge ... Aber genug der Scherze! Die Scherze sind vorbei ... Soweit ich verstanden habe ... Soweit ich verstanden habe, habe ich hier ein jüngstes Gericht heraufbeschworen ... Ich bin ein Schuft, Verräter, Hundesohn! ... Ich bin der Teufel in Menschengestalt! Ich bin ... das, was Gott im dichtesten und undurchsichtigsten Nebel erschaffen hat. Im November ... Aber, zum Teufel! Ich habe auch viele gute Dinge getan in diesem Leben! Ich habe Menschen gerettet! Ich habe ihnen das Leben zurückgegeben. In meiner Klinik heile ich Hunderte von Drogensüchtigen, Hunderte von verletzten und verbitterten Seelen! Sogar wenn ich sterbe, werden sie in meiner Klinik fortfahren, sich um sie zu kümmern! Denn das ist doch das Leben! Das zu machen, was du liebst, und etwas zu tun, das für jemanden von Nutzen ist! Was anderes könnte das Leben sein?
Kurze Pause.
ELENA: |*zum Jungen*| Hat er ... Klinik für Drogensüchtige gesagt?!
ALEX: Natürlich, wenn du Liebe und Kinder hast ... In irgendeinem höllischen November kannst du dich aufwärmen ... Ein wenig Wärme. Im November. Sie ist nie überflüssig ... »Aber man kann nicht alles haben« – habe ich mir gesagt. Nein, das kann man nicht.

ELENA: |*leise*| Mein Gott!
ALEX: Dieser Nebel ... Wie er auf einmal herabsinkt ...
ELENA: Wenn ich das gewußt hätte.
Das Mädchen kommt die Treppe herunter.
ALEX: Natürlich, ich habe ein Business daraus gemacht. Mein Business ist ein Geschäft mit Träumen. Was auch immer du tust, du mußt es mit Träumen machen! Nicht mit Trinken! Sondern mit Träumen ... Es macht nichts, daß am Ende immer der Nebel herabfällt ... Das ist nicht schlimm ... Ich bin Arzt. Ich weiß, daß es so ist. |*schaudert*| Ich habe keine Angst ...
ELENA: |*beginnt zu weinen*| Oh, Gooott ...
ALEX: Die Frauen spürten meinen Schmerz ihretwegen! Diese ... stolze und seltsame Elena ... Ich sagte mir - ich werde nicht an sie denken! Ich werde nicht von ihr träumen! Aber ich konnte mich nicht noch einmal so verlieben wie in sie ... Und die Frauen wußten es irgendwie ... Die Frauen, mein Junge, begreifen irgendwie mehr als wir ... Wir, die Männer, wissen mehr, aber die Frauen sind weiser als wir ... Sicherlich haben sie mir deshalb keine Kinder geschenkt ...
Pause.
Das Mädchen kommt leise herein und legt ihren Kopf auf den Rücken des Jungen ...
ALEX: Trotzdem habe ich den Gipfel erreicht ... Ich habe ihn bezwungen! Und wenn du nicht gewesen wärest, Elena, du! ... Dann hätte ich wirklich alles gehabt! Denn ... weißt du, Elena ... auf dem Gipfel ist es ein bißchen einsam ... Am Gipfel mißt man die Einsamkeit mit dem Fehlen von Geräuschen ... So eine Stille herrscht auf dem Gipfel ... Mein Gott! So viele verlorene Jahre! ... Dein widerlicher Stolz hat viel größere Verluste verursacht als mein jugendlicher Sprung auf einen deutschen Schleppkahn. Dein verfluchter Stolz, Elena, hat eine wirkliche Katastrophe verursacht! Weil du die Jahre nicht zurückdrehen kannst!
ELENA: |*zu sich selbst*| Eine Klinik für Drogensüchtige ... Wie hätte ich das wissen können ...
ALEX: Was wissen, Elena?
ELENA: Wir könnten, hätten gekonnt ... |*richtet sich auf, geht wie eine Wahnsinnige auf und ab*| Oh, Gott! ... Ich bin ein wenig

müde ... Ich muß gehen ... Komm, Charlie ... Es ist schon spät ... Es ist schon zu spät ... Weine nicht, Charlie ... Ich bitte dich, Charlie, weine nicht ... |*nimmt ihren Trenchcoat*|
ALEX: Wohin willst du, Elena?
ELENA: Das Leben hat uns wie auf einem Karussell gedreht, nicht wahr, Charlie?
ALEX: Nicht so, Elena! Zieh deinen Mantel wieder aus. Wir haben noch einen Punkt auf der Tagesordnung – mein Treffen mit meinem Sohn!
ELENA: |*schnell, versucht sich zu beherrschen*| Deine Mutter hat sich nicht von dir losgesagt. Sie wiederholte immer: »Er wird zurückkommen, Elena, Alex war ein gutes Kind, er kann nicht nicht zurückkommen!« ... Später hörte sie auf, es zu wiederholen ... Ich kann mich nicht mehr erinnern, wann ... Ob dann, wenn wir schweigen, wenn wir nicht sprechen, wenn wir nur hinunterschlucken, ob dann dieses höllische Hämmern im Gehirn, dieses schreckliche Getöse im Kopf, dieser UNUNTERBROCHENE, UNUNTERBROCHENE, UNUNTERBROCHENE SCHMERZ zumindest ein bißchen aufhört! Wird er wenigstens für einen Augenblick aufhören!
Pause.
ELENA: Oh, Gott ...
Pause.
ELENA: Ich habe dich geliebt, Alex ... Als ich erfuhr, daß ich nicht singen würde, beschloß ich, Philologie zu studieren. Sie haben mich an der Universität nicht angenommen. Deinetwegen. Wir waren eine bekannte Familie, und die Geschichte hatte schon zu viele Wellen geschlagen. Aber ich liebte dich trotzdem ... Ich putzte Häuser, hütete Kinder, verkaufte Zeitungen. Ich weinte nicht. Ich liebte dich doch! Ich wurde in einem kleinen Kino eingestellt. Kassiererin. Unser Junge schaute sich alle Filme mehrmals an ... Finde dich damit ab, sagte ich mir, zum Teufel, finde dich damit ab, Elena, finde dich damit ab! Dein Junge schaut sich alle Filme mehrmals an! Und du wirst im nächsten Leben singen! In diesem Leben wirst du nicht singen! Dieses Leben ist so. Wie du es siehst ... So ist es. Akzeptiere es, Elena ... Akzeptiere es einfach! ... Oh! Dieses Leben hat so viele Male versucht, mich umzubringen! Aber es hat mich nicht

kleingekriegt! Bis jetzt ... Aber jetzt ... Wir hätten gekonnt ... Gott ... Weißt du, was du getan hast, Alex?

ALEX: Was habe ich jetzt schon wieder getan, Elena?

ELENA: Du bist in mein Leben gestürzt und hast es kurz und klein geschlagen. Besonders jetzt ...

ALEX: Was ist dieses »jetzt«, Elena?

ELENA: |*schaut ihn an, zögert, ob sie es ihm sagen soll, entscheidet sich dagegen*| Wie dem auch sei ...

ALEX: |*sieht sie an*| Warum kommt mir vor, daß die Menschen nie das Wichtigste sagen?

Pause.

ELENA: |*sieht ihn an*| Alex ... Alexander ... Du hattest Angst vor den großen Prüfungen ... Deshalb bist du weggelaufen ... Du hast auch jetzt Angst ... einzig und allein um dich selbst.

Pause.

ELENA: Ende ... nur Asche ist geblieben ...

Pause.

ELENA: |*holt etwas Luft*| Asche ... Aber ich habe dir vergeben, Alex. Als ich mich endlich damit abgefunden hatte, konnte ich dir vergeben. Weißt du, warum? Weil ich das Glück hatte, einen anderen Menschen mehr zu lieben als alles auf der Welt. Ich liebte unser Kind mehr als mich selbst. Sogar mehr als dich, Alexander.

ALEX: Laß uns gehen, Elena.

ELENA: Wohin?

ALEX: Ich will ihn sehen.

ELENA: Er ... er ist nicht hier.

ALEX: Lebt er woanders?

ELENA: Ja, er ... reist.

ALEX: Was weiß er über mich?

ELENA: Er ... Ich habe ihm gesagt, daß sein Vater Pilot ist. Aber sein Flugzeug ist in einem fernen Land verschwunden. Ich habe ihm gesagt, du seist ein Held.

ALEX: Wir werden uns etwas ausdenken müssen.

ELENA: Oh! Das werden wir müssen.

ALEX: Wir werden ihn anrufen. Wo auch immer er sein mag.

ELENA: Ja, wir werden ihn anrufen. Morgen. Jetzt bin ich ... Die Müdigkeit ... Sie hat sich so aufgestaut ... Mit den Jahren. Ohne dich ... Und gestern nacht bin ich um drei aufgewacht. Und ich habe kein Auge mehr zugetan ... Ich habe Charlie gesagt, daß ...

ALEX: |*unterbricht sie*| Weißt du, wann ich beschlossen habe fortzugehen, Elena?

ELENA: Nein, Alex, ich weiß es nicht.

ALEX: Wir waren beim Zelten. |*zum Mädchen und zum Jungen*| Ich, sie und Pavel. Vor sehr langer Zeit. An irgendeinem Stausee. Im Rilagebirge. Die Hügel waren scharfkantig und spitz. Damals trank Elena Wodka. Und alles andere auch. Erinnerst du dich, Elena?

ELENA: |*mechanisch*| In den Rhodopen.

ALEX: In den Rhodopen! Waren wir dort zum Zelten? War es nicht das Rilagebirge?

ELENA: Es war nicht das Rilagebirge.

ALEX: Ist es nicht einerlei, wo wir waren – im Rilagebrige oder in den Rhodopen? Was meinst du, ist es nicht bedeutungslos! Nach so vielen Jahren!

ELENA: Die Rhodopen sind ein weiches Gebirge.

ALEX: Deshalb kommt es mir so vor, als ob es das Rilagebirge war.

ELENA: Wir waren in den Rhodopen. Und da war kein Stausee. Wir stellten die Zelte an einem kleinen Fluß auf.

ALEX: Wir badeten im Stausee!

ELENA: Der Fluß war nicht einmal knietief. Mit Baden war da nicht viel.

ALEX: |*wütend*| In den Rhodopen oder im Rilagebirge, oder am Arsch der Welt! Dort irgendwo kroch ich eines Morgens aus dem Zelt und ging sie suchen – sie und Pavel. Als ich sie sah, glaubte ich, noch zu träumen. Sie standen auf einem Felsen mit dem Rücken zu einem gewaltigen Abgrund und spielten etwas wie russisches Roulett. Einen Schritt zurück. Mit ausgestreckten Armen. Ohne hinzusehen. Einen Schritt zurück. Wer würde als erster fallen ... Einen Schritt zurück – sie näherten sich dem Rand des Abgrunds. Einen Schritt zurück – zuerst Pavel. Einen Schritt zurück – dann Elena. Ich durfte nicht schreien – sie könnten taumeln und hinabstürzen. Einen Schritt zurück ... Ich schrie nicht. Einen Schritt zurück. Und damals sagte ich mir – ich bin verrückt nach dieser Frau! Diese Frau wird mich mein ganzes Le-

ben lang in meinen Träumen begleiten! Ich werde mich nie vom Bild dieser Frau befreien können! Aber diese Frau ist Pavels!
Pause.
ALEX: |*zu Elena*| Denn ich hätte mich nicht an diesen Felsen gestellt. Ich wäre nicht mit dem Rücken zum Abgrund losgegangen. Niemals. Nicht einmal deinetwegen.
Pause.
ALEX: He, Elena ... hat Pavel mich ersetzt? Ist er der Vater meines Sohnes geworden? Hast du mich deshalb nicht angerufen! Hast du mit Pavel geschlafen, Elena! Hast du ihn geheiratet! Sprich, Elena! Hat er mein Kind aufgezogen!
ELENA: Ich habe nie mit Pavel geschlafen.
Pause.
ELENA: Und ich habe niemanden geheiratet. Nie.
Pause – Elena holt tief Luft ...
ELENA: Aber ich habe dank Pavel überlebt. In all den schweren Jahren war Pavel an meiner Seite. Er wollte, daß wir heiraten. Er wollte deinen Sohn adoptieren. Er kaufte ein. Er brachte uns Geschenke. Er spielte Fußball mit meinem Jungen. Er beschützte ihn vor den Rowdys da draußen. Er nahm ihn mit zum Schwimmen. Und in Konzerte. Er erzählte uns Witze. Er ging zu Elternabenden. Wir aßen zusammen zu Abend. Danach ging er ... Oh! Trotz allem lebten wir gut ... Gott hatte sich trotzdem unserer erbarmt in jenem schrecklichen November – außer der Freude hatte er uns auch Freunde geschenkt ... Ja, Pavel stand mir bei, damit ich nicht in den Abgrund fiel. In all den Jahren stand Pavel am Rande des Abgrunds, damit ich nicht hinunterfalle. Pavel war mein allerbester Freund. Man kann seinen besten Freund nicht heiraten. Es geht nicht ... Aber wenn man mich irgendwann fragt, was »Heimat« bedeutet ... Das ist es ... daß jemand zu dir steht ... Daß jemand so zu dir steht ... Daß jemand so unerschütterlich zu dir steht, daß du, auch wenn du wolltest ... daß du nicht in den Abgrund fallen kannst ... Slawisch oder nicht ... Das ist Heimat ... Oh! Du hast so viel verpaßt, Alex.

DAMALS:
DIE JUNGE ELENA: |*vom einen Ende der Bühne*| Aleeeeeex!

DER JUNGE ALEX: |*vom anderen Ende der Bühne*| Elenaaaaa!
DIE JUNGE ELENA: Hörst du das Echoooo!
DER JUNGE ALEX: Ich höre eeeees!
DIE JUNGE ELENA: Spriiiiich! Erzähl mit etwaaaas!
DER JUNGE ALEX: In unserem Viertel gab es einen Verrüüückten. Was man ihn auch fragte, er antwortete immer: »Zweihundert.«
DIE JUNGE ELENA: |*lacht*| Wie heeeeißt du?
DER JUNGE ALEX: Zweihundert.
DIE JUNGE ELENA: Wie ist das Fußballspiel gestern ausgegaaaangen?
DER JUNGE ALEX: Mit Zweihuuundert.
Die junge Elena lacht.
DER JUNGE ALEX: Wo bist du, ich kann dich nicht seeehen?
DIE JUNGE ELENA: Alex, geh du auf deinem Pfad! Ich werde hier weitergehen, durch die Bäume! Treffpunkt ist oben, auf dem Hügel. Ich werde als eeeerste da sein!
DER JUNGE ALEX: Und Paveeeel?
DIE JUNGE ELENA: Er wird über den gegenüberliegenden Abhang gehen! Schneller, Alex! Das ist ein Wettbewerb! Wer von uns dreien ist als erster auf dem Gipfel!
DER JUNGE ALEX: Ich!
DIE JUNGE ELENA: Nein, ich!
DER JUNGE ALEX: Paveeeel!
DIE JUNGE ELENA: He, Paveeeel! Hörst du das Eeeecho!
DER JUNGE ALEX: He, Freeeeund! Wir werden dir zuvooorkommen!
DIE JUNGE ELENA: |*lacht*| Wie sehr liebst du mich, Aleeex?
DER JUNGE ALEX: Zweihuuuundert!
DIE JUNGE ELENA: |*durch das Lachen hindurch*| Paveeeel! Er liebt mich zweihuuundert!
DER JUNGE ALEX: Paveeel! Versteckst du dich, oder hast du dich verlaaaaaufen? Paveeel! Wo bist du, Paveeel!

JETZT:
ELENA: Bist du krank, Alex?
Alex schweigt.
ELENA: Nur etwas Unwiderrufliches konnte dich dazu bringen, heimzukommen.
Alex schweigt.

ELENA: Wirst du bald sterben?
Alex schweigt.
ELENA: Oh! Deshalb bist du also zurückgekehrt ...
Pause.
ELENA: Um bei mir zu sterben?
Pause.
ELENA: |*geht zu Alex, fährt ihm durchs Haar* | Der arme Alex ...
ALEX: Wer ist ... Charlie?
ELENA: |*holt langsam einen kleinen Porzellanelefanten aus ihrer Tasche – stellt ihn auf den Tisch*| ...
DAS MÄDCHEN: |*ganz leise*| Hase ...
DER JUNGE: Beruhige dich!
DAS MÄDCHEN: Wenn das die ...
DER JUNGE: Beruhige dich nur!
DAS MÄDCHEN: Wenn das die Liebe ist ... wenn das die Liebe ist ... dann will ich sie nicht! |*dreht sich um und rennt hinaus – rennt die Treppe hinauf, stürzt in das Zimmer, schließt das Fenster*|
Elena legt die Lippen auf die Lippen von Alex; sie verharren so einen Augenblick, danach dreht sich Elena um und geht hinaus. Alex betrachtet den kleinen Elefanten ... Dann schaut er sich um, schaudert ...
ALEX: Ja ... Ich muß zahlen ... |*greift in seine Tasche*|
DER JUNGE: Wenn Sie noch etwas wollen ...
ALEX: Nein, nein danke ... Ja ... Jetzt werde ich zahlen ... Es war eine lange Reise ... Ich fühle mich ein wenig verwahrlost ... Ein bißchen alt ... Ich werde zahlen und einen Spaziergang zum Strand machen ...
DER JUNGE: Um diese Zeit? Es ist schon spät, mein Herr ...
ALEX: Es ist spät, ja ... |*holt eine kleine Schachtel hervor*| ... Aber ich habe immer noch Kraft ... um am Strand spazierenzugehen ... Nachher werde ich durchs Fenster in mein Elternhaus einbrechen ... das werde ich tun ... Ich werde mich in meinem Elternhaus auf den Fußboden legen ... Genau so ...
DER JUNGE: Das ist nicht vernünftig, mein Herr. Wenn Sie krank sind, dann sollten Sie besser ...
ALEX: |*gibt ihm die kleine Schachtel*| Das ist ein Diamantring ... Ich habe ihn für Elena gekauft. Nimm ihn.

DER JUNGE: Ich?!
ALEX: Du, du ... Sie wird mich nicht mehr sehen wollen ...
DER JUNGE: Auf keinen Fall! Ein Diamantring, das kann ich nicht ...
ALEX: Gib ihn ihr ... Oder behalte ihn für die Rechnung ... Wie du willst ... Sie wird mich nicht mehr sehen wollen ... Aber sie hat recht ... die Asche ist der finale Zustand der Dinge ... Wenn du in der Feuerstelle wühlst, bleibt nur Asche übrig ... |*schaudert*| Nebel und Asche ... Wenn du in der Feuerstelle wühlst ... Genau so. Ich werde ein wenig am Strand spazierengehen ... Ich werde meinen Sohn kennenlernen. Morgen ... ich werde ihn anrufen ... Ich will nur ein wenig schlafen ... Ich habe seit Jahren nicht mehr in meinem Elternhaus geschlafen ... Ja. So viele Jahre ... Erfolgreiche, schwierige, glänzende, einsame ... Ohne Elena ... Aber ich werde ihn morgen anrufen ... Das ist jetzt das Wichtigste. Morgen ... Meinen Sohn ... Unseren Sohn ... Den Sohn Elenas ...
DER JUNGE: Mein Herr ...
ALEX: Ich bin nicht zur Beerdigung gekommen ... Ich wollte alle Verbindungen hierher kappen! Ich dachte, so wäre es einfacher ... Und es war einfacher. Bis vor kurzem ... Was für einen Sinn hätte es gemacht, zur Beerdigung zurückzukehren, was hätte ich ihr sagen können ... Meiner Mutter. Ich habe eine Schlaftablette genommen ... damals. Aber ich bin nicht eingeschlafen. Ich ging im Wohnzimmer umher und wiederholte laut – ich werde nicht hingehen, ich werde nicht zurückgehen, ich werde nicht hingehen, ich werde nicht zurückgehen ... Denn sie wußte alles ... Als ich klein war, erfuhr sie immer irgendwie alles. Sie sagte, ein Vögelchen hätte es ihr gesungen ... Aber sie las es in meinen Augen ... Ich nahm auch eine zweite Tablette damals. Und ich schlief wieder nicht ein. Meine Mutter wußte, daß ich kein guter Junge mehr bin, weil ... ich gewachsen war, und ... ich kein guter Junge mehr war ... Natürlich, ich bin Arzt. Ich weiß genau, daß es Krankheiten gibt, die durch Medikamente gemildert werden können. Aber es gibt auch unheilbare Krankheiten ... Ich beobachtete die Patienten ... Ich begriff ... wir sind am Leben, um Fehler anzuhäufen ... Und die Fehler häufen Krankheiten an ... Die Medikamente sind wie die Schlaf-

tabletten – du wirst für kurze Zeit fliehen, du wirst ein wenig schlafen ... auf dem Fußboden in deinem Elternhaus ... Aber jenes, tief drinnen in dir, wird nicht vergehen ... Weil es keine Medikamente gegen Fehler gibt ... Und sie häufen sich an ... die Fehler ... und erzeugen allmählich die große Krankheit ... Die unheilbare Krankheit ... Und dann kannst du nur eines tun ... dann gibt es nur ein einziges Medikament ... dich dir selbst zu stellen ... Ganz alleine ... gegen dein eigenes schmackhaftes und sündiges und qualvolles und wundervolles Leben! Wer sonst könnte dir sagen, was ein Fehler gewesen ist ... Aber ich werde ihn morgen anrufen ... Ich werde morgen versuchen, ihn anzurufen ... Ich werde morgen ...

DER JUNGE: Mein Herr ...

ALEX: [*zum Jungen, wie etwas Geheimes, flüsternd*] Elena und ich haben uns sehr geliebt ...

DER JUNGE: Ihr Sohn ist gestorben ...

Pause.

DER JUNGE: Es tut mir leid, daß ich Ihnen das antue ...

Pause.

DER JUNGE: Sie sind hierher zurückgekommen, weil sie ... sie versuchte, ihn zu retten. Aber ... Er war drogensüchtig, mein Herr ... Sie kämpften. Sie und er. Zusammen. Aber sie schafften es nicht.

Pause.

DER JUNGE: Sie fanden ihn im Park ... Er hatte eine Überdosis genommen. Im Park ... Dort haben sie ihn gefunden. Er ... er hatte ihr eine Notiz geschrieben ... »Entschuldige, Mutter. Aber ich kann nicht mehr ...« Es tut mir leid, mein Herr ... Ich mochte ihn ... Mein Gott! Kann man nicht einfacher leben! Kann es nicht weniger weh tun!

Lärm von einem Flugzeug – er kommt näher und zerschneidet die Luft ... Vor dem Hintergrund des Geräusches des Flugzeugs, das oberhalb kreist –

DAMALS:

Die Stimmen der jungen Elena und des jungen Alex – eine über der anderen, sie überschneiden sich, wie ein gleichzeitiges Gebet:

DER JUNGE ALEX: He, Spatz! Siehst du die Milchstraße? Daneben ist der Große Bär. Und dort ist der Orion.
DIE JUNGE ELENA: |lacht| Ich sehe nichts, Alex.
DER JUNGE ALEX: Ich muß deine Augen untersuchen, Spatz.
DIE JUNGE ELENA: Untersuche sie, Herr Doktor.
DER JUNGE ALEX: He, Spatz! Und wenn ein großer Meteorit sich vom Himmel löst, wenn er gegen den Mond stößt und es aus ist mit der Erde!
DIE JUNGE ELENA: |lacht| Ich bitte dich, Gott! Behalte diesen Meteoriten am Himmel!
DER JUNGE ALEX: |lacht| Damit er nicht auf den Mond fällt!
DIE JUNGE ELENA: |lacht| Und daß er die Erde nicht erwischt!
DER JUNGE ALEX: |durch ein Lachen hindurch| Ich bitte dich, Gott! Steck diesen Meteoriten zur Sicherheit in deine Tasche! Damit er uns nicht erschlägt, während du schläfst!
DIE JUNGE ELENA: |ernst| Ich bitte dich, Gott! Bewahre die Erde ...
DER JUNGE ALEX: Und Elena!
DIE JUNGE ELENA: Und Alex!
DER JUNGE ALEX: Und daß wir uns immer lieben!
DIE JUNGE ELENA: Ich bitte dich, Gott, bewahre die Sonne, bewahre den Wind, bewahre den Regen, bewahre den Sommer!
DER JUNGE ALEX: Bewahre uns vor Lügen und Täuschungen!
DIE JUNGE ELENA: Vor bösen Menschen!
DER JUNGE ALEX: Vor Gespenstern!
DIE JUNGE ELENA: Vor dem Dunkel!
DER JUNGE ALEX: Vor dem Häßlichen!
DIE JUNGE ELENA: Vor Täuschungen!
DER JUNGE ALEX: Damit wir alt werden!
DIE JUNGE ELENA: Und laß uns, während wir altern, auch wachsen, Gott!
DER JUNGE ALEX: Damit wir stark sind. Und mutig.
DIE JUNGE ELENA: Damit wir uns lieben.
DER JUNGE ALEX: Für immer.

Während die Stimmen erklingen, wird der hintere Teil der Bühne erleuchtet – dort, wo Alex zu Beginn hereingekommen ist ... Jetzt erscheint dort das Mädchen mit einem Koffer in der Hand – sie geht, geht hinaus ...

STIMME DES SPRECHERS: Das Flugzeug nach New York fliegt in 15 Minuten. Die Passagiere nach New York werden gebeten, sich am Schalter Nummer 3 einzufinden. Letzter Aufruf für die Passagiere nach New York ... Letzter Aufruf für die Passagiere nach ...

Die Stimmen der jungen Elena und des jungen Alex.
DIE JUNGE ELENA: Es hat zu regnen begonnen ...
DER JUNGE ALEX: Es wird uns alles gelingen, Spatz!
DIE JUNGE ELENA: Oh! Natürlich, Alex ...

Das Mädchen mit dem Koffer bleibt stehen, sieht zurück ...
Der Junge wird beleuchtet – sein Gesicht, seine riesigen Augen sind voller Unverständnis ... Dann geht das Mädchen weiter und geht hinaus ...
Vielleicht erklingt ein französisches Chanson, zerrissen von dem Geräusch eines Flugzeugs ...

ENDE

Teodora Dimova:

Schlangenmilch

Personen:
IGNAT
DIMA
DIMITĂR
FILIPA
SILJAN

1.

Ignat sitzt in einem Sessel und liest Zeitung. Dima wischt mit einem trockenen Tuch die Teller eines Services ab und stapelt sie aufeinander. Ignat ärgert sich offensichtlich über den Lärm, schaut sie einige Male über die Zeitung hinweg an, aber sie bemerkt es nicht.

IGNAT: **Was tust du da?**
DIMA: Ich bereite das Service vor.
IGNAT: **Warum?**
   Sie antwortet nicht.
IGNAT: **Etwa für die Gäste?**
DIMA: Ja.
IGNAT: **Du wirst sicher auch die Kristallgläser herausholen.**
DIMA: Ja.
IGNAT: **Die gespickte Haxe, die Hors d'œuvres, die Walnußtorte?**
DIMA: Ja.
IGNAT: **Für die offiziellsten aller Gäste!**
DIMA: Wir haben so selten Besuch ...
IGNAT: **Die Fenster geputzt, die Teppiche gereinigt! Als ob wer weiß, wer kommen würde!**

Pause.
IGNAT: Ich habe dir gesagt, daß ich das nicht will!
DIMA: Und wie willst du es dann haben?
Schweigen.
DIMA: Wie soll es sein, wenn nicht so?
Schweigen.
IGNAT: Ich werde morgen abend nicht hier sein, nur daß du es weißt!
DIMA: Ignat! ... Es ist dein eigener Sohn!
IGNAT: Nein, ich werde morgen abend nicht hier sein! Zuerst muß er kommen und um Vergebung bitten! Und erst dann können wir ... aber nicht jetzt, wenn wir vor vollendete Tatsachen gestellt werden! ... Hallo, Vater, ich habe gestern Filipa geheiratet, wir kommen nächste Woche zurück und werden bei euch wohnen! ... Was für eine Unverschämtheit!
DIMA: Stell dir vor, wir hätten einen Sohn, der überhaupt nicht heiraten will, der ...
IGNAT: Für drei Monate ist er nach Sofia gegangen, und anstatt von dort gleich weiter nach Deutschland zu reisen, kommt er hierher zurück und ist obendrein auch noch verheiratet! ... Gut, also gut, laß mich beiseite – aber du?
Dima schüttet Tropfen in eine Tasse und gibt sie ihm.
IGNAT: Genug von diesen Baldriantropfen!
DIMA: Gut, wenn du willst, empfangen wir sie nicht. Ruf ihn an, und sag es ihm.
IGNAT: Und daß du nicht anfängst, sie zu umarmen oder zu küssen ... Daß du dich nicht so verhältst, als ob nichts geschehen wäre!
DIMA: Wenn wir auch Zinka mit ihrem Mann einladen könnten ...
IGNAT: Und komm nicht auf die Idee, ihnen ein Fladenbrot zu backen oder ähnliches!
DIMA: So begrüßt man eine Schwiegertochter.
IGNAT: Und daß du, Gott behüte, nicht auf die Idee kommst, deiner sogenannten Schwiegertochter etwas zu schenken!
DIMA: Ich hab da einen ganz dünnen goldenen Armreif gesehen ...
IGNAT: Keine Geschenke, hörst du! Das fehlte gerade noch – Geschenke!
DIMA: Immerhin ... Jetzt sind die Zeiten anders ... Ich bitte dich, nimm deine Tropfen ...

IGNAT: Es gibt moralische Dinge ... Moral!, die sich nicht mit der Zeit verändert! Es gibt den Respekt vor den Eltern! Es gibt elementare Gesten der ...
DIMA: Sie heiraten ja nicht einmal mehr!
IGNAT: Nein, du bist wirklich sehr stur! Stur bist du!
Dima beginnt langsam, die Teller ins Buffet zu räumen, einen nach dem anderen. Sie setzt sich auf einen Stuhl, kreuzt friedlich ihre Hände, senkt den Kopf.
IGNAT: Ich weiß nicht, was ich ohne dich tun würde, Dima ...

2.

Fieberhafte Vorbereitungen für das Abendessen, zu dem Dimitär seine Ehefrau mitbringen wird.
DIMA: Nein, Siljan, nicht die Papierservietten ...
SILJAN: Die Stoffservietten kann ich aber nicht falten.
DIMA: Man legt nie Papierservietten auf. Nur im Notfall, wenn man improvisieren muß, aber bei einem offiziellen Abendessen – niemals!
SILJAN: Ich kann und kann es einfach nicht!
DIMA: Als du klein warst, konntest du es, und jetzt willst du es nicht können ...
Sie zeigt es ihm, er beginnt, die Servietten zu falten und neben jedes Gedeck zu legen.
DIMA: Sowohl für Rotwein, als auch für Weißwein ... Siljan, ich habe es dir doch gesagt.
Er holt Gläser hervor, sie zeigt ihm, wo man sie hinstellt.
DIMA: Eines neben das andere, ein bißchen weiter nach oben und leicht nach rechts versetzt.
SILJAN: Was meint ihr, um wieviel Uhr werden sie kommen?
IGNAT: Wenn wir nach ihren Umgangsformen urteilen, kann es sein, daß sie überhaupt nicht kommen.
DIMA: Meine Großmutter sagte früher immer: Die Hausfrau ist dazu verpflichtet, sich zumindest einen Nachmittag Zeit zu nehmen, bevor die Gäste kommen – damit sie die Möglichkeit hat zu baden, sich auszuruhen, sich den Damenbart zu zupfen ...
SILJAN: Sicherlich kaufen sie noch Blumen, Vater, oder irgendein Geschenk ...

IGNAT: Wir werden sehen, was für Überraschungen uns noch erwarten! Wir werden schon sehen!
DIMA: Gib das Fladenbrot in den Ofen. Wir müssen es um zwanzig nach acht herausnehmen, denkt daran! Nein, nein, Siljan, ich werde diese Dinger an deinen Füßen nicht dulden, und dann dieses ausgeleierte Hemd!
SILJAN: Aber das sind doch keine echten Gäste, Mutter, es ist nur mein Bruder, der nach Hause kommt!
DIMA: Das Hemd!
SILJAN: Du kannst mir nicht ewig vorschreiben, was ich anziehen soll!
IGNAT: Warum muß überhaupt alles so feierlich sein?!
Es läutet an der Tür.
DIMA: Das sind sie! Sie sind da! Die Lieben, sie sind es! Siljan, ich bitte dich ... die Schuhe! ... Daß ihr mir nicht das Fladenbrot vergeßt! ... Kommt, alle ins Entree! ... Lächelt!
Filipa und Dimitär treten ein.
DIMA: Hallo! Tretet ein! Kommt weiter! ... Willkommen.
Sie gehen ins Wohnzimmer.
FILIPA: Guten Abend, Vater. Ich bitte Sie, nehmen Sie mich wie Ihr eigenes Kind auf in Ihr Haus.
Filipa verneigt sich und küßt die Hand Ignats. Ignat ist so überrascht, daß er nicht weiß, was er sagen soll, er nickt heftig. Filipa überreicht Dima einen riesigen Blumenstrauß. Sie verneigt sich und küßt ihre Hand.
FILIPA: Guten Abend, Mutter. Ich bitte Sie, nehmen Sie mich in Ihrem Haus auf wie ein eigenes Kind.
DIMA: Natürlich, natürlich, bitte schön, kommt herein.
FILIPA: Guten Abend, Siljan. Ich bitte dich, nimm mich auf in deinem Haus wie eine Schwester.
SILJAN: Du bist meine Schwester!
Als einziger von allen umarmt und küßt er sie, hält ihr Gesicht in seinen Händen.
SILJAN: Mein Bruder hat die schönste Frau der Welt geheiratet!
Es scheint, als könnten Ignat und Dima erst jetzt wieder aus ihrer Erstarrung erwachen, sie küssen und umarmen Dimitär, man hört einzelne Ausrufe, Durcheinander, während alle sich

auf die eine oder andere Art und Weise im Wohnzimmer niederlassen.
DIMA: Filípa also, nicht wahr? Oder Fílipa ...
FILIPA: Fílipa. Auf der ersten Silbe. Aber Filípa geht auch.
IGNAT: Beides ist schön. Ein sehr schöner Name sogar.
FILIPA: Gefällt er Ihnen wirklich?
IGNAT: Er gefällt mir sehr, sehr gut! Wirklich! Sowohl der Name, als auch seine Trägerin ... Irgendwie ...
DIMA: Zuerst will ich euch sagen: Ich gratuliere zur Hochzeit! Genauer – ich gratuliere zur Vermählung! Glück und Gesundheit! Denn die Hochzeit werden wir erst noch ausrichten! Ignat und ich wünschen euch von ganzem Herzen, daß ihr sehr, sehr glücklich werdet!
IGNAT: Wir können uns setzen ... Irgendwie ... Setzen wir uns doch!
FILIPA: Wie schön es hier eingerichtet ist, so gemütlich ... Vielleicht ein paar Gegenstände zuviel, aber ...
SILJAN: Nicht wahr? ... Ich ziehe es auch vor, wenn so wenige Gegenstände wie möglich im Raum sind.
FILIPA: Und was für eine Aussicht!
SILJAN: Wenn überhaupt nichts da wäre, wäre es am besten ...
DIMA: Siljan!
SILJAN: Ja, Mutter.
DIMA: Benimm dich!
FILIPA: Ich könnte mein ganzes Leben auf dieser Terrasse verbringen und das Meer betrachten.
IGNAT: Genau so wird es sein, Filipa, ihr werdet dasitzen und es betrachten, ihr habt das ganze Leben vor euch. Und diese Terrasse ebenso.
SILJAN: Du beginnst also schon, dich zu Hause zu fühlen!
FILIPA: Wie hast du das erraten?
SILJAN: Es gefällt dir hier.
FILIPA: Und das vom ersten Augenblick an. Ich habe mich gefühlt wie in meinem eigenen Haus.
IGNAT: Wirklich?
FILIPA: Ja, Vater.
IGNAT: Gut. Gut. Ich freue mich ja so.
DIMITÄR: Mutter, es duftet nach etwas sehr Gutem!

DIMA: Ja, alles, wie es sich gehört!
DIMITÄR: Ich bin hungrig wie ein Wolf.
IGNAT: Und das Geschenk, Dima?
Dima schaut ihn verdutzt an.
IGNAT: Wir haben doch gestern darüber gesprochen?
FILIPA: Es gibt ein Geschenk für mich?
DIMA: Also ich ... Naja ... Ich ... Ich ...
Betretenes Schweigen.
IGNAT: Ein goldener Armreif.
DIMA: Oh, Ignat!
FILIPA: Ich habe noch nie einen goldenen Armreif gehabt! Noch nie!
IGNAT: Warum gibst du ihn ihr nicht sofort, Dima!
Filipa wirft sich Dimitär an den Hals, küßt ihn in einem Ausbruch von Freude.
SILJAN: Mutter hat dein Geschenk offenbar streng geheimgehalten. Das wird auch für mich eine Überraschung sein.
FILIPA: Wie alt bist du?
SILJAN: Achtzehn.
FILIPA: Wir werden sicher dicke Freunde werden!
DIMITÄR: Wie läuft es in der Schule?
SILJAN: Frag mich bloß nicht! Das Kreuzen eines Hybriden mit einem Individuum, homozygot auf dem rezessiven Allel, oder die Gesetzmäßigkeiten im Spektrum des Wasserstoffatoms!
DIMITÄR: Glaub ihm nicht, wenn er sich beschwert. Er liebt diese Dinge ... Streber!
Dima erscheint mit einem massiven goldenen Armreif, den sie Filipa gibt.
DIMA: Bitte schön, Filipa!
Alle schauen auf den Armreif und sind verdutzt.
IGNAT: Dima! Was tust du da! Dieser Armreif ...
DIMA: Ja, ja, dieser Armreif.
FILIPA: Er ist unglaublich! Und er ist so schwer!
IGNAT: Du kannst diesen Armreif nicht verschenken!
DIMA: Er ist von meiner Mutter.
IGNAT: Das ist die einzige Erinnerung an deine Eltern.
FILIPA: Ich werde auf keinen Fall ...

IGNAT: Dima ist seit ihrem elften Lebensjahr Waise ...
FILIPA: Wirklich?
IGNAT: Ihr Vater starb in den Lagern ... Eine alte, reiche Familie von Tabakexporteuren ... Und ihre Mutter kurz nach ihm.
FILIPA: Ach Gott!
IGNAT: Alles haben sie beschlagnahmt ...
DIMA: Ignat!
IGNAT: Filipa, nimm diesen Armreif besser nicht an.
DIMA: Sie nimmt ihn nicht. Ich schenke ihn ihr! Ich wollte schon immer ein Mädchen haben.
Dima beginnt zu weinen. Filipa beginnt, sie zu küssen.
FILIPA: Ich kann mir vorstellen, wie Sie sich fühlen, Mutter. Ich kann es mir vorstellen. Meine arme, arme Mutter!
IGNAT: Auf meinen erstgeborenen Sohn und das neue Mitglied unserer Familie, wie auch auf die zukünftigen, noch nicht geborenen Mitglieder dieser Familie, Prost!
Ausrufe.
IGNAT: Und ich will auch einen Toast auf die Frau meines Lebens aussprechen, die Frau, die Dimitär wie ihren eigenen Sohn großgezogen hat, die in keinem Augenblick einen Unterschied zwischen ihrem eigenen und dem fremden Kind gemacht hat, die Frau, auf deren Schultern sich dieses Haus stützt, Prost!
Ausrufe.
FILIPA: Ich wußte überhaupt nicht ...
DIMITÄR: Sie ist meine richtige Mutter.
Filipa, Dimitär und Dima umarmen und küssen einander.
DIMA: Habt ihr schon über den Termin nachgedacht?
FILIPA: Was für ein Termin?
DIMA: Der Termin für die kirchliche Trauung ...
FILIPA: Die kirchliche Trauung?
DIMA: Wir müssen doch das Ereignis vor unseren Freunden zelebrieren, vor den Verwandten, vor den Nachbarn, vor ... der Stadt überhaupt! Ich schlage euch die Kirche zum Hl. Nikola vor, sie ist klein, wir werden nur die engsten Freunde einladen. Kommt überhaupt nicht in Frage, daß wir es diesen Neureichen gleichtun, die ihr Geld überhaupt nicht zu schätzen wissen, nein! Nicht mehr als hundert Gäste, der Bürgermeister mit sei-

ner neuen Frau, ein paar Leute aus dem Gemeinderat, sie haben uns ja so beim Prozeß geholfen ...
FILIPA: Welcher Prozeß?
DIMA: Die Rückgabe des Hotels und der Geschäfte ... An erster Stelle kommen natürlich Zinka und ihr Mann ...
FILIPA: Was für Geschäfte?
DIMA: Aber du ...
SILJAN: Du hast das türkische Bad vergessen.
FILIPA: Das türkische Bad?
SILJAN: Das restitürkische Bad! Die Attraktion der Stadt.
FILIPA: Dimitär hat mir überhaupt nichts davon gesagt.
DIMITÄR: Ich wollte dich überraschen.
DIMA: Gut, wir haben also gesagt, an erster Stelle Zinka und ihr Mann, dann einige Verwandte, Filipa, du siehst, die Stadt hier ist klein, wir kennen uns alle persönlich. Und unbedingt in einem weißen Kleid, unbedingt – eine richtige Braut, nicht wahr?
FILIPA: Wie Sie wünschen, Mutter.
SILJAN: Von allen Farben steht dir Weiß am besten, nicht wahr?
FILIPA: Du hast mich ja noch nie in anderen Farben gesehen, woher willst du das wissen?
SILJAN: Ich stelle es mir vor.
FILIPA: Und was macht ihr mit dem türkischen Bad?
IGNAT: Naja ... sie haben es uns vor einem Jahr zusammen mit den Geschäften zurückgegeben ... die zwei großen Geschäfte auf der Hauptstraße ... und die anderen, kleineren Läden ...
FILIPA: Die kleineren Läden?
IGNAT: Eine Autowerkstatt, eine Werkstatt, zwei Lagerhallen ... Mein Vater war der reichste Unternehmer in der Gegend.
FILIPA: Und wie kommt ihr mit all dem zurecht?
IGNAT: Genau das ist mein großes Problem. Dimitär interessiert sich ja nur für Mikroskope und Mikroben, und mit Siljan stehen die Chancen noch schlechter ...
SILJAN: Vater, das Geld darf nie zum Ziel werden.
FILIPA: Ihr habt also ein Hotel?
DIMA: Sein Elternhaus, wir haben es vermietet, und sie haben es zu einem Privathotel umgebaut, mit einem Restaurant und einer Bar.

IGNAT: Ich wollte ja dorthin zurückkehren und dort leben ...
DIMA: Und wir hätten uns auch in solche Nouveau Riches verwandelt, die kein Maß kennen ...
IGNAT: Ich wollte zurückkehren in mein Kinderzimmer, zurück in die glücklichste Zeit meines Lebens.
DIMA: Es entsprach einfach nicht dem guten Ton, uns plötzlich in diesem riesigen Haus auszubreiten! Dann hätten wir jetzt kein Geld auf der Seite.
IGNAT: Und wozu brauchen wir dieses Geld auf der Seite? Das ist unser großer Streit mit Dima!
DIMA: Ich bin so erzogen worden, Filipa! Wer den Kreuzer nicht ehrt ...!
IGNAT: Ein Naturgesetz!
DIMA: Das ist eine Frage des Prinzips, nicht der Gesetzmäßigkeit!
IGNAT: Angefleht habe ich sie, daß wir verreisen ... irgendwohin ... Auf dem Landweg, kein Meer mehr, kein Wasser ...
DIMA: Sind wir denn nicht gereist?
IGNAT: Ja, wir sind gereist. Bis zum Ochridsee.
DIMA: Ich verstehe nicht, warum es nötig ist, unseren Lebensstil zu verändern, nachdem wir die Restitution erhalten haben? Genau das ärgert mich fürchterlich an all diesen selbsternannten Neoaristokraten – bevor das Geld gekommen ist, haben wir schlecht gelebt, jetzt kommt das Geld, und wir leben gut, auf großem Fuß, wir reisen, prassen ... Das kann ich nicht akzeptieren, nein! Was würdet ihr zum ersten August sagen, im königlichsten Monat? Er fällt genau auf einen Sonntag, und es ist ein guter Brauch, alle bulgarischen Hochzeiten am Sonntag auszurichten.
DIMITÄR: Mutter, wenn du es schon arrangiert und ausgedacht hast, warum mußt du uns dann noch fragen?
Dima schreit auf und rennt hinaus. Sie kommt mit dem Blech mit dem Fladenbrot zurück.
DIMA: Es ist verbrannt.
Pause.
DIMA: Mein Gott, es ist verbrannt!
Verdunklung.

3.

Dima räumt den Tisch ab. Ignat beobachtet sie nachdenklich.
FILIPA: Vater, werden Sie mir vom Meer erzählen?
IGNAT: Was soll ich dir über das Meer erzählen?
FILIPA: Alles. Die Stürme, die Abenteuer, die Gefahren. Haben Sie sich gefürchtet?
IGNAT: Ich kann nicht behaupten, daß mir die Angst fremd ist, aber auf dem Ozean ist kein Platz dafür. Du mußt sie besiegen. Ich zum Beispiel wende ein ganz simples System an: Ich zwinge mich dazu, mich angenehmen Erinnerungen oder Wunschträumen hinzugeben.
FILIPA: Und wovon träumen Sie, oder woran erinnern Sie sich in den schrecklichsten Momenten, Vater?
DIMA: Genau das habe ich ihn auch schon immer gefragt!
IGNAT: Nein, du hast mich nie danach gefragt.
FILIPA: Gute Nacht, Vater. Gute Nacht, Mutter.
Dimitär und Filipa gehen hinaus.
DIMA: Stell dir vor! ... Mir fehlen die Worte!
Schweigen.
DIMA: Es ist einfach ... Ich weiß nicht, was ich sagen soll!
Schweigen.
DIMA: So ein grandioser Mangel an Taktgefühl! Als ob du den Verstand verloren hättest!
Schweigen.
DIMA: Als hätte ich einen anderen Menschen vor mir gehabt!
IGNAT: Du hättest ihr den Armreif auch nicht geben müssen. Du hättest sagen können, daß du ihn noch nicht gekauft hast.
DIMA: Und die anderen Dinge?
IGNAT: Welche?
DIMA: Das, daß du in jenem Haus leben wolltest, deine Kindheit, daß wir nicht gereist sind, was du angeblich alles erlebt hast, als du noch zur See fuhrst, wie schön ihr Name doch sei!?
IGNAT: Ja? ... Und?
DIMA: Was, und? ... Daß du dich auf diese Art und Weise bloßstellst!
Das Telefon klingelt. Die ganze Zeit über, während Dima spricht, wird Ignat im Sessel sitzen, seinen Kopf mit den Händen umschlungen.

DIMA: Ich weiß nicht, was ich denken soll ... nein, ja ... sie ist hübsch, so ... um es dir direkt zu sagen, sie sieht aus wie eine von der Straße ... und weißt du, sie wartet überhaupt nicht, bis sich alle an den Tisch gesetzt haben, sondern beginnt einfach so zu essen, direkt aus dem gemeinsamen ... sie schenkt sich den Wein selbst ein, und sie schenkt sich dabei das Glas bis oben voll, kannst du dir das vorstellen? Und sie behält ihn im Mund, es fehlte nicht viel, und sie hätte damit gegurgelt, ja! Und sie faßt das Glas nicht am Stiel an, sondern irgendwie gierig, mit der ganzen Hand, ja! Und offenbar sieht sie zum ersten Mal Serviettenhalter, weil sie angefangen hat, sie umzudrehen und von allen Seiten zu betrachten, ja! ... Ich weiß nicht, ob ich die kirchliche Trauung nicht aufschieben soll, bis ich ihr wenigstens beigebracht habe, ordentlich zu essen!

4.

Am nächsten Morgen. Ignat liest die Zeitung. Es erscheinen Filipa und Dimitär.

IGNAT: Oho! Die Frischvermählten sind aber sehr früh aufgestanden!

FILIPA: Wir sind nur aufgestanden, um uns etwas zum Frühstück zu machen, dann legen wir uns wieder hin, Vater.

IGNAT: Ach so? ... Gut! Wunderbar! Gut, daß Dima nicht hier ist und euch hören kann!

FILIPA: Warum?

DIMITÄR: Mutter hat alle möglichen Regeln ... und daß man bis spät in den Tag hinein im Bett liegt, verstößt gegen ihre Regeln.

FILIPA: Dann sollten wir vielleicht ...

IGNAT: Oh, nein! Auf keinen Fall! Ich erlaube es nicht!

Sie lachen. Dimitär bereitet das Frühstück zu.

IGNAT: Das Eheleben bekommt dir sehr gut!

DIMITÄR: Ja, Vater, so ist es.

IGNAT: Du siehst richtig ... glücklich aus!

DIMITÄR: Ja, Vater, ich bin glücklich.

IGNAT: Das freut mich sehr. Ich freue mich wirklich, mein Junge.

DIMITAR: Zum ersten Mal in meinem Leben bin ich glücklich, Vater.

IGNAT: Ach so?

DIMITÄR: Zum ersten Mal, seit Mutter uns verlassen hat.

Pause.
IGNAT: Du erinnerst dich daran, wann deine Mutter uns verlassen hat?
DIMITÄR: Ganz deutlich.
IGNAT: Aber du warst damals gerade mal zwei Jahre alt!
DIMITÄR: Wir haben nie darüber gesprochen, Vater.
IGNAT: Ich kann es einfach nicht glauben!
DIMITÄR: Filipa ähnelt ihr sogar physisch.
IGNAT: Woher weißt du, wie sie aussieht? Ich habe doch jede Erinnerung an sie vernichtet!
DIMITÄR: Außer einem Photo.
IGNAT: Hast du es genommen?
DIMITÄR: Willst du, daß ich es dir zurückgebe?
IGNAT: Nein, natürlich nicht ...
Pause.
IGNAT: Gestern haben wir ganz vergessen ... wir hätten auch deine Eltern einladen müssen, Filipa! Um einander kennenzulernen!
DIMITÄR: Vater!
IGNAT: Ja?
DIMITÄR: Filipa spricht nicht gerne über ihre Eltern.
IGNAT: Oh, das tut mir leid.
Pause.
FILIPA: Ich kenne meine Mutter überhaupt nicht. Ich bin auf der Straße aufgewachsen. Wir lebten in einer Baracke, vor ihr stand ein riesiger Maulbeerbaum. Nachts im Sommer hörte man, wie die Früchte auf den Boden fielen. Eines Morgens vergewaltigte mich mein Vater. Er näherte sich mir von hinten, ich stand mit dem Rücken zu ihm, er packte mich am Hals, er hatte getrunken. Ich kann mich noch an die Worte erinnern, die er sagte.
Pause.
DIMITÄR: Filipa!
IGNAT: Was für Worte?
FILIPA: Halt den Mund, du verdammte Hündin, halt den Mund, du dreckige, räudige Hündin, wenn du nicht den Mund hältst, werde ich dich umbringen. Er warf mich aufs Bett, zerriß meine Bluse, öffnete den Reißverschluß meiner Jeans. Dann fing er an, meine Brüste zu küssen. Er weinte, sagte andere Dinge, und während der ganzen Zeit sang ein Vögelchen auf dem Maulbeerbaum.

Pause.
IGNAT: Was für Dinge?
FILIPA: Daß dies seine Rache an meiner Mutter sei, daß er mich von jetzt an jeden Abend vergewaltigen würde, daß er mich dazu großgezogen habe, um sich zu rächen. Später brachte er mich nach Italien. Dort verkaufte er mich. Er verdiente ziemlich viel Geld damit.
Pause.
Dimitär geht niedergeschlagen hinaus.
Ignat ist starr vor Entsetzen.
Filipa beginnt zu weinen. Ignat umarmt sie. Sie schmiegt ihren Körper dicht an den seinen.

5.

Dimitär, Filipa.
DIMITÄR: Warum hast du mir das nie gesagt?
FILIPA: Ich hatte Angst.
DIMITÄR: Wovor?
FILIPA: Daß du mich hassen würdest.
DIMITÄR: Und jetzt hast du keine Angst mehr?
FILIPA: Jetzt nicht mehr.
DIMITÄR: Warum?
FILIPA: Ich weiß es nicht.
DIMITÄR: Und warum hast du es vor meinem Vater gesagt?
FILIPA: Weil ... ich weiß es nicht.
DIMITÄR: Du weißt es!
FILIPA: Weil ... weil ich gespürt habe, daß er mich beschützen würde.
DIMITÄR: Dich beschützen? ... Vor mir?
FILIPA: Ja.
DIMITÄR: Ich bin also ... irgendein Ungeheuer in deinen Augen, ist es das? Und mein Vater ist der Retter? Er ist wichtiger, ist es so? Besser, edler?
Filipa krümmt sich zusammen, beginnt, heftig zu zittern.
FILIPA: Ich bitte dich, schimpf nicht mit mir.
Pause.
DIMITÄR: Hat er dich geschlagen?
Pause.

FILIPA: Ich bitte dich, laß uns nicht mehr davon sprechen. Laß uns nie, nie mehr wieder von diesen Dingen sprechen.
DIMITĂR: Ich liebe dich, Filipa.
FILIPA: Versprich es mir.
DIMITĂR: Ich liebe dich bis in den Tod.

6.

Am nächsten Morgen.
Dima, Ignat. Dimităr kommt herein.
DIMA: Was machst du?
DIMITĂR: Ich bereite das Frühstück für Filipa zu.
Pause.
DIMA: Du?
DIMITĂR: Ja.
DIMA: Du bringst ihr das Frühstück ans Bett?
DIMITĂR: Mutter, schalte die Eieruhr ein, sie müssen weichgekocht sein.
DIMA: Warum müssen sie?
DIMITĂR: Sie mag es so.
DIMA: Was arbeitet sie?
DIMITĂR: Sie ist arbeitslos.
DIMA: Ach so?
DIMA: Ja.
DIMA: Hat sie überhaupt noch nie gearbeitet?
DIMITĂR: Sie hat in einer Firma gearbeitet, aber man hat sie entlassen.
DIMA: Was für eine Firma?
DIMITĂR: Ich weiß es nicht.
DIMA: Was hat sie dort gearbeitet?
DIMITĂR: Koordinatorin.
DIMA: Was hat sie koordiniert?
DIMITĂR: Ich weiß es nicht.
DIMA: Warum hat man sie entlassen?
DIMITĂR: Ich weiß es nicht.
DIMA: Und ihr Vater, ihre Mutter ...
DIMITĂR: Ja, genau das wollte ich dir sagen, daß sie sich nicht mit ihren Eltern versteht. Ich möchte dich in ihrem Namen bitten, daß du sie nicht darüber ausfragst.
DIMA: Warum?

DIMITÄR: Ich weiß es nicht.
DIMA: Was heißt, du weißt es nicht? Was sind das für Leute?
DIMITÄR: Ihr Vater ist Arbeiter.
DIMA: Arbeiter. Ach so?
DIMITÄR: Ja.
DIMA: Und ihre Mutter?
DIMITÄR: Sie ist auch irgend so etwas.
DIMA: Was?
   Dimitär schweigt.
DIMA: Und was für Menschen sind das?
DIMITÄR: Ich weiß es nicht.
DIMA: Soll das heißen, du hast sie noch nie gesehen?
DIMITÄR: Nein.
DIMA: Wie ist das möglich?
DIMITÄR: Sie hat keinen Kontakt zu ihnen.
DIMA: Und du weißt nicht, warum, nicht wahr?
DIMITÄR: Ich weiß es nicht.
   Pause.
DIMA: Wo hat sie gelebt?
DIMITÄR: In Wohnungen, wo sie gerade unterkommt ... Sie hat schon alles mögliche gearbeitet, sie war sogar einmal Pflegerin im Irrenhaus.
DIMA: Pflegerin im Irrenhaus?
DIMITÄR: Ja.
DIMA: Warum?
DIMITÄR: Sie mußte sich ja irgendwie erhalten.
DIMA: Hat sie sich selbst erhalten?
DIMITÄR: Ja, Mutter.
DIMA: Es ist dir unangenehm, wenn ich dich ausfrage, nicht wahr?
DIMITÄR: Es ist mir angenehm.
DIMA: Wenn ich etwas über eine freie Stelle höre ...
DIMITÄR: In der ersten Zeit wird sie nicht arbeiten.
DIMA: Sie wird nicht arbeiten?
DIMITÄR: Nein.
DIMA: Warum?
DIMITÄR: Sie will sich erholen.
DIMA: Wovon will sie sich erholen?

DIMITÄR: Mutter, sie hat ein sehr schweres Leben gehabt.
Pause.
DIMA: Natürlich! Am besten, sie ruht sich aus!
Pause.
DIMA: Hast du schon einmal einen ihrer Verwandten getroffen?
DIMITÄR: Nein.
DIMA: Hat sie Geschwister?
DIMITÄR: Nein.
DIMA: Seit wann genau kennt ihr euch?
DIMITÄR: Ich habe sie gleich getroffen, als ich nach Sofia kam. Also seit drei Monaten.
DIMA: Und ihr habt sofort geheiratet.
DIMITÄR: Nicht sofort, nach einem Monat.
DIMA: Dein Vater ... auch wenn er sich gestern nicht so verhalten hat, ist sehr verbittert ...
IGNAT: Nein, Dima, sprich nicht in meinem Namen.
DIMA: So, wie du mir das erzählst, hat sie sicherlich kein Eigentum, nicht wahr?
DIMITÄR: Nein, Mutter.
DIMA: In welchem Viertel hat sie gewohnt, als sie noch bei ihren Eltern gelebt hat?
DIMITÄR: Irgendwo in der Nähe des Zigeunerviertels. Bist du nicht schon entsetzt genug, willst du noch mehr?
DIMA: Das arme Mädchen!
Dimitär küßt fröhlich seine Mutter.
IGNAT: Warum haben sie deine Bewerbung für Deutschland nicht angenommen?
DIMITÄR: Mutter, hast du ein Auge auf die Eieruhr?
IGNAT: Wen haben sie genommen?
DIMITÄR: Ich will, daß du sie auf deine Art machst.
IGNAT: Ich kann mir niemand Besseren in deinem Fachgebiet vorstellen, es ist so ... ungewöhnlich ... und ...
DIMITÄR: Sie sollen nicht ganz weich sein, sondern ganz leicht verdichtet.
IGNAT: Es war doch alles schon fast sicher? Und du bist der einzige, der an diesen Dingen arbeitet? Ich kann nicht begreifen, wer an deine Stelle treten könnte.

Dimitär geht mit dem vorbereiteten Frühstück zum Zimmer von Filipa.
IGNAT: Dimitär! Ich habe dich etwas gefragt!
Dimitär dreht sich langsam um, geht zurück zu ihnen. Er spricht wie ein ertappter Schüler, der seine gerechte Bestrafung erwartet.
DIMITÄR: Man hat meine Bewerbung akzeptiert. Man hat mir alle Mittel geboten, die für die Untersuchungen notwendig sind. Auch ein Team von Mitarbeitern, die mir helfen sollten. Ich habe abgesagt.
Pause.
IGNAT: Warum?
DIMITÄR: Weil Filipa nicht wollte.
Pause.
IGNAT: Was wollte sie nicht?
DIMITÄR: Sie wollte nicht nach Deutschland gehen.
Pause.
DIMITÄR: Sie hat gesagt, sie könne nicht in einem fremden Land leben.
IGNAT: Du machst Scherze?
DIMITÄR: Nein, Vater.
IGNAT: Das ist der einzige Ort, wo du würdige Arbeitsbedingungen hättest, das ist dein Kindheitstraum!
DIMITÄR: Ich hatte von Kindertagen an auch andere, stärkere Wunschträume, Vater.
IGNAT: Was wirst du jetzt tun? In diesem jämmerlichen Institut mit 210 Leva Gehalt und ohne jegliche Voraussetzungen, um an dem arbeiten zu können, was dich interessiert? Ich frage dich, was wirst du tun?
DIMA: Schrei nicht so, dir wird noch schlecht!
IGNAT: Du wirst mir nicht sagen, was ich zu tun habe!
Filipa erschient im Nachthemd, fast nackt.
FILIPA: Ich bin schuld! Vater, lassen Sie ihre Wut an mir aus!
Filipa fällt Ignat zu Füßen, umschlingt seine Beine, beginnt zu weinen.
FILIPA: Ich habe ihn gebeten, nicht nach Deutschland zu gehen. Ich habe ihn gebeten, hierher zurückzukehren. Zusammen zu leben. Eine Familie zu gründen. Daß hier unsere Kinder zur Welt

kommen. Bei euch zu sein. Daß ich ein Teil von euch werde. Daß ich eure Tochter werde, daß ihr mich liebgewinnt. Ich habe ihn um diese Dinge gebeten. Vielleicht habe ich einen Fehler begangen. Die Kinder müssen bei ihren Wurzeln geboren werden, sonst werden sie zufällige Kinder sein, niemandes Kinder ... ich denke so, und Mišo war einverstanden.
Pause.
DIMA: Welcher Mišo?
FILIPA: Dimităr. Ich nenne ihn Mišo.
DIMA: Warum?
FILIPA: Von Mišence, das Mäuschen.
DIMA: Aha.
FILIPA: Wenn es Ihnen nicht gefällt, Mutter, werde ich ihn nicht mehr so nennen.
Pause.
FILIPA: Sondern so, wie Sie mich heißen.
DIMA: Er hat doch einen Namen!
Dimităr und Filipa ziehen sich mit ihrem Frühstück zurück.
DIMA: So ein Dummkopf! ... So ein kolossaler Dummkopf!
Pause.
IGNAT: Sie hat recht.
DIMA: Wie bitte?
IGNAT: Filipa hat recht.
DIMA: Du bist wohl ...! Nein, das wird Zinka geradezu umhauen, wenn ich es ihr erzähle!
Dima am Telefon. Er schlägt die Tür zu, geht hinaus.

7.

Lebendiges Bild. Alle sind um den Tisch herum versammelt. Sie essen zu Abend. Das Gefühl von Einheit, Familie, Wärme.
IGNAT: Es regnet in Strömen, ganz schrecklich, gewaltige Winde der Stärke acht, die Segel knattern, ein Vorhang aus Salz und Schaum ... das Meer und der Wind wie wilde Tiere, aus dem Rumpf kommen Klagerufe, das Schiff stöhnt ...
Pause.
IGNAT: Und manchmal sieht man Delphine, Delphine ... riesig und anmutig, sanft und langsam, sie spielen, springen um uns her-

um, schießen von der Seite heran, holen einander ein, ein märchenhafter Anblick ... wenn man sie aufmerksam beobachtet, entdeckt man unter ihnen Liebespaare ... sie schwimmen immer gemeinsam und halten sich abseits der Herde ... sie berühren sich zärtlich und sanft. Das Wasser scheint das beste Milieu für Liebkosungen zu sein ... Du hörst mir nicht zu, Filipa.

FILIPA: Sie sprechen nicht die Wahrheit über das Meer, Vater.

Alle hören auf zu essen. Sie beobachten Filipa.

FILIPA: Es war Ihrer Erstarrung am angemessensten.

IGNAT: Welcher Erstarrung?

FILIPA: Dort haben Sie einfach gewartet. Sie haben darauf gewartet, daß die Zeit vergeht.

IGNAT: Welche Zeit?

FILIPA: Ihre Zeit.

IGNAT: Was redest du da?

FILIPA: Soll ich fortfahren, Vater?

Ignat steht auf. Er verläßt den Tisch. Die Magie des Abendessens ist unwiderruflich zerstört.

8.

Dimitär, Filipa.

DIMITÄR: Ich habe es eilig, Filipa, ich muß zur Arbeit! Ich werde noch zu spät kommen!

Sie umschlingt ihn wortlos, läßt ihn nicht los.

DIMITÄR: Mein Gott, Filipa, wir können es nicht ständig tun, verstehst du das nicht!

Er stößt sie grob zurück.

9.

Dima, Filipa.

DIMA: Filipa, ich will dir sagen ... so wie du mich am Anfang selbst darum gebeten hast ... man darf nicht schlürfen ... weder Suppe, noch Tee oder Kaffee. Man wartet, bis er abgekühlt ist, und dann trinkt man ihn in kleinen Schlucken.

FILIPA: Ich danke Ihnen, Mutter. Ich hoffe, es bald zu lernen und Sie dann nicht mehr zu verärgern.

DIMA: Heute läßt es der gute Ton nicht mehr zu, daß man sieht, daß die Frau geschminkt ist. Ganz im Gegenteil, sie muß ganz natürlich wirken. Diskret, diskret, Filipa! Die Regel ist: entweder Lippenstift oder Lidschatten. Eine Dame kann niemals sowohl die Augen als auch die Lippen schminken.
FILIPA: Ja, Mutter.
DIMA: Oh, ja! Und noch etwas: auf keinen Fall Ringe an jedem Finger.
FILIPA: Ja, Mutter.
DIMA: Du darfst dich nie unfrisiert zeigen, mit einer Frisur Typ »Struwelpeter«. Oder aber halbnackt, im Nachthemd. Dieses Haus ist voller Männer.
FILIPA: Ja, Mutter.
DIMA: Und ich bitte dich, nicht mehr auf der Straße zu rauchen. Du bist gesehen worden, auf der Hauptstraße, mit einer Zigarette in der Hand, unfrisiert und mit all diesen Ringen!
FILIPA: Ja, Mutter.
DIMA: Und es ist nicht akzeptabel, daß man barfuß geht!
FILIPA: Ja, Mutter.
DIMA: Jeder hat Pantoffeln oder Schuhe! Wie auch Kleidung für zu Hause!
FILIPA: [bis zur Unkenntlichkeit verwandelt] Und ich wollte Ihnen noch sagen, liebe Mutter, daß Sie nicht besonders gut aussehen in diesen Hauskleidern. Es sind immer ein und dieselben, und ich habe das Gefühl, daß Sie sie nicht waschen. Und Sie schlurfen. Sie schleifen Ihre Hausschuhe nach, wenn Sie gehen. Entschuldigen Sie mich.

10.

Dima und Ignat im Wohnzimmer. Ignat liest Zeitung. Dima geht ziellos auf und ab.

DIMA: Und können sie einen nicht schon am Morgen vorwarnen – heute abend werden wir nicht zu Hause sein, wir werden ausgehen, wir werden dort und dorthin gehen. Aber nein, im letzten Moment – wartet nicht mit dem Abendessen auf uns! ... Und daß jemand den ganzen Tag lang gekocht hat? Nein! Das interessiert sie nicht! Und ich frage sie: Und wo werdet ihr zu

Abend essen? Oh, sagt sie zu mir, wir brauchen nicht unbedingt zu Abend essen – kannst du dir das vorstellen! Was meinst du, wollte sie mir damit sagen?
Ignat schweigt, so als ob er nicht höre.
DIMA: Wie kann das sein, sage ich, ihr werdet nicht zu Abend essen? Dimo, sage ich ihr, ist es nicht gewohnt, nicht zu Abend zu essen. Also gut, ich werde ihm ein Blätterteigtäschchen kaufen! Kannst du dir das vorstellen! Er wird noch Tuberkulose kriegen, wenn er weiterhin nur Blätterteigtäschchen ißt ... Eigentlich hat er noch gar kein Gehalt vom Institut bekommen, nicht wahr? Mit welchem Geld essen sie dann auswärts zu Abend? ... Gibst du ihm welches?
Ignat antwortet nicht.
DIMA: Und am Ende wieder: Ich danke Ihnen, Mutter, daß Sie sich so viele Sorgen um uns machen, und dann küßt sie wieder meine Hand ... ich weiß einfach nicht, was ich denken soll ... Was denkst du?
Ignat antwortet nicht. Interessiert blättert er seine Zeitung durch.
DIMA: Und ich bitte dich, sie hat die Handtücher aus dem Bad in die Küche gelegt! Kannst du dir das vorstellen?!
IGNAT: Jetzt hör doch endlich auf!

11.

Filipa, Dimităr.
FILIPA: Ich habe keine Sandalen, ich habe keine Blusen, ich habe kein Parfüm, ich habe keine Hüte, ich habe keine ...
DIMITĂR: Ich gebe dir mein ganzes Gehalt!
FILIPA: Ich habe mir immer gedacht, wenn ich heirate, dann werde ich ...
DIMITĂR: Dann wirst du was?
FILIPA: Dann werde ich all das haben. Wir leben wie irgendwelche ...
DIMITĂR: Wie irgendwelche was?
FILIPA: Wie irgendwelche ... armen Schlucker!
DIMITĂR: Fang an zu arbeiten.
FILIPA: Damit ich nur 200 Leva verdiene! Wo doch soviel Geld ins Haus kommt! Und dann liegt es eingefroren auf der Bank!
DIMITĂR: Wenn wir nach Deutschland gegangen wären ...

FILIPA: Wenn wir Vater bitten, uns monatlich eine gewisse Summe zu geben, wird er nicht nein sagen.
DIMITÄR: Filipa, um nichts in der Welt werde ich Vater bitten, uns Geld zu geben! Und ich will auch nicht weiter über diese Angelegenheit sprechen.
FILIPA: Du bist so streng! Du bist so ...
DIMITÄR: Ich habe Prinzipien, die ...
FILIPA: Ja, ja, ja! Prinzipien! ...

12.

Ignat, Filipa.
Sie ist offensichtlich gerade aufgestanden, sie trägt ein halbdurchsichtiges Nachthemd, die Träger rutschen von Zeit zu Zeit hinunter.
FILIPA: Guten Morgen, Vater.
IGNAT: Guten Morgen.
FILIPA: Wieviel Uhr ist es?
IGNAT: Gegen Elf.
FILIPA: Ob es fertigen Kaffee gibt?
IGNAT: Soll ich welchen machen?
FILIPA: Oh, nein! Auf keinen Fall!
IGNAT: Es wird mir ein Vergnügen sein. Seit ich aufgehört habe, ihn zu trinken, genieße ich einzig sein Aroma.
Ignat geht in die Küche, macht Kaffee. Filipa setzt sich in einen Sessel, immer noch sehr schläfrig.
FILIPA: Und warum haben Sie aufgehört, Kaffee zu trinken?
IGNAT: Das Herz, der Blutdruck, das Alter.
FILIPA: Und was stimmt nicht mit Ihrem Alter, Vater? Sie sehen nicht älter aus als fünfzig!
IGNAT: Du machst Scherze. Ich bin fünfundsechzig.
FILIPA: Nein! Sie nehmen mich auf den Arm!
IGNAT: Zucker?
FILIPA: Das ist unmöglich!
IGNAT: Honig?
Ignat bringt ihr den Kaffee auf einem kleinen Tablett. Filipa betrachtet ihn liebevoll.
FILIPA: Sie sind so lieb. Ihr seid alle so lieb zu mir.

IGNAT: Filipa, ich will dich fragen ... nein! Ich werde dich nicht fragen.
FILIPA: Ich bitte Sie!
IGNAT: Nein, nein, es gibt keinen Grund dazu.
FILIPA: Ich bitte Sie, Vater, ich bitte Sie, fragen Sie mich!
IGNAT: Es ist dumm.
FILIPA: Kein zufälliger Gedanke kann dumm sein, Vater.
IGNAT: Woher weißt du das?
FILIPA: Ich weiß es eben. So ist das Leben.
IGNAT: Warum nennst du mich dauernd »Vater«?
Filipa schweigt.
IGNAT: Warum siezt du mich?
FILIPA: Wenn es Ihnen nicht gefällt ...
IGNAT: Ganz im Gegenteil.
Pause.
IGNAT: Ich bedauere sehr, was mit deinem Vater passiert ist.
FILIPA: Ja, Vater.
IGNAT: Es bedarf großen Mutes, um so etwas zu ... erzählen.
FILIPA: Ja, Vater.
IGNAT: Ich kann nicht aufhören, mir die Momente vorzustellen, die du durchgemacht hast ... die Scham, die Erniedrigung ... nur eine Bestie kann so etwas tun.
FILIPA: Vielleicht haben Sie recht, Vater.
IGNAT: Bist du nicht einverstanden?
FILIPA: In jedem von uns schlummert eine Wunde. Vielleicht dürfen wir die anderen nicht verurteilen, wenn wir diese Wunde nicht kennen.
Pause.
IGNAT: Ach so?
FILIPA: Ja.
Pause.
FILIPA: Grämen Sie sich nicht, Vater. Ich will Ihnen noch etwas erzählen, ich fühlte mich gut ... Ich war glücklich ... ich mochte es, das zu tun, was ich tat ... wie das Beschreiten eines Weges ... wie das Schlagen des Herzens ... wie die Säfte dieses Maulbeerbaumes im Sommer ... Verstehen Sie mich, Vater?
IGNAT: Ja. Was für ein Maulbeerbaum?

Pause.
FILIPA: Sie haben auch sehr gelitten, als die Mutter von Dimităr mit ihrem Liebhaber nach Italien durchbrannte. Sie wußten nicht, was Sie mit diesem Kind tun sollten. Sie wollten ihn sogar loswerden, ihn im Stich lassen.
Pause.
FILIPA: Sie konnten die Kränkung nicht ertragen. Ihr ganzes Leben scheint von ihr zerfressen zu sein.
Pause.
FILIPA: Es schmerzt Sie noch immer sehr, Vater. So sehr Sie sich auch bemühen, es zu verstecken.
Pause.
FILIPA: Sogar Dimităr können Sie es noch nicht verzeihen, daß er Sie immer an sie erinnert ... Mir kommt es sogar so vor, als liebten Sie ihn nicht!
IGNAT: Wie kannst du es wagen, so mit mir zu sprechen!

13.

Filipa, Dimităr.
Er kommt von der Arbeit zurück. Sie küßt und umarmt ihn. Sie beginnt, ihn auszuziehen.
DIMITĂR: Nein, nein, nicht jetzt ... nicht hier ... jeden Moment kann jemand hereinkommen ... hörst du, Filipa, jeden Moment wird jemand von der Familie nach Hause kommen ...
Sie kniet vor ihm, knöpft seine Hosen auf. Er stößt sie erneut zurück, zieht sein Hemd an, geht hinaus.

14.

Dima telefoniert mit Zinka.
DIMA: ... Da, zum Beispiel der Vorfall mit der Drahtbürste. Ich habe immer am Spülbecken eine Drahtbürste gehabt, mit der ich das Eingebrannte aus den Töpfen entferne. Und, sie, ich bitte dich, räumt sie unten in den Schrank ... Filipa, liebes Kind, ich bitte dich, küß mir nicht mehr die Hand, ich habe das mit nichts verdient, es ist mir unangenehm, ein Nachbar wird uns durchs Fenster beobachten, wer weiß, was er sich denken wird, er wird sagen: Jetzt schau dir die an, fordern

von ihrer Schwiegertochter, daß sie ihnen die Hand küßt, und sie sagt zu mir: Mutter, erlauben Sie es mir, ich mache es nicht absichtlich, es kommt von innen, also gut, frage ich dich, ist das etwa normal?

15.

Filipa – ziemlich leicht bekleidet, sie betrachtet sich im Spiegel und legt verschiedene Schmuckstücke an. Ignat erscheint, sie tut so, als ob sie ihn nicht sehe, er beobachtet sie lange. Schließlich bemerkt sie ihn. Sie ist nicht verlegen. Ganz im Gegenteil. Sie wird immer provokativer.

FILIPA: Ist das gut so?
Ignat schweigt.
FILIPA: Gefalle ich Ihnen, Vater?
Ignat schweigt. Sie nimmt zärtlich seine Hand und legt sie auf ihren schwanengleichen Hals. Ignat kann seinen Blick nicht von ihr abwenden. Sie wechselt die Ohrringe, die Armreife, mal läßt sie ihr Haar offen, mal bindet sie es hoch, sie ist wie trunken und in Verzückung geraten über sich selbst. Plötzlich kommt Ignat zu sich, er zieht sich abrupt zurück.
IGNAT: Wer hat dir diesen Schmuck gegeben?
FILIPA: Niemand.
IGNAT: Wer hat ihn dir gegeben?
FILIPA: Vater, ich weiß, daß der Schmuck ...
IGNAT: Wer hat ihn dir gegeben?
FILIPA: Sie haben Ihn in verschiedenen Ländern im Laufe Ihres ganzen Lebens gekauft ... jedoch ... hat sie ihn getragen? Hat sie ihn langsam vor Ihnen abgelegt? ... Haben Sie gesehen, wie er nachts glänzt? Haben Sie sein Rasseln nahe am Meer gehört, auf dem feuchten Sand, im Mai?
Ignat packt sie an den Handgelenken, dreht sie nach hinten, sein Gesicht kommt dem ihren gefährlich nahe.
IGNAT: Schämst du dich denn nicht?
FILIPA: Wenn dir die Liebe nicht reicht, wenn du mehr und mehr und mehr willst, willst du, daß dich alle lieben ...
IGNAT: Schweig!
Ignat stößt sie zurück.

FILIPA: Oh, Vater, es tut mir so leid, ich werde ihn sofort ablegen und nicht mehr berühren. Ich habe Sie enttäuscht.
Ignat sieht sie an.
FILIPA: Ich habe ihn aus ihrem Kleiderschrank genommen, Vater. Verzeihen Sie mir, ich bin nur ein einfaches Mädchen. Ich mache unaufhörlich Fehler.
IGNAT: Du bist eine Hündin!

16.

Dima, Ignat.
IGNAT: Warum legst du nie deinen Schmuck an?
DIMA: Was?!
IGNAT: Warum hast du zu Hause immer ein und dieselben Kleider an?
Pause.
DIMA: Was ist mit meinen Kleidern?
IGNAT: Du bist immer noch eine schöne Frau.
DIMA: Ich?
IGNAT: Ja.
DIMA: Ich bin noch nie schön gewesen.
IGNAT: Das ist nicht wahr.
DIMA: Du hast es mir nie gesagt.
IGNAT: Ich war ein Idiot.
DIMA: Und jetzt bist du es nicht mehr?
IGNAT: Ich verlange nach dir, Dima.
DIMA: Oh, Gott!
Er beginnt, sie zu umarmen und zu küssen, sie ziert sich, empfindet Scham. Endlich reißt sie sich von ihm los.
IGNAT: Du liebst mich nicht mehr, ist es das?
DIMA: Hast du deine Medizin genommen?
IGNAT: Hörst du nachts, was Filipa und Dimitär tun?
DIMA: Was tun sie denn?
IGNAT: Die ganze Nacht und im Morgengrauen wieder.
DIMA: Was tun sie?
IGNAT: Sie schlafen nicht, Dima, sie schlafen nicht. Und wir beide haben unser Leben verschlafen.

DIMA: Wir haben doch überhaupt kein Leben gehabt! Du bist zur See gefahren, und ich habe die Kinder aufgezogen. Von welchem Verschlafen redest du überhaupt!
Pause.
DIMA: Woher weißt du, was Dimităr und Filipa nachts tun?
IGNAT: Ich stehe vor ihrer Tür und belausche sie. Während du schläfst. Du schläfst und schnarchst in deinem Barchentnachthemd.
DIMA: Hast du etwas gegen mein Nachthemd?
IGNAT: Ja! Habe ich!
DIMA: Was für ein Unsinn! Schämst du dich nicht!

17.

Dimităr, Filipa.
DIMITĂR: Weißt du, was meine erste Erinnerung an diese Welt ist? Die Erinnerung an Trennung, an Schmerz, an Untröstlichkeit, an Gram, an Unglück, an unüberwindbaren Verlust. Nachts ging ich in ihr Bett und steckte das Gesicht in ihr Kissen, um ihren Duft zu spüren. Den Duft meiner Mutter. Ich weinte und schlief vor Erschöpfung ein, ich schlief mit dem Gefühl von Tod ein. Etwas war mir barbarisch genommen worden, es wurde mir entrissen. Ich fühlte diese Dinge, noch bevor ich die Worte für sie gelernt hatte. Als ich größer wurde, begriff ich, daß es Menschen gibt, die dazu verdammt sind, mit dem Schmerz zu leben, und ich dachte, ich sei einer von ihnen. Bis zu dem Augenblick, als ich mich in dich verliebte, Filipa. Du hast diese Herzlichkeit zurückgebracht, die mir entrissen worden war. Ich weiß nicht, ob du mich verstehst. Erst seit ich dich kenne, habe ich aufgehört, darüber nachzudenken, ob sie noch am Leben ist, ob sie auch andere Kinder hat, ob ich sie irgendwann einmal wiedersehen werde.
Filipa beginnt, ihn zu umarmen und auszuziehen.
Verdunklung.

18.

Dima, Ignat.
IGNAT: Man hat mir angeboten, Kurs auf Hamburg zu nehmen und danach nach Südafrika. Es wird nicht länger als sechs Monate dauern.

DIMA: Nein. Nein, so kannst du nicht mit mir umspringen.
IGNAT: Ich brauche das, Dima. Ich brauche diese Fahrt.
DIMA: Dazu hast du kein Recht.
IGNAT: Du mußt mich verstehen, Dima.
DIMA: Nein, ich kann dich nicht mehr länger verstehen! Du hattest mir doch versprochen, daß du nicht mehr zur See fahren würdest. Daß du deine Tage mir widmest! Damit wir all unsere Jahre nachholen, die wir eigentlich verpaßt haben!
IGNAT: Ich muß fort von hier, Dima.
DIMA: Gut, dann geh doch! Laß mich wieder allein und geh zu deinem verfluchten Meer!
Pause. Ignat geht zu ihr, streichelt sie an der Schulter.
DIMA: Ich brauche dich ... daß wir uns an der Hand halten, daß wir ausgehen, daß ...
IGNAT: Aber wir tun es nicht.
DIMA: Warum? Warum tun wir es nicht?
Pause.
DIMA: Das ist nicht wahr. Wir tun es. Wir haben ein schönes Leben. Vollkommen normal und glücklich. Was willst du mehr?

19.

Filipa, Dima.
Filipa erscheint barfuß, schmutzig, hält ihre Sandalen in der Hand.
DIMA: Zinka war hier, sie hat auf dich gewartet! Du hast doch versprochen, nicht zu spät zu kommen. Am Ende ist sie gegangen! Wo warst du!
FILIPA: Ich war spazieren.
DIMA: Du warst spazieren?
FILIPA: Ja.
DIMA: Wo?
FILIPA: Im südlichen Viertel.
DIMA: Du warst im südlichen Viertel spazieren und bist deshalb zu spät gekommen?
FILIPA: Ja, Mutter.
DIMA: Wie sehen denn deine Füße aus?
FILIPA: Ich bin barfuß gelaufen.

DIMA: Barfuß?
FILIPA: Ja.
DIMA: Warum?
FILIPA: Ich mag es, barfuß zu gehen, Mutter.
DIMA: Du bist also barfuß durch das südliche Viertel gelaufen?
FILIPA: Ja, Mutter.
DIMA: Warum?
FILIPA: Ich gehe gerne durch die äußersten Viertel spazieren, Mutter. Um die herabgefallenen Maulbeeren von der Straße aufzusammeln, ich mag ihren Duft. Um durch die krummen Sträßchen zu gehen, sie fehlen mir sehr.
DIMA: Was?
Pause.
FILIPA: Die Sträßchen, die auf die Chausseen führen, der Geruch von Gummi und Asphalt, von unaufhörlicher Fahrt, die Grenze zwischen der Stadt und ... verstehen Sie mich, Mutter?
Pause.
DIMA: Barfuß?
FILIPA: Ich wollte euch verlassen.
Pause.
DIMA: Wen verlassen?
FILIPA: Alle.
DIMA: Auch Dimitär?
FILIPA. Alle.
DIMA: Aha.
Pause.
DIMA: Ist dir klar, was du da sagst?
FILIPA: Verzeihen Sie mir.
DIMA: Bist du dir dessen bewußt, vor wem du das sagst?
FILIPA: Ich dachte, Sie würden mich verstehen.
DIMA: Ist dir bewußt, wo du gelandet bist? Du! In was für einem Haus? Gerade du! Und durch welchen Zufall? Du!
FILIPA: Verzeihen Sie mir, Mutter.
DIMA: Ist dir klar, daß dich kein anderer aufnehmen würde? Dich!
FILIPA: Ja, Mutter.
DIMA: Ist dir klar, daß du uns allen die Füße küssen müßtest dafür, daß du hier bist?

FILIPA: Ich dachte, Sie würden mich verstehen, Mutter, weil auch Sie ...
DIMA: Was ist mit mir?
FILIPA: Sie sind auch so gewesen wie ich.
DIMA: Wie du?
FILIPA: Ohne Eltern, ohne Heim.
DIMA: In welchem Sinne? ... Niemals bin ich so gewesen wie du! ... Niemals!
Dima geht hinaus. Ignat kommt herein. Er beobachtet Filipa.
IGNAT: Es ist Blut an deinen Fußsohlen! Man muß sie waschen!
Er holt die notwendigen Dinge, kniet vor Filipa.
IGNAT: Und wo wolltest du hingehen?
Pause.
IGNAT: Wolltest du zu ihm zurück?
Pause.
IGNAT: Sag es! Wolltest du zurück zu deinem Vater?
FILIPA: Hier ist es, als würde ich sterben, Vater.
Ignat legt seine Stirn auf ihre Knie. Er ist schon hoffnungslos in sie verliebt.

20.

Filipa kommt mit vielen Nahrungsmitteln nach Hause. Zusammen mit Dima in der Küche.
FILIPA: Hallo, Mutter!
DIMA: Hallo, Filipa!
FILIPA: Heute abend werde ich Spaghetti auf italienische Art machen.
DIMA: Hier mag keiner Spaghetti.
FILIPA: Ihr wißt sicher nicht, wie man sie richtig zubereitet.
DIMA: Ich habe schon einen Braten vorbereitet.
FILIPA: Ich habe Ihnen doch heute früh gesagt, daß ich auch einmal das Abendessen zubereiten will!
DIMA: Davon war überhaupt keine Rede.
FILIPA: Heute früh habe ich Ihnen gesagt: Liebe Mutter, heute abend werde ich das Essen zubereiten.
DIMA: Nein. Das hast du mir nicht gesagt.
FILIPA: Sicher haben Sie mich nicht gehört.

DIMA: Weder Ignat, noch Dimitär, noch Siljan sind es gewohnt, Spaghetti zu Abend zu essen.
FILIPA: Sind Sie noch nie in Italien gewesen, Mutter?
DIMA: Nein.
FILIPA: Ich war dort vor drei Jahren.
DIMA: Ach so?
FILIPA: Ich bin mit einer Freundin einfach so hingefahren. Wir wußten noch nicht einmal so genau, wie wir wieder zurückkommen sollten.
DIMA: Interessant.
FILIPA: Wir wollten Rom sehen.
Pause.
FILIPA: Den einen Abend schliefen wir am Bahnhof, dann in einem Park, danach lernten wir eine Gruppe Amerikaner kennen, sie brachten uns in ihrer Wohnung unter.
DIMA: Und ihr habt die Einladung angenommen?
FILIPA: Ja. Sie führten uns durch ganz Italien, wir fuhren hinunter nach Florenz und blieben fast eine Woche dort.
DIMA: Auf deren Kosten?
FILIPA: Ja.
DIMA: Unerhört!
FILIPA: Die meisten waren Studenten der Geographie. Und dort habe ich gelernt, Spaghetti zu kochen.
DIMA: Unglaublich.
FILIPA: Das waren einige der glücklichsten Tage meines Lebens.
DIMA: Du bist noch viel zu jung, Filipa, um zu wissen, welches die glücklichsten Tage deines Lebens waren. Jetzt steht dir erst einmal die Ehe bevor, und die Kinder.
FILIPA: Ist es bei Ihnen so, Mutter? Ist Ihre Ehe mit Vater, sind die Kinder das Glücklichste in Ihrem Leben?
DIMA: Selbstverständlich!
FILIPA: Seltsam.
Pause.
FILIPA: Sie sehen nicht aus wie eine glückliche Frau.
Pause.
FILIPA: Sondern wie eine Frau, die das Wichtigste in ihrem Leben verpaßt hat.

DIMA: Sieht man es mir so an?
FILIPA: Ja, Mutter. Entschuldigen Sie. Ich hätte das nicht sagen sollen.
Dima bricht in Tränen aus. Filipa umarmt sie, Sie beginnt, sie zu beruhigen. Es erscheint Ignat. Er wird den Monolog Dimas hören, ohne daß sie es bemerkt.
DIMA: Ich bin eigentlich Schauspielerin, Filipa, eine Schauspielerin bin ich ... wie oft luden sie mich ein, und alle sagten mir – wie kannst du nur auf deinen Mann hören, du bist so talentiert, du mußt einfach spielen! Und er – Schauspielerinnen sind Huren! Da sieh, schau dich um, ausnahmslos alle, sie legen sich hin und stehen auf, mit jedem, der ihnen unterkommt, und wenn du mit denen verkehrst, wirst du auch so werden ... Einmal habe ich ihm gesagt, Ignat, man bittet mich, eine Kollegin zu vertreten, die krank geworden ist, für die Rezitation am vierundzwanzigsten Mai ... Geh, wenn du willst, geh zur Rezitation, aber wisse, daß du danach keinen Fuß mehr in mein Haus setzen und deine Kinder nicht mehr sehen wirst! Ich sage mir, bitte schön, jetzt muß ich gehen, ich werde mir nur meinen Paß holen und eine Strickjacke, und ich werde ins Theater gehen, und dort werde ich schlafen, am Anfang, und später werden sie mir eine Wohnung besorgen, und ich werde schon irgendwie zurechtkommen, und ich gehe und hole die Strickjacke und den Paß – und gerade ziehe ich mich an und gehe hinaus, da rieche ich etwas aus der Küche, ich gehe hinein, ich schaue, ich habe den Reis vergessen, er beginnt anzubrennen, ich sage mir, ich werde nur schnell die Paprikaschoten füllen, und dann gehe ich fort, und ich gehe fort, und dann sollen sie doch zurechtkommen, wie sie wollen, und ich lege die Strickweste und den Paß auf den Tisch, ich beginne, die Paprikaschoten zu füllen, ich habe sie gefüllt, und dann ... ich sage mir, ich werde ihnen nur schnell etwas für morgen kochen, es sind doch drei Männer, was werden sie essen, eine Suppe noch, und ich breche auf, und ich breche auf, und ich breche für immer auf, um meine Rolle zu lernen für den vierundzwanzigsten Mai, und übermorgen, geht es mir durch den Sinn, und übermorgen, sage ich mir, was werden sie essen?

FILIPA: Wie können Sie so leben, liebe Mutter?
IGNAT: Du hast also eigentlich damals ...
Dima zuckt zusammen, als sie Ignat sieht. Sie sehen sich lange an.
DIMA: Nein, Ignat, nein! Ich habe damals eigentlich nicht! Es ist nicht das, was du denkst! Ich habe dich nicht verlassen!
Ignat geht hinaus.
DIMA: Wie konntest du mir verschweigen, daß er die ganze Zeit über hier war! Wie konntest du nur!
Dima reißt Filipa unbeherrscht und grob das Paket Spaghetti aus den Händen.
Die Spaghetti werden über den ganzen Boden verstreut.

21.

Dimitär tritt mit einer riesigen Schachtel ein und stellt sie auf den Boden. Filipa küßt ihn und beginnt, die Schachtel auszupacken. Fröhliches Hin- und Herlaufen um die Neuerwerbung: »Was für eine Marke ist er? Wieviel Zoll? Ist es ein Flachbildschirm?« Dima geht um sie herum, ohne recht zu verstehen, was vor sich geht.
FILIPA: Er hat ihn gekauft, er hat ihn gekauft!
DIMA: Was ist das?
FILIPA: Ein Fernseher.
DIMA: Was für ein Fernseher?
DIMITÄR: Heute habe ich mein Gehalt bekommen und ...
FILIPA: Und er hatte mir versprochen, daß er einen Fernseher kaufen würde und daß wir ihn ins Wohnzimmer stellen würden.
DIMA: Ins Wohnzimmer?
FILIPA: Ja.
DIMA: Ins Wohnzimmer!
FILIPA: Ich hoffe, Mutter, Sie haben nichts dagegen.
Pause.
DIMA: Dimitär, ich dachte, du würdest mit deinem Gehalt versuchen, eure Ausgaben zumindest ein bißchen abzudecken. Ich bin sehr erstaunt, daß du, ohne es vorher mit jemandem abzusprechen, diesen völlig überflüssigen Kauf getätigt hast. Wenn jemand beim Abendessen die Nachrichten sehen will, dann möge er so gut sein, es in seinem eigenen Haus zu tun!

Schweigen. Dimităr ist verwirrt und schuldbewußt. Dima geht hinaus.

FILIPA: Deine Mutter kann mich nicht mehr leiden.
DIMITĂR: Das ist nicht wahr!
FILIPA: Ich fühle es.
DIMITĂR: Und ich fühle genau das Gegenteil! Insgeheim ist sie begeistert von dir!
FILIPA: Ha! Aber ich kann nicht einmal eine ihrer zwölf goldenen Regeln verinnerlichen!
DIMITĂR: Was für Regeln?
FILIPA: |*imitiert Dima*| Ich wasche mir die Hände, bevor ich mich zu Tisch setze. Ich beginne nicht zu essen, bevor die Hausherrin ein Zeichen gibt. Ich halte meine Handflächen eng am Körper. Ich spreche nicht mit vollem Mund. Ich lege meinen Zeigefinger nicht vorne aufs Messer und die Gabel. Ich schneide den Salat nicht mit dem Messer.
DIMITĂR: Hör auf!
Dimităr hebt den Fernseher auf und bringt ihn in ihr Zimmer.

22.

Dima, Dimităr.

DIMITĂR: Mutter, ich bitte dich sehr, nicht zu versuchen, Filipa umzuerziehen!
DIMA: Aber sie selbst hat mich gebeten ...
DIMITĂR: Das ist nicht wahr.
DIMA: Sie hat mich gebeten, ihr einige Dinge zu zeigen.
DIMITĂR: Und ich bitte dich, daß du ihr gegenüber etwas taktvoller bist.
DIMA: Dimităr, mit Rücksicht auf die Feier und die kirchliche Trauung, wenn alle Augen auf euch gerichtet sein werden, muß sie doch einige Manieren erlernen ...
DIMITĂR: Genug von diesen provinziellen Sitten!
DIMA: Seit wann sind die Sitten in unserem Haus provinziell?
DIMITĂR: Wir werden die kirchliche Trauung verschieben!
DIMA: Wie das?
DIMITĂR: Es wird überhaupt keine kirchliche Trauung geben!
DIMA: Das ist unmöglich!

DIMITÄR: Es ist möglich!
DIMA: Das wird nur noch mehr Gerüchte erzeugen!
DIMITÄR: Das interessiert mich überhaupt nicht!
DIMA: Wie kannst du es wagen?! ... Wie ... Und wird sie nicht endlich anfangen zu arbeiten? Wie lange will sie sich denn noch ausruhen? Wie lange wird sie noch den ganzen Tag in der Stadt spazierengehen? Wie lange wird sie noch bis zum Mittag schlafen? Wie lange wird sie noch ihre widerlichen Netzstrümpfe anziehen?

23.

Dima am Telefon mit Zinka.
DIMA: Nein, es ist nichts ... nichts Interessantes, nichts Neues ... Ignat ist nur etwas ... nein, nein, nichts mit der Gesundheit, er ist nur ein wenig seltsam ... nein, wir streiten nicht ... aber ja, ja, mache ich, so ist es ... aber ich habe doch immer gewartet, daß er älter wird, um mit meinem Mann zusammen zu sein ... um mich nicht wie eine Witwe zu fühlen ...
Filipa ist hereingekommen und hat die letzten Worte Dimas gehört.
FILIPA: Mutter, es gibt so viele Möglichkeiten, ihn dazu zu bringen, Sie von neuem zu lieben.
DIMA: Er liebt mich, Filipa!
Pause.
DIMA: Was willst du damit sagen?
FILIPA: Natürlich liebt er Sie.
Pause.
DIMA: Wenn ich in deinem Alter wäre, ja ...
FILIPA: Nicht die Jahre sind ausschlaggebend, Mutter.
DIMA: Sondern was?
FILIPA: Irgendein Strom, oder ich weiß nicht ...
DIMA: Was für ein Strom?
FILIPA: Ich weiß es nicht. Ich empfinde es als einen Strom ... Manchmal passiert es mir, daß ich ihn verlasse, dann bin ich wie tot.
DIMA: Ich verstehe dich nicht.
FILIPA: Sammeln Sie trockene Kräuter und Blätter, Mutter. Stellen Sie ein Glas darauf. Zünden Sie sie an. Oder am besten, die

Sonne zündet sie an. Dann soll auf das Glas eine menschliche Träne tropfen. Eine lebendige Träne von Ihnen, Mutter. Innerhalb einiger Stunden wird es zu regnen beginnen. Der Regen wird sein Herz mit Liebe füllen.
DIMA: Was? ...

24.

Dimităr, Filipa.
DIMITĂR: Nein, habe ich dir gesagt! Es ist genug, daß er alle Ausgaben übernimmt!
FILIPA: Was für Ausgaben?
DIMITĂR: Strom, Telefon, Heizung, Wasser!
FILIPA: Und was ist das für ihn, nichts!
DIMITĂR: Ich kann nicht.

25.

Ignat und Filipa. Sie schauen sich in die Augen. Ignat will hinausgehen. Sie stellt sich ihm in den Weg. Ganz nah, einer neben dem anderen. Er will erneut hinausgehen. Sie stellt sich ihm noch provokativer in den Weg.
FILIPA: Ich fühle, daß Sie mir böse sind, Vater. Sie vermeiden es, mit mir allein zu bleiben. Sie vermeiden es, mir in die Augen zu sehen. Ich bitte Sie, sagen Sie mir warum. Sicher habe ich wieder einen Fehler gemacht. Mit meiner Ungeschliffenheit. Mit meiner schlechten Erziehung. Mit meinem ungezügelten Charakter. Ich weiß, daß ich Ihrer Familie nicht würdig bin. Daß Dimităr einen Fehler gemacht hat, als er mich heiratete.
Pause.
FILIPA: Ich möchte gehen, gehen, immer weiter gehen ... schlafen, wo es mich hinverschlägt ... keine Angst vor den Menschen haben, vor dem Mangel, vor der Dunkelheit ... auf der einen Seite soll das Meer sein, auf dem staubigen Weg will ich gehen ... mir keine Sorgen ums Essen machen, um die Kleidung ... jeden Tag soll es verschieden sein, es soll blau sein ... am Ende will ich etwas finden, irgendwo stehenbleiben ... etwas soll sich aus mir lösen, ich will es herausschreien ... etwas, von dem ich nicht weiß, was es ist ...

Sie beginnt zu weinen.
Er umarmt sie, tröstet sie. Sie preßt ihren Körper dicht an den seinen.
Siljan kommt zurück, er hat etwas vergessen.
Er wird Zeuge der Verführung.
Keiner von beiden bemerkt ihn.

26.

SILJAN: Mutter, kann ich dir helfen?
DIMA: Du kannst den Tisch decken.
SILJAN: Sind alle da?
DIMA: Ja.
SILJAN: Werden wir zusammen essen?
DIMA: Ja, wie immer, warum?
SILJAN: Ich frage nur.
DIMA: Wie sollen wir denn sonst essen?
SILJAN: Mutter ...
DIMA: Du mußt nur die Tischdecke wechseln.
Filipa ist hereingekommen und beobachtet sie. Sie sehen sie nicht.
SILJAN: Mutter ...
DIMA: Ich fürchte, der Herd ist kaputt.
SILJAN: Du mußt dich nicht vor solchen Dingen fürchten, Mutter.
DIMA: Sag schon. Was gibt es? Ist etwas passiert?
SILJAN: Nein.
DIMA: Was dann?
SILJAN: Liebst du Vater?
DIMA: Natürlich. Und er liebt mich auch.
SILJAN: Du könntest ihm also verzeihen?
DIMA: Was?
SILJAN: Alles.
DIMA: Was alles?
SILJAN: Prinzipiell. Wenn du ihn liebst, wirst du ...
DIMA: Selbstverständlich!
Filipa tritt ein.
FILIPA: Hallo! Wie gut das riecht! Was gibt es zum Abendessen, Mutter?
DIMA: Fisch aus dem Backrohr, Kartoffeln, Salat.

FILIPA: Herrlich!
DIMA: Ist Dimitär schon nach Hause gekommen?
FILIPA: Soeben.
Ignat kommt herein.
IGNAT: Was ist los, werden wir zu Abend essen?
DIMA: Als ob ihr heute alle nichts zu Essen bekommen hättet ...
IGNAT: Ich bin hungrig wie ein Wolf ... und Wein habe ich auch gekauft ...
DIMA: Wein? ... Haben wir denn einen Anlaß?
IGNAT: Den haben wir. Einen sehr guten sogar!
DIMA: Was ist passiert? So habe ich es gern ... wenn das Haus voll ist, wenn es brodelt, wenn es kocht ... wie in einem Topf ... wenn alle Hunger haben ...
Dimitär tritt ein.
DIMITÄR: Guten Abend, alle zusammen.
Sie setzen sich an den Tisch. Ignat schenkt den Wein ein.
IGNAT: Ich habe euch zu sagen, daß Filipa mir vor einiger Zeit einen sehr genau ausgearbeiteten Businessplan für den Handel mit Fleisch, Fisch und Meeresfrüchten vorgestellt hat. Ich war erstaunt, mit was für einem geschäftsmännischen Spürsinn und mit welcher Präzision sie den Markt sondiert hat, die Voraussetzungen, die notwendigen ersten Schritte, die Berechnung der Mieten. Die Absicht Filipas ist es, eine ganze Kette von Geschäften mit eigener Schlachterei und Wurstproduktion zu gründen. Alles ist bis auf den letzten Heller berechnet, so daß ich heute nachmittag 50.000 Dollar auf den Namen ihrer neugegründeten Firma überwiesen habe. Ich sehe Filipa als eine von uns an, ich sehe sie als meine Tochter an. Deshalb fühlte ich mich verpflichtet, ihr so zu helfen, wie ich jedem meiner eigenen Kinder helfen würde. Prost!
Keiner rührt sich. Pause. Alle sind eingefroren.
IGNAT: Prost!
Filipa beginnt zu lachen.
FILIPA: Prost, Vater! ... Heute habe ich zum ersten Mal das Gefühl, daß ich etwas erreicht habe, wovon ich mein ganzes Leben lang geträumt habe – eine Familie zu haben, ich bin ganz gerührt, entschuldigt. Obwohl ich eure Feindseligkeit am Anfang gespürt

habe – weil wir nicht nach Deutschland gegangen sind –, weiß ich jetzt, das ich recht hatte. Ich weiß noch etwas, was Dimitär nicht weiß: Das Geschäft wird wachsen, das Geld wird fließen, der Umsatz wird immer größer werden.

IGNAT: Hoffentlich! Hoffentlich!

FILIPA: Für den Anfang habe ich eine Wohnung an der Hauptstraße als Büro gemietet. Heute beginnt die Renovierung. Die Geschäftsräume suche ich noch.

IGNAT: Prost!

Siljan steht auf und geht hinaus. Dimitär hebt nur sein Glas, nickt und stellt es zurück auf den Tisch.

FILIPA: Siehst du, Vater, ich hab es dir gesagt ... alle werden uns böse sein!

IGNAT: Wohin ist Siljan gegangen?

FILIPA: Ich werde ihn suchen.

Siljan und Filipa in seinem Zimmer. Sie räkelt sich provokativ vor ihm, hebt leicht ihren Rock an.

SILJAN: Eine Hexe. Du bist eine Hexe.

FILIPA: Ach wirklich?

SILJAN: Ich weiß alles. Ich habe alles gesehen.

FILIPA: Ich weiß auch, daß du es weißt. Deshalb habe ich dafür gesorgt, auch etwas über dich herauszufinden. Wie zum Beispiel die Pornozeitschriften. Oder die Pornovideos. Dein Masturbieren die ganze Nacht lang. Das Marihuana beim Springbrunnen im Park.

Pause.

FILIPA: Hast du eine Freundin? Oder Freunde? Gibt es ein Mädchen, das dir gefällt? Ein Mädchen mit Schenkeln wie die meinen, mit einem Bauch so glatt wie ein Fisch, wie meiner?

Sie nähert sich ihm, küßt ihn auf den Mund.

SILJAN: Niemals werde ich das tun, Filipa. Niemals.

Und er bricht in Tränen aus (oder ein anderer körperlicher Zusammenbruch). Sie lacht auf, verläßt das Zimmer, kehrt zu den anderen zurück.

IGNAT: Was ist los? Wo ist Siljan?

FILIPA: Ihm ist schlecht geworden.

DIMA: Schlecht?

FILIPA: Er hat gebeten, wir mögen ohne ihn anfangen.
Dima serviert das Abendessen, alle schweigen.
FILIPA: Na, was ist denn hier los! Was seid ihr denn so griesgrämig! Prost! So fängt man kein Business an, nicht wahr, Vater!
Dimitär geht hinaus. Filipa macht Musik an. Dima geht auch hinaus. Filipa beginnt zu tanzen.
FILIPA: Haben Sie bemerkt, Vater, daß das Leben nach der Liebe immer Sinn macht?
IGNAT: Ich kann dich mit niemandem mehr teilen, Filipa.

27.

Am nächsten Abend.
FILIPA: Mutter, Sie müssen nichts kochen. Ich habe drei Brathähnchen gekauft.
DIMA: Ich habe schon gekocht.
FILIPA: Und ich habe drei Brathähnchen gekauft.
DIMA: Drei?
FILIPA: Wir werden essen, soviel wir wollen, Mutter. Keulen, weißes Fleisch, Brustfleisch, Schlegel. Hier gibt es nie genug Fleisch.
DIMA: Was heißt, es gibt nie genug?
FILIPA: Braten Sie die Kartoffeln!
DIMA: Gebratenes – nein. Ich vermeide es, Gebratenes zu servieren.
FILIPA: Ich serviere es aber.
Pause.
FILIPA: Die Kartoffeln, Mutter! Wenn SWie sich mit etwas in diesem Haus nützlich machen wollen!
Pause.
DIMA: Ich ernähre diese drei Männer seit dreißig Jahren. Jeden verfluchten Tag koche ich für sie! ... Und noch nie hat sich jemand erlaubt ...
FILIPA: Sie kochen ohne Liebe, Mutter. Sie kochen seit dreißig Jahren, aber eigentlich wollen Sie gar nicht kochen. Eigentlich wollen Sie eine Schauspielerin sein, Sie wollen die Julia spielen.
DIMA: Du bist ... du bist ... du bist ...

FILIPA: Ja, ich bin eine Hure. Dafür war in Ihrem Schlüpfer ein Leben lang tote Hose. Und jetzt bereuen Sie es. Aber es ist schon zu spät. Ihr Leben ist vorbei. Vielleicht werden Sie auch sehr bald sterben.
Dima gibt Filipa eine Ohrfeige.

28.

Dima und Ignat.
DIMA: Was machst du?
IGNAT: Ich koche mir einen Kaffee.
DIMA: Bist du verrückt geworden?
IGNAT: Noch nicht.
DIMA: Und der Blutdruck? Du wirst keinen Kaffee trinken.
IGNAT: Laß mich in Frieden!
DIMA: Du willst mir den Rest geben, nicht wahr? Du siehst wohl nicht, was in diesem Haus vor sich geht! Sag Dimitär, sie sollen sich eine Wohnung suchen und ausziehen!
IGNAT: Warum?
DIMA: Sie sollen sofort ausziehen. Sie sollen sofort verschwinden. Sie soll keinen Fuß mehr hierher setzen!
IGNAT: Warum?
DIMA: Ich habe Angst um Siljan.
IGNAT: Was hat das mit Siljan zu tun? Mein Gott, was bildest du dir jetzt nur wieder ein?
DIMA: Ich will, daß du mit Dimitär sprichst. Daß du ihm alles sagst. Daß du ihn zur Vernunft bringst. Er ist geblendet.
IGNAT: Was genau soll ich Dimitär sagen. Was alles?
DIMA: Du versuchst, sie in Schutz zu nehmen, aber er hat seine Karriere ihretwegen ruiniert!
IGNAT: Donnernde Phrasen! Große Worte!
DIMA: Ignat! Du kannst nicht so mit mir umspringen! Weißt du, was sie zu mir gesagt hat!
IGNAT: Nein.
DIMA: Weißt du, wie sie mich genannt hat!
IGNAT: Nein.
DIMA: Ich kann das gar nicht wiederholen.
IGNAT: Dann wiederhole es nicht!

DIMA: Ich schäme mich sogar, das Wort zu sagen! Und du sitzt still. Sitzt still und schaust nur zu! Statt daß du dich hinter mich stellst, daß du mir Halt gibst!
IGNAT: Wieder dein widerlicher »guter Ton«!
DIMA: Was? Was hast du gesagt?
IGNAT: Es hat sich gezeigt, daß man seine Gabel auch in der rechten Hand halten kann und trotzdem überlebt!
DIMA: Was ist nur mit dir los? Was ist hier überhaupt los!

29.

FILIPA: Was hast du wegen des Fernsehers entschieden?
IGNAT: Der Fernseher? Oh, ja. Ja, natürlich. Wenn du willst, kannst du mir helfen.
Die beiden tragen den Fernseher aus dem Zimmer Dimitärs und Filipas heraus und stellen ihn ins Wohnzimmer.
FILIPA: Herrlich! ... Nur, daß wir jetzt die Möbel umstellen müssen ... Denn so wird man nicht bequem schauen können ... Ich glaube, das Sofa müßte hier stehen ...
Die beiden beginnen, alle Möbel gegenüber des Fernsehers aufzustellen, sie verändern das Interieur völlig. Dimitär kommt herein, sie stürzt auf ihn zu, küßt ihn.
DIMITÄR: Was passiert hier?
FILIPA: Vater hat beschlossen, daß wir den Fernseher hierhinstellen, damit wir abends alle gemeinsam schauen können.
DIMITÄR: Wo ist Mutter?
FILIPA: Ich weiß es nicht.
Dimitär geht hinaus. Siljan hat sich in einer Ecke zusammengekauert und beobachtet sie. Plötzlich bemerkt ihn Ignat.
IGNAT: Was machst du da? Was bist du so still und schaust! Wäre es nicht besser, du würdest herkommen und mit anpacken!
Siljan geht zurück in sein Zimmer.
IGNAT: Siljan! ... Siljan! ... Komm sofort da raus! Komm und hilf mir! ... Hörst du, was ich dir sage!
Dimitär kommt aus dem Zimmer seiner Mutter, geht zu Filipa, packt sie an den Schultern und schüttelt sie.
DIMITÄR: Warum weint Mutter? Warum weint meine Mutter?
Er geht zu seinem Vater und schüttelt ihn.

DIMITÄR: Ich will wissen, warum Mutter weint! ... Ich will wissen, wer erlaubt hat, daß ihr die Möbel umstellt! ... Wer hat erlaubt, daß der Fernseher hierhingestellt wird!
IGNAT: Ich.
DIMITÄR: Du?
IGNAT: Wieso, habe ich etwa kein Recht, Erlaubnisse in diesem Haus zu erteilen?
DIMITÄR: Siehst du nicht, daß Mutter mit den Nerven am Ende ist!
FILIPA: Als ob sie deine richtige Mutter wäre!
Dima tritt ein. Sie betrachtet das umgeräumte Wohnzimmer, gibt ungläubige Ausrufe von sich.
DIMA: Das ... das ist mein Haus!
FILIPA: Das Haus gehört nicht nur einer Person. Das Haus gehört allen, die darin leben.
DIMA: Jagt sie fort! Jagt diese Frau auf der Stelle fort!
DIMITÄR: Mutter! ... Mutter, beruhige dich, komm ...
FILIPA: Ich werde fortgehen!
DIMITÄR: Mutter, entschuldige dich bei ihr!
DIMA: Ich? Ich soll mich entschuldigen?
IGNAT: Du wirst nirgends hingehen, ich verbiete es!
FILIPA: Niemand kann mir das verbieten, was ich will!
Filipa schlägt die Tür zu, geht hinaus. Dimitär rennt ihr nach. Siljan beginnt langsam, die Möbel wieder an ihren alten Platz zu stellen.

30.

Ignat und Filipa in ihrem Büro, das mehr einem Bordell gleicht. Er hat einen Bademantel an, sie ist halbnackt, im Bett.
IGNAT: Ich bestehe darauf, daß du nach Hause zurückkommst. Ich bestehe darauf! Diese Räumlichkeiten habe ich als dein Büro gemietet, nicht als deine Wohnung. Nachts kann ich nicht schlafen, weil du nicht da bist. Ich träume, daß du mich betrügst. Ich stehe auf, und Dima erschrickt und fängt an zu zetern: Wohin gehst du, wohin? Dimitär gleicht einem Schatten ... Siljan spricht mit niemandem ... Dima ... ich schlafe auf dem Sofa im Wohnzimmer ... Filipa, wenn du nicht zurückkommst, wird das Haus auseinanderfallen ...

FILIPA: Ich will nicht wieder zurück in dieses Haus! In ihr Haus!
IGNAT: Ich kann mich nicht hierherschleichen ... diese Stadt ist klein ... man weiß alles ... man verfolgt alles mit ... ich flehe dich an ...
FILIPA: Ach, Väterchen, zwing mich nicht dazu, etwas zu tun, das ich nicht will ...
IGNAT: Ich werde verrückt, wenn du so mit mir sprichst, ich werde verrückt ... ich weiß nicht, ob ich dir böse sein soll, oder ob ich dich ... in der Luft zerreißen soll ... so klein ... so wehrlos ... ich fühle mich wie jemand, von dem das Schicksal abhängt.
FILIPA: Väterchen, Väterchen ...
IGNAT: Ich fühle mich wie der Kapitän meines Lebens, ich will dir zu Füßen liegen und sie küssen ... nur das wollte ich tun, mein ganzes Leben lang ...
Erotische Szene zwischen den beiden.
Es erscheint Dimitär.
Versteinerung.
Kurz darauf stürzt er sich auf sie, reißt Filipa grob aus der Umarmung seines Vaters.
DIMITÄR: Zieh dich an!
Filipa beginnt, sich anzuziehen.
DIMITÄR: Zieh dir Schuhe an!
Filipa zieht sich Schuhe an.
DIMITÄR: Nimm deine Papiere mit!
IGNAT: Du wirst nirgends hingehen!
DIMITÄR: Ich habe gesagt – nimm deine Papiere mit!
IGNAT: Du wirst nirgends hingehen!
DIMITÄR: Geh!
Dimitär stößt sie grob in den Rücken.
IGNAT: Paß auf!
DIMITÄR: Schweig!
Dimitär dreht sich zu ihm um, will ihm in die Augen sehen, kann es aber nicht, wendet sich wieder Filipa zu.
DIMITÄR: Wir gehen fort! Wir verschwinden! Für immer!
IGNAT: Und wohin willst du mit ihr!
DIMITÄR: Schneller, Filipa!
Filipa beginnt langsam, ihre Kleider in ein Köfferchen zu packen.
IGNAT: Was tust du?

Ignat entreißt ihr die Kleider Stück für Stück.
DIMITĂR: Faß sie nicht an!
IGNAT: Was tust du, frage ich dich!
Dimităr stellt sich seinem Vater entgegen. Sie schauen sich in die Augen.
DIMITĂR: Ich werde dich umbringen, wenn du sie noch einmal berührst. Ich werde dich umbringen! Geh jetzt!
FILIPA: Gut, aber laß uns noch einen Augenblick alleine. Warte unten auf mich.
Dimităr rührt sich nicht.
FILIPA: Ich bitte dich. Ich werde mit dir gehen.
DIMITĂR: Wiederhole es noch einmal.
FILIPA: Ich werde mit dir gehen. Warte unten auf mich.
Dimităr geht hinaus.
Ignat fällt ihr zu Füßen.
IGNAT: Ich werde dir alles geben, was ich habe. Ich werde dir alles geben, was ich habe, und werde gehen. Du kannst hierbleiben und mit Dimităr leben. Dann werde ich so und so sterben.
FILIPA: Wirst du mir die Geschäfte überschreiben?
IGNAT: Ja.
FILIPA: Das Haus?
IGNAT: Ja.
FILIPA: Das türkische Bad?
IGNAT: Ja.
FILIPA: Die Holzgebäude, die Werkstätten, alles für mich?
IGNAT: Alles. Alles wird dir gehören, Filipa. Und meine Überreste auch.

31.

Dimităr, Filipa.
FILIPA: Dimităr, ich ...
DIMITĂR: Nein.
FILIPA: Ich liebe dich.
DIMITĂR: Wir gehen.
FILIPA: Nein.
DIMITĂR: Wir gehen.
FILIPA: Nein.

DIMITĂR: Wir gehen nach Sofia. Und später nach Deutschland. Für immer.
FILIPA: Wir werden hier bleiben. Wir werden zusammenleben.
DIMITĂR: Schweig!
FILIPA: Ich brauche euch beide.
DIMITĂR: Sprich einfach nicht.
FILIPA: Er liebt mich wie mein Vater.
Dimităr faßt sie mit beiden Händen um den Hals, dreht sie nach hinten, läßt sie los.
DIMITĂR: Von solchen Dingen spricht man nicht. Man sagt es nicht.
FILIPA: Du kannst mich nicht verstehen. Du verstehst mich nicht, Dimităr.
DIMITĂR: Wir werden alles vergessen. Es wird wie ein Alptraum sein, aus dem wir erwacht sind.
FILIPA: Nein, Dimităr.
DIMITĂR: Es ist Zeit.
FILIPA: Wohin wir auch gehen, es wird das gleiche passieren, Dimităr.
DIMITĂR: Wo es auch sein mag. Alles wird gut.
FILIPA: Wir bleiben hier. Wir werden zusammenleben. Ich bin eine Prostituierte, Dimităr.
DIMITĂR: Ich liebe dich. Alles wird gut.
FILIPA: Ich bin schwanger.
Pause.
DIMITĂR: Von wem?
FILIPA: Ich weiß es nicht.
DIMITĂR: Das ist nicht wahr! ... Das könnt ihr nicht mit mir machen!
Er sinkt auf einen Stuhl zusammen.

32.

Dima sitzt auf einem Stuhl mit dem Rücken zu Ignat. Während er mit großen Pausen redet, wird sie immer kleiner und kleiner.
IGNAT: Ich will dir etwas sagen, Dima. Ich will mich von dir scheiden lassen. Ich will nicht mehr mit dir leben. Ich will die wenigen Jahre, die mir noch bleiben, vollwertig leben. Ich will sie leben, Dima, und nicht warten, daß der Tod kommt. Hörst du mich. Dima, hörst du mich?

DIMA: Ja, ich höre dich.
IGNAT: Wir haben unser Leben zusammen verbracht und ... ich weiß nicht, ob wir glücklich waren, Dima, ich weiß es nicht. Ich denke, daß wir nie glücklich gewesen sind. Wir waren ruhig, einer durch den anderen behütet. Alles war in Ordnung. Es herrschte der gute Ton. Jetzt ist alles vorbei. Hörst du mich, Dima. Hörst du mich? Ich will dir etwas sagen.
DIMA: Nein!
IGNAT: Etwas, daß dir nicht leichtfallen wird zu hören.
DIMA: Ich muß gehen.
IGNAT: Ich will, daß du es von mir hörst.
DIMA: Ich will nicht. Ich habe zu tun.
IGNAT: Ich muß den Mut haben, es dir zu sagen, Dima.
DIMA: Laß mich. Hab Erbarmen.
IGNAT: Ich habe mich in eine andere Frau verliebt. Ich habe mich in Filipa verliebt. Ich will sie heiraten. Ich will mein Leben mit ihr verbringen. Es ist ungeheuerlich. Ich weiß nicht, was geschehen ist, Dima. Ich weiß es nicht. Wenn du ein Freund wärest, könnte ich es dir vielleicht erzählen. Aber ich kann nicht. Vielleicht würde ich versuchen, mir selbst zu helfen. Aber ich kann nicht. Ich weiß nicht, was geschieht, Dima. Es gibt nichts, das mir helfen könnte, Dima.
DIMA: Du Hund! ... Du Ungeheuer! ... Du Hund! Wenn ich Eltern gehabt hätte, hätte ich dich niemals geheiratet, du Ungeheuer! Ich habe dich immer verachtet! Ich habe dich nie geliebt! Ich habe dich immer gehaßt! Du Hund!

33.

Dimităr erhängt im Wohnzimmer. Ignat kommt herein und sieht ihn. Er nimmt das Photo aus seiner Tasche.
IGNAT: Dimităr ... Dimităr ... Dimităr ...

34.

Filipa, Dima. Beide in Trauerkleidung. Sie gehen aneinander vorbei wie Schatten.
FILIPA: Mütterchen, ich wollte Ihnen sagen – es ist an der Zeit, daß Sie das Haus verlassen.

Dima bleibt stehen. Pause.
DIMA: Wie bitte?
FILIPA: Sie müssen das Haus verlassen. Das Kind, das ich erwarte, wird ein eigenes Zimmer brauchen.
Pause.
DIMA: Du ...?
FILIPA: Ja.
DIMA: Von ...
FILIPA: Ich weiß es nicht. So oder so. Du und Siljan. Ihr werdet das Haus verlassen müssen.
DIMA: Das Haus gehört mir.
FILIPA: Nein. Es gehört Ihnen nicht.
Pause.
FILIPA: Auch nicht die Geschäfte. Auch nicht das Hotel. Auch nicht das türkische Bad. Auch nicht die Baracken. Sehen Sie.
Filipa reicht ihr die Dokumente. Dima ist versteinert. Filipa legt sie auf den Tisch. Dima nähert sich steif, nimmt die Dokumente, liest.
FILIPA: Ich würde Sie bitten, daß es bis Ende der Woche vonstatten geht. Bis Freitag. Freitag abend. Andernfalls werde ich einen Gerichtsvollzieher rufen. Und ich würde Sie schon jetzt bitten, den Kleiderschrank zu räumen. Ich will ihn lüften.
DIMA: Wohin sollen wir gehen?
FILIPA: Oh, das weiß ich nicht! Wohin gehen Leute in so einem Fall?

35.
Dima, Ignat.
DIMA: Ich kann das nicht glauben, Ignat. Sag, daß es nicht wahr ist.
Pause.
DIMA: Sprich mit mir, Ignat.
Pause.
DIMA: Wohin sollen wir gehen?
IGNAT: Vielleicht fürs erste zu Zinka ... für später weiß ich nichts.

36.
Siljan und Filipa.
SILJAN: Kann ich dich nur um eines bitten – daß du meiner Mutter jenen Armreif zurückgibst.

Filipa schüttelt verneinend den Kopf.
SILJAN: Du fehlst mir sehr, Filipa.
FILIPA: Kannst du mir helfen?
SILJAN: Wie?
FILIPA: Ich weiß es nicht. Kannst du?
SILJAN: Ich weiß nicht wie, Filipa.
FILIPA: Du mußt es wissen.
SILJAN: Ich weiß es nicht.

37.

Filipa schwanger, Ignat mit gelähmtem Gesicht. Siljan und Dima in Trauer mit je einem Köfferchen in der Hand, einer auf den anderen gestützt, sie verlassen das Haus. Dima geht mit Mühe. Siljan stützt sie. Ignat hat den Kopf gesenkt. Filipa rennt auf sie zu, fällt auf die Knie.
FILIPA: Mutter! Mutter, bleibt. Mutter, ich bitte Sie, geht nicht fort! Verzeiht mir! Bestraft mich nicht! Habt Mitleid, bleibt! Ich weiß nicht, warum ich es getan habe! Bleibt! Ihr wißt doch, daß ich von hier fortgehen werde ... früher oder später werde ich das Kind zurücklassen und fortgehen.

38.

Dima im Altersheim. Sieben Jahre später.
DIMA: Vor acht Jahren, als ich hier einzog ... als ich zum ersten Mal hierher kam, war ich schrecklich ... ich weiß nicht ... ich konnte nicht ... ich konnte überhaupt nichts tun, weder essen, noch sprechen, noch schlafen, und ich dachte ... nur schwarze Gedanken, ich wartete einfach ... wartete darauf zu sterben, ich sagte mir: Jetzt gibt es kein Entrinnen mehr vor dem Tod, wenn es nur bald passiert ... die andern kommen zu mir, fragen mich aus, die üblichen Fragen – hast du Kinder, hast du keine, haben sie dir die Wohnung weggenommen, die Blutsauger, wie hoch ist deine Rente, warum haben sie dich hier hineingesteckt ... ich sitze den ganzen Tag auf dieser Bank im Garten, ich merke nicht wirklich, was ich tue mit meiner ganzen Lebenszeit, wenn es nur bald ist, sage ich mir immer wieder, es muß ganz bald sein, jetzt, jeden Augenblick ... sie kommen, sie sind freund-

lich, sie wechseln unsere Bettwäsche, geben uns Tabletten, messen unseren Blutdruck, zu Mittag gibt es Suppe, zu Weihnachten sogar Obst, alle möglichen Arten von Schokolade, Nüsse in bunten Säckchen mit Schleifen, wunderschön, manche rufen: He, wir sind doch keine Kinder, und sie heben sie für die Enkelkinder auf, wenn sie zu Besuch kommen. Abends schauen wir fern bis zehn Uhr, so ist es am Anfang, sagen sie mir, wir sind alle so am Anfang, wir sitzen auf der Parkbank, wir starren auf einen Punkt, wir sprechen nicht, aber wenn ein bißchen Zeit vergangen ist, beginnt man, sich daran zu gewöhnen, man gewöhnt sich doch an alles in diesem Leben, manchmal wird es sogar so fröhlich, daß man es kaum glauben kann, sogar noch fröhlicher als bei ... und eines Tages merke ich, daß ich wieder auf der Parkbank sitze, es ist kalt, ein scharfer Wind geht, aber der Himmel ist strahlend blau, und ich merke, daß ich eine Blume beobachte – eine ganz gewöhnliche, weiße Wiesenblume oder, genauer gesagt, eine bläuliche, nichts Besonderes, drumherum nur trockenes Gras, und sie ist so schwächlich, kaum durchgebrochen, der Wind schubst sie hin und her, Schlangenmilch, haben sie mir später gesagt, heiße sie im Volksmund, und sie schaukelt, sie ist an einer solchen Stelle, dachte ich mir, daß jeder vorbeigehen und sie zertreten kann, ohne es überhaupt zu bemerken, es war ganz still rundum, Herbst, und mit mir geschah etwas, nicht, daß viele Leute da waren, später bemerkte ich, daß ich abwechselnd meine Hände und die Blume beobachtete, und ich kann nicht sagen warum, dann flüsterte mir jemand zu, oder es war als hörte ich: Sowohl deine Hände als auch die Blume sind eins ... das war ... ich weiß es nicht, ich kann es nicht erklären, ein Blitz oder etwas, weil es so seltsam ... ich fühlte ... wie soll ich sagen ... daß wir alle atmen ... oder was ... sowohl der Himmel, als auch diese kleine häßliche Blume, und auch ich ... sogar ich ... irgendwie ... wir atmen, wir atmen ... sogar ich spüre in diesem Atmen ... selbstverständlich ist es lächerlich, aber ... ich weiß es nicht, ich weiß nicht, ob ich es richtig erzähle ... daß dies ein Rhythmus ist oder was, so ein tiefer Rhythmus, tief wie ein Brunnen, und ich spürte ... wie soll ich es sagen ... Erheiterung, die ich seit meiner Kindheit nicht gekannt hatte, irgendeine Freude, wie eine Liebkosung oder, wie soll ich es erklären, etwas Helles und Warmes, und ich hatte Lust zu springen, einfach so, wie ich bis jetzt dagesessen bin ... und ohne es zu wollen, fiel ich auf die Knie vor dieser Blume, und ich weinte und lachte und dankte ihr ... und ich dankte ihr dafür, daß es sie gibt, daß sie mir so geholfen hat, daß sie mir so viel gegeben hat ... ich habe nie jemandem so viel gegeben, sagte ich ihr, und sie schwenkte den Blütenkranz, und ich zerfloß in Tränen, und es war, als würde ich beginnen zu beten, oder, ich weiß nicht, zu bereuen und mich gleichzeitig zu freuen, für alles zu danken, für alles Unglück, für die Kränkungen, und ich war auf niemanden mehr wütend, ich hatte ihnen allen verziehen und liebte sie nur noch, ich liebte, ich liebte, alles hatte sein Gutes, es war, um mich zu dieser Blume zu führen, als ob ich die ganze Zeit zu ihr unterwegs gewesen wäre, aber ich kann es nicht erzählen, und gleichzeitig weiß ich es, das ist sogar das einzige, was ich wohl weiß ...

ENDE

Ina Božidarova:

Saxophon

Personen:
SIE und SIE 1
ER und ER 1

SIE: Sie haben schon wieder am Telefon nach dir gefragt.
ER: Wer?
SIE: Ich weiß es nicht.
ER: Was hast du gesagt?
SIE: Sie haben französisch gesprochen.
ER: Hast du etwas verstanden?
SIE: Nein.
ER: Hast du wenigstens etwas gesagt?
SIE: Daß sie später noch einmal anrufen sollen.
ER: Ich bin müde.
SIE: Wo bist du gewesen?
ER: Wieder bei dieser verrückten Familie.
SIE: Verstimmen die denn dauernd ihr Piano? Ich bin mir nicht sicher, wozu sie es benutzen.
ER: Sie spielen darauf.
SIE: Wer?
ER: Wahrscheinlich sie. Er ist Künstler.
SIE: Hat sie dich gerufen?
ER: Ja ... Nein. Eigentlich alle beide.
SIE: Du bist doch nicht der Notarzt. Beide!
ER: Zuerst hat er angerufen. Dann hat sie den Hörer genommen, um mir zu erklären, wie sich der Klang des »Fa« verändert habe.
SIE: Bist du zurechtgekommen?

ER: Wer, ich?

SIE: Ich denke, letztlich bist du der Klavierstimmer.

ER: Ich weiß es nicht.

SIE: Du hättest anrufen können, um mir zu sagen, daß du dich verspäten wirst.

ER: Das war unmöglich.

SIE: Ich war die ganze Zeit über zu Hause. Ich bin nicht aus dem Haus gegangen.

ER: Ich konnte nicht.

SIE: Ist irgend etwas?

ER: Was denkst du über mich?

SIE: Ich verstehe nicht.

ER: Ich habe gefragt, was du über mich denkst.

SIE: Muß ich genau jetzt etwas denken?

ER: Nein. Aber versuch es.

SIE: Hast du Hunger? Ich habe ein bißchen Schinken gekauft.

ER: Ich habe dich etwas gefragt.

SIE: Schau, ich weiß nicht, was heute passiert ist, aber ich bin nicht in der Stimmung für solche Gespräche.

ER: Soll ich dir etwas einschenken?

SIE: Nein. Danke.

ER: Wie war es heute? Du bist sehr still.

SIE: Der übliche Tagesablauf. Ich habe geputzt. Gelesen. Was ist los?

ER: Weißt du, was sie zu ihm gesagt hat? Daß sie die Nase voll habe von diesem Alltag. Jeden Tag ein und dasselbe. Mit sehr wenig Variationen.

SIE: Wer ist sie? Und zu wem hat sie das gesagt?

ER: Die Frau mit dem Piano – zu ihrem Mann.

SIE: Das ist sehr banal. Na und, ich habe so etwas nicht gesagt.

ER: Sie hat zu ihm gesagt, daß dieses eintönige Leben schon zwanzig Jahre andauere. Und genau so wie beim Piano – so sehr sie auch versuche, es zu stimmen – seien seine Töne völlig falsch geworden.

SIE: Hast du es repariert?

ER: Meinst du, daß man so etwas reparieren kann?

SIE: Das kommt darauf an, was du meinst.

ER: Na, das Piano!
SIE: Ach so, das Piano ...
ER: Das Piano war ausgeweidet wie ein alter Diwan auf einem Dachboden. Sie haben es kaputtgemacht. Beide. Mit großer Brutalität, so als würden sie sich gegenseitig Schläge zufügen. Sie haben das wundervolle Instrument in einen Haufen Späne und zerrissene Saiten verwandelt.
SIE: Ach Gott! Warum haben sie dich kommen lassen?
ER: Ich weiß es nicht.
SIE: Das ist richtiggehender Vandalismus. Ich verstehe das nicht. Wenn zwei Menschen ihre Angelegenheiten nicht regeln können, warum müssen sie dann einen Dritten in diesen Schlamassel mit hineinziehen ... Kannst du mir auch ein bißchen einschenken.
ER: Willst du Eis?
SIE: Etwas mehr, bitte.

Das Telefon klingelt. Sie hebt ab.

SIE: Hallo ... hallo ... Man hört nichts. Gut, sag, was passiert ist?
ER: Ich habe es dir doch gesagt. Sie haben mich telefonisch bestellt. Ich mußte lange läuten, bevor sie öffneten. Man hörte ein Krachen. Dann öffnete sie mir. Es sah schrecklich aus. Sie bat mich herein.
SIE: Warum?
ER: Aus Liebenswürdigkeit, nehme ich an.
SIE: Und dann?
ER: Nichts. Sie begannen, sich zu streiten ... und später bin ich gegangen.
SIE: Was hast du gesehen?
ER: Die Überreste des Pianos. Zwei Gläser. Einige Tropfen Blut. Sicher von seiner Hand ...
SIE: War es dir nicht unangenehm?
ER: Nein. Sie versuchte, es mir zu erklären. Er schlug die Tür zu und ging hinaus.
SIE: Warum hast du mich gefragt, was ich über dich denke?
ER: Ich will es wissen.
SIE: Du hast mich bisher nicht gefragt.
ER: Habe ich nicht?

SIE: Nur ich habe dich gefragt.
ER: Ich kann nicht mehr stimmen!
SIE: Gut.
ER: Ich bin müde. Ich bin kein Klavierstimmer.
SIE: Das bist du nicht. Komm, und iß einen Happen.
Er geht und macht Musik an, nachdem er lange die passende gesucht hat.
ER: Ich werde in die Band zurückkehren.
SIE: Du weißt, was ich davon halte.
ER: Ich bin Musiker.
SIE: Ja doch. Das vergesse ich dauernd.
ER: Du denkst, alles was ich kann, sind meine Restaurantauftritte. Ist es nicht so?
SIE: Oh, nein. Ich denke, du kennst die Musikgeschichte ziemlich gut. Ja. Du kannst auch schreiben, aber es interessiert sich keiner besonders dafür, was die Musikwissenschaftler schreiben. Sie hören sie lieber.
ER: Wenn mein Saxophon hier wäre ...
SIE: Du kannst dir immer noch ein Saxophon kaufen.
ER: Das ist nicht das gleiche. Es bedeutete für mich so viel ...
SIE: Das hast du mir schon gesagt!
ER: Ich habe auf vielen Saxophonen gespielt. Keines davon war wie dieses. Dieses war einzigartig ... Nicht ich spielte. Die Musik gebar sich selbst ... Ich war nicht nur der Interpret. Mit ihm improvisierte ich, komponierte ich ... Später bin ich fortgegangen, aber das Saxophon blieb dort.
SIE: Warum? Hast du immer noch keine Antwort auf diese Frage gefunden?
ER: Ich weiß es nicht. Alles war zu Ende, ich hatte ein Diplom, ich war Musiker. Als ich in das Flugzeug stieg, wußte ich, daß es bei mir war, und als ich ankam, war es nicht mehr da. Alles, was ich dabei hatte, war verlorengegangen ... Das ist es.
SIE: Seit damals sind ganze achtzehn Jahre vergangen! In dieser Zeit haben wir ein ganzes Leben gelebt. Wir haben eine Tochter großgezogen ... Mach diese Musik ein bißchen leiser!
ER: Weißt du, wer spielt?

SIE: Mein Gott, sieh dich doch mal um! Ob nicht auch andere Dinge, andere Menschen existieren. Musik, Musik ... Kannst du etwas anderes überhaupt hören?
ER: Wenn es nicht mein Gehör reizt.
Das Telefon klingelt.
SIE: Und das reizt mein Gehör!
Sie hebt ab und legt wieder auf.
ER: Vielleicht war es für mich.
SIE: Dich ruft keiner mehr an. Nur die Leute mit verstimmten Instrumenten.
ER: Immer, wenn ich vom Saxophon zu sprechen beginne, fängst du an zu schreien.
SIE: Ich schreie nicht.
ER: Ich werde fortgehen.
SIE: Wohin?
ER: Ich weiß es nicht. Irgendwohin. Wo ich nur das hören werde, was ich liebe, oder nichts – Stille. Besser nichts als all das.
SIE: »Das« bin wahrscheinlich ich. Aber wir beide hören einander schon lange nicht mehr, oder wir wollen nicht oder wir können einander nicht hören.
ER: Wir haben wohl eher angefangen, falsch für einander zu klingen.
Das Telefon klingelt.
SIE: Hallo ... Hallo, meine Liebe ... Ja ... Ist etwas passiert? ... Mein Gott, das kann nicht wahr sein! ... Wann sehen wir uns? ... Ja. Gut ... Also bis morgen! [*legt auf*] Ich fange in der Redaktion an.
ER: Wie das? Wann?
SIE: Ich weiß es noch nicht. Morgen treffe ich den Chefredakteur.
ER: Das ist toll!
SIE: Ich kann es nicht glauben. Endlich Arbeit.
ER: He, ich freue mich wirklich für dich.
Er geht und legt schöne Musik auf. Er bringt ihr ein Glas.
ER: Zum Wohl. Auf deinen Erfolg.
Das Telefon klingelt. Er hebt ab.
ER: Hallo. Wie geht es dir, Liebes? ... Du fehlst mir sehr. Ja. Ihr geht es gut ... Sie fängt wieder an zu arbeiten ... Ich werde sie

grüßen ... Ich werde es nicht vergessen ... Warte ... Ciao. Ich küsse dich ... Bis bald. |*legt den Hörer auf, aus dem man schon ein Tuten hört*|

SIE: War es das Kind? Warum hast du sie mir nicht gegeben?

ER: Sie hatte es sehr eilig.

SIE: Was sagt sie?

ER: Es geht ihr gut. Sie wird wieder anrufen, wenn sie Zeit hat.

SIE: Ob man von mir in der Redaktion Fremdsprachenkenntnisse erwarten wird?

ER: Das wäre von Vorteil.

SIE: Ja, aber ich beherrsche doch keine!

ER: Soweit ich weiß, hast du Englisch gelernt.

SIE: Das ist schon Ewigkeiten her. Ich habe alles vergessen.

ER: Mit einem Kurs bekommst du das schon wieder hin. Solche Dinge vergißt man nicht.

SIE: Im Gegenteil. Man vergißt sie.

ER: Ich habe mein französisch nicht vergessen, obwohl ich mich nicht daran erinnern kann, seit wann ich nicht mehr gesprochen habe.

SIE: Das ist normal. Du hast Jahre dort verbracht.

ER: Ich hatte sogar begonnen, auf französisch zu denken. Als Musiker denke ich, daß es die musikalischste Sprache ist, die ich je gehört habe.

SIE: Dasselbe kann ich von mir selbst nicht behaupten.

ER: Ja. Die schönsten Verse über die Liebe sind auch auf französisch verfaßt.

SIE: Oho, ich hasse die Franzosen mit ihrer Aufgeblasenheit und ihrem Konservatismus.

ER: Wie kommst du denn auf Konservatismus?

SIE: Sie sind davon überzeugt, daß alles Bedeutende bei ihnen erfunden ist, wie übrigens auch du ...

ER: Das nennt man Selbstvertrauen, nicht Konservatismus.

SIE: Oh, ich bitte dich, fang nicht wieder davon an.

ER: Du hast angefangen.

SIE: Wir sprachen von meinem Selbstvertrauen.

ER: |*ironisch*| Jetzt bist du an der Reihe, es zu versuchen. Hier wird ununterbrochen neues Leben geschaffen. Wir beginnen immer am Anfang. Erneut ist der Moment gekommen. Wir leben so interessant – immer aufs Neue, immer jagen wir etwas hinterher. So baut man Selbstvertrauen auf.

SIE: Ich verstehe nicht, warum du für deine eigenen Probleme die Schuld bei anderen suchen mußt.

ER: Und ich verstehe nicht, warum ich mich immer selbst opfern muß, immer verzichten muß, um es zu behaupten, dieses ... Nichts? Wieso soll ich nicht jemand anderen beschuldigen, statt mich selbst für alles zu geißeln wie ein verachtungswürdiger armer Teufel?

SIE: Wenn du darüber nachdenkst, sind wir einer Meinung in Bezug auf die Freiheit des Individuums.

ER: Aber wir sind nicht so einmütig in Bezug auf das Individuum in unserer kleinen familiären Einheit.

SIE: Einer ihrer Vertreter – unsere Tochter – hat bereits beschlossen, sie zu verlassen und ihren Weg selbst zu suchen.

ER: Ich sehe nicht, was sie Besseres hätte tun können.

SIE: Natürlich siehst du das nicht. Für dich war das die einzige Lösung.

ER: Und sie ist es noch immer.

SIE: Dich interessiert nicht, was aus ihr wird!

ER: Im Gegenteil, es interessiert mich. Das, was geschieht, ist, daß sie die Möglichkeit hat, ihr Leben selbst zu leben.

SIE: Ja. Nur weit weg von uns. Ohne daß ich weiß, was mit ihr geschieht. Sie soll unsere Gesichter nicht sehen, auf denen man wie von einer vergilbten Seite in der Zeitung lesen kann.

ER: Es wäre viel natürlicher, wenn du nicht so viele Anstrengungen unternehmen würdest, um alles zusammenzuhalten.

SIE: Denkst du so?

ER: Ja. Wenn man versucht, zumindest ein bißchen natürlicher zu sein, nein, aufrichtiger vielleicht, dann wird man es leichter haben, sowohl mit sich selbst, als auch mit den anderen.

SIE: Da steckt ein Körnchen Wahrheit drin, weißt du. Nur daß mir scheint, daß es schon ein bißchen zu spät ist für diese Aufrichtigkeit. Ihr unerwartetes Auftreten nach so langer Unterdrückung würde eher zerstörerische Folgen haben.

ER: Ich bin bereit, das Risiko einzugehen.

Sie sehen sich lange an.

129

SIE: Geben wir uns einen kleinen Aufschub. Die Zeit wird uns jetzt wohl kaum reichen. Ich muß aus dem Haus ... Nutze du die Zeit sinnvoll ...

Schweigen. Sie bereitet sich langsam vor und geht hinaus. Er ist allein. Musik ertönt. Verdunklung.

* * *

Eine Szene, die überall spielen könnte. Er trifft sich mit Sie 1. Es ist die einzige Szene mit Sie 1.
Sie 1 und Sie können ein und dieselbe Frau sein.

ER: Warum hast du mich gerufen?
SIE 1: Das Piano. Wie üblich.
ER: Ich verstehe nicht, wozu du mich brauchst. Ihr macht es einfach kaputt. Ich verstehe nicht, warum ihr es an dem Instrument auslaßt!
SIE 1: Wir benutzen es auch zum Sex.
ER: Und wie ist es?
SIE 1: Naja, es ist ein bißchen hart. Aber nur am Anfang.
ER: Wie steht er zu dir?
SIE 1: Warum fragst du?
ER: Einfach aus Neugierde.
SIE 1: Was denkst du?
ER: Eheleute verhalten sich nicht so.
SIE 1: Und wie verhalten sie sich dann?
ER: Ich weiß es nicht. Jeder verhält sich so, wie es ihm gefällt.
SIE 1: Mir gefällt es nicht.
ER: Zumindest sieht es so aus.
SIE 1: Du denkst sicher, daß wir irgendwelche Sadomasos sind.
ER: Naja, das nun auch wieder nicht.
SIE 1: Wirst du zurechtkommen?
ER: Ich habe überhaupt nicht die Absicht.
SIE 1: Das scheint mir auch so. Worauf wartest du dann?
ER: Ich weiß es nicht. Ich bin Musiker. Es ist irgendwie traurig.
SIE 1: Oh, meinst du? Das wußte ich nicht. Du magst den Anblick des Schlachtfeldes mit den herumliegenden Überresten eines toten Körpers nicht ... eines musikalischen toten Körpers. Komm und hilf mir.

ER: Sie sehen fast aus wie menschliche Überreste.
SIE 1: Von einem menschlichen Körper. |*lacht*| Es erinnert dich an meinen Körper ... Oder an deinen. Wie stellst du dir deinen zerfleischten Körper vor?
ER: Du bist verrückt, nicht wahr?
SIE 1: Nicht mehr als du. Ich stelle mir meinen von Leidenschaft zerrissenen Körper jedes Mal vor, wenn ich beginne, Piano zu spielen. Es bereitet mir Vergnügen. Die Welle schwillt stetig an, bis sie mich völlig überwältigt. Ich weiß einfach nicht, was mit mir geschieht. Und ausgerechnet dann muß er um mich herum schleichen. Er tut das mit Absicht ...
ER: Er ist dein Mann. Das ist normal.
SIE 1: Nein, er reizt mich genau dann, weil er weiß, was ich fühle. Ich habe ihm gesagt, er soll nicht hinter mir stehen, wenn ich spiele. Aber nein! Er ist eifersüchtig wie ein Tier. Er weiß, daß er mir diese Leidenschaft nie ersetzen kann. Und er beginnt, mich zu reizen. Genau so. Mich zu ärgern. Er hindert mich am spielen. Er beginnt, mich zu umgarnen wie ein unbefriedigter Einzelgänger auf der Balz. Solang, bis er mich aus dem Gleichgewicht gebracht hat.
ER: Und was passiert dann?
SIE 1: Das hast du doch gesehen!
ER: Ich spiele auch ... Saxophon.
SIE 1: Mhm ... Ach so? Ich liebe Saxophon. Nein, du liebst Saxophon. Ich mag es, wenn jemand darauf spielt. Langsam ... sehr zärtlich ... tiefer Klang. Aber ja, du liebst es wirklich, nicht wahr?
ER: Ich liebe es. Sehr sogar ... Es gibt mir das Gefühl, ganz zu sein, vollendet, Teil von etwas sehr ... Ich glaube nicht, daß man es in Worte fassen kann. Ich kann meine Form in jedem einzelnen Moment verändern. Ich fließe zusammen mit der Musik von einem Gefühl in ein anderes ...
SIE 1: Du bist ein unglaublicher Musiker. Du hast Talent, und du weißt es.
ER: Was tust du? Was tun wir?
SIE 1: Das, was wir brauchen. Ich bin ein zerrissener Körper, dessen Teile du jetzt einsammelst.

ER: Nein, ich kann niemandes Teile einsammeln. Verstehst du? Ich kann nicht. Ich habe keine Kraft. Mein Körper braucht auch ...

SIE 1: Liebe.

ER: Spiel nicht mit den Worten wie mit den Tasten des Klaviers.

SIE 1: Mein Körper schmerzt. Verstehst du? Er tut mir weh! Alles tut mir weh.

ER: Ich hatte ein Saxophon. Vor sehr langer Zeit. Vor vielen Jahren.

SIE 1: Wo ist es jetzt?

ER: Es ist nicht da. Es war ein unglaubliches Instrument. Es strahlte mit einem besonderen, verstummten Glanz, wie die zauberhaften Töne, die es von sich gab. Ich habe auf vielen Saxophonen gespielt. Keines von ihnen war wie dieses. Es war einzigartig. Es paßte zu mir, als hätten wir jahrelang nacheinander gesucht. Der Klang paßte zu mir. Er erinnerte an ... Ich spielte nicht. Die Musik brachte sich selbst hervor. Es bedurfte sehr wenig, wir mußten nur den Rhythmus finden, und ... Ich bin nicht nur Musiker. Oder ich war es nicht nur. Mit ihm improvisierte ich, komponierte ... Später reiste ich ab, und es ging verloren.

SIE 1: Das verstehe ich nicht. Wie ging es verloren?

ER: Ich studierte in Paris. Ich machte meinen Abschluß und stieg ins Flugzeug. Unterwegs ging mein Gepäck verloren. Das war es. Ich kam an, und mein Saxophon ging verloren.

SIE 1: Aber du bist es nicht.

ER: Bin ich nicht? Woher willst du das wissen?

SIE 1: Ich traf einen Mann. Den einzigen Mann. Danach wurde er mein Mann, und ich verlor ihn. Jetzt muß ich Piano spielen. Und ich kann ihn trotzdem nicht zurückholen.

ER: Du hast zumindest ein Piano.

SIE 1: Ha, ha, ha. Ja, komm und spiel ein wenig. Du kannst es reparieren, nicht wahr? Du kannst diesem Körper von neuem eine Melodie entlocken.

ER: Hör auf.

SIE 1: Komm und spiel. Du wolltest es doch?

ER: Du bist doch verrückt.

SIE 1: Warte. Wohin willst du?

ER: Spiel selbst auf diesem Piano. Verrückte!
SIE 1: Wozu bist du dann überhaupt gekommen? Wozu? Ich sei verrückt. Verschwinde!

* * *

Spät am Abend.
SIE: Ist das neu? Es ist mir unbekannt.
ER: Alte Melodien. Ich versuche, mich an sie zu erinnern.
Er spielt. Macht einen Fehler. Hört auf.
SIE: Es ist interessant.
ER: Ich fühle mich ausgetrocknet. Als sei meine Seele ausgetrocknet und verstummt. Ich höre nicht einmal die Hälfte dessen, was ich einmal hören konnte.
SIE: Ich habe mich immer, wenn ich deine Texte lese, darüber gewundert, was du in der Musik zu hören und zu empfangen in der Lage bist. So als würdest du die Musik von neuem schreiben.
ER: Das ist etwas anderes. Vielleicht ist es sogar die Offenbarung von Komplexen.
SIE: Manchmal verstehe ich dich nicht.
ER: Gut, eine Kompensation für das, was ich selbst nicht erschaffen und spielen kann.
SIE: Du willst behaupten, daß man, je besser man als Kritiker oder Theoretiker ist, desto gleichsam wütender das riesige Verlangen, selbst der Autor zu sein, abreagiert?
ER: Oder der gute Autor ist ein schlechter Kritiker ... Banal, bekannt, langweilig und unbeweisbar ... Ich wollte nur etwas nicht für mich selbst sagen, aber es ist mir nicht gelungen.
SIE: Versuch es noch einmal.
ER: Ich habe meinen Glauben daran verloren, daß ich immer noch komponieren kann.
SIE: Schau, wie einfach es doch gewesen ist.
ER: Manchmal brauchst du Hilfe, um dich zu erinnern, du brauchst eine Genehmigung ... Wer hatte das gesagt? Sonst kommt es zu Mißbrauch ...
SIE: Ich erinnere mich nicht. Einer der Schlaumeier des 20. Jahrhunderts. Sicher hat er es in der Psychoanalyse erfahren.
ER: Wir mißbrauchen uns selbst, unsere Gefühle, unsere Möglichkeiten jeden Tag. Am Ende werden wir unbrauchbar ...

SIE: Wenn du den Drang und deinen jugendlichen Enthusiasmus aus Pariser Tagen suchst, fürchte ich, daß du recht hast ...
Sie geht im Dunkeln. Es ist ganz still.
ER: Du kommst spät. Was war in der Redaktion los?
SIE: Tja, ich suche den Drang meines jugendlichen Enthusiasmus aus Sofioter Tagen der gleichen Zeit, in der auch du gräbst. Zu der Zeit, als du die Pariser Cafés und die Hörsäle der berühmten Musikakademie besucht hast ...
ER: Und durch meinen Brustkorb die Töne meines Herzens herausgeblasen habe, seine Erregung und seine Geheimnisse. Ich habe jener Palette von Hoffnungen Töne entlockt, wenn das Leben vor dir liegt und die Leiden der Liebe den scharfen Geschmack von Absinth haben ... und die bittere Süße von dunkler Schokolade ...
SIE: Willst du mir jetzt von deinen Liebesabenteuern erzählen ... Ich bedaure, aber ich habe nicht die Absicht, dir bei dieser Reise durch die Erinnerungen beizustehen. Es erweckt in mir das Gefühl, mit einem Flugzeug von einem Luftloch ins nächste zu fallen, und das verursacht mir Magenkrämpfe und Übelkeit.
ER: Du wolltest mir wahrscheinlich erzählen, wie viel glücklicher du hier unter den blühenden oder unter den herbstlichen Sofioter Kastanien gewesen bist, beide sind sie schön ... Du hast Bücher über Paris gelesen und beim unerreichbaren Montmartre geseufzt ... Statt vom Zauber der Klänge warst du gefangen von der Magie der Worte ...
SIE: Später dann kam ein Augenzeuge, um die Vorstellung noch spürbarer zu machen ...
ER: Die Träume erhielten realere Umrisse, danach verblaßten sie ... die zarte Melodie von fernen Orten begann langsam, banal zu werden, sich zu wiederholen ...
SIE: Und, wie du dich auszudrücken pflegst, ging über in einen dumpfen Diskant.
Pause.
ER: Der dumpfe Diskant kann der Musik Dramatik verleihen und ... ein verborgenes Gefühl, ein lange unterdrücktes und deformiertes Gefühl.
SIE: Sie ist schön und leidenschaftlich.

ER: Wer?
SIE: Wie weit seid ihr gekommen?
ER: Von wem sprichst du?
SIE: Von der Frau mit dem verstimmten Piano.
ER: Oh, sie ist verrückt, ungezügelt und leidenschaftlich. Ihr Sex ist wie ein Sturzbach, nein, wie eine Feuerwalze, die dich unter sich begräbt, erstickt ...
SIE: Und wie ist meiner?
ER: Ich kann mich nicht erinnern. Warum kann ich mich wohl nicht an diese Melodie erinnern? Sie ist irgendwo tief in dir verstummt.
SIE: Oder vielleicht in dir ... Weil dein musikalisches Gehör abgenommen hat bis zur Taubheit.
ER: Oder weil ich sie seit Ewigkeiten nicht mehr gehört habe.
Das Telefon klingelt. Keiner hebt ab. Es klingelt erneut.
SIE: Hallo. Grüß dich, Liebes. Ich höre dich schlecht. Heute konnte ich dich nicht hören und ... Mir geht es gut. Nein, ich weiß es noch nicht. Danke. Er ist hier. Ich werde ihn dir geben. Wie geht es dir? Wirklich? Kommst du bald nach Hause? Du fehlst mir so ...
ER: Ja, Liebes. Ich bin zu Hause. Ich habe mich noch nicht entschieden ... Gut ... Nein, ich kenne ihn nicht. Ich würde mich freuen. Ich küsse dich. Ja, gut. Ein andermal. Bis bald.
Pause.
SIE: Was hat sie gesagt?
ER: Nichts. Wir haben kleine Geheimnisse.
SIE: Sie hat dich gefragt, ob du wieder mit deinen kleinen Freunden spielen wirst, nicht wahr?
ER: Mmm. Ist das nicht einerlei?
SIE: Die Tochter ihres Vaters. Sie will, daß du spielst, und basta. Niemand denkt an etwas anderes. Niemand denkt an mich ...
ER: Wir denken nicht an dich. Dieser Niemand ist eigentlich jemand, und dieser Jemand interessiert dich nicht. Es interessiert dich nur, daß wir nicht an dich denken, während du zu Hause sitzt. Eine unglückliche und vernachlässigte Gefangene in den eigenen vier Wänden. Ein Opfer der Familie ... Und was noch? Los, du bist besser in der Beherrschung der Sprache.

SIE: Und was noch? Naja ... als du glücklich warst, war ich es nicht. Ich war eine einsame Träumerin. Ich liebte die langen Spaziergänge und die leeren Cafés ... Und weißt du, warum ich das Meer am meisten liebte? Nicht nur wegen des bitteren Geruchs nach Wasser und Algen, nicht nur wegen der Magie seiner Wellen. Nein ... dort fühlte ich eher meine Einsamkeit, so riesig und endlos wie das Weltall. Alles verschwindet. Mein Leben, mein ganzes Wesen verschwindet, es verschwindet und fließt mit diesem Weltall zusammen. Du willst nicht, daß dich dieses Gefühl verläßt, weil es dich zurück zu den anderen bringen wird und ... zu deiner kleinen, kalten Einsamkeit.
Pause.
ER: Das klingt für mich wie Musik ... Ich habe Lust, es dir vorzuspielen.
Er beginnt, eine Melodie zu spielen.
SIE: Laß es, ich bitte dich ... Später, als wir zusammen am Meer waren, hatte ich das Gefühl, daß ich ihm untreu geworden bin, oder daß ich mir selbst untreu bin. Deine Berührung, deine Hand auf meiner Schulter, während ich vor mich hin starrte, brachte mir etwas anderes ... Ich wollte alles mit dir teilen. Und die Einsamkeit war keine Einsamkeit, sondern eine Zweisamkeit, die dich trägt, dich verschluckt. Du siehst Farben, fühlst Klänge, Düfte ... Du wirst Teil einer anderen kleinen Welt.
ER: Du hörst Musik.
SIE: Nun ja, ich hörte deiner Musik zu.
ER: Ich hörte dir zu.
SIE: Nicht nur am Meer, natürlich.
Pause.
SIE: Jetzt will ich verreisen ... Alleine verreisen und in mich selbst hineinhorchen.
ER: Du kannst es auch hier hören. Du wirst sehen, daß du einsam bist, neben einem Mann, so wie damals ... Ob du zumindest für einen Augenblick an seine Musik geglaubt hast und deine Worte synchron dazu geklungen haben, oder ...
SIE: Du bist einfach ein egoistischer und in dich selbst versunkener Träumer. Du schwebst in den rosa Nebeln der Vergangen-

heit, und dein Alltag ist nur eine langweilige und fordernde Lebensweise!
ER: Wir sind wieder dorthin zurückgekehrt, von wo wir ausgegangen sind. Egoistisch, natürlich. Denkt nur an sich selbst und spielt. Er spielt dauernd, etwas anderes hört er nicht. Deshalb ist er auch taub geworden. Sicher von der Musik. Fast wie ein Beethoven.
SIE: Beethoven! Natürlich, Beethoven! Wieso bin ich nicht selbst darauf gekommen? Das verkannte heimische Genie. Von Zeit zu Zeit kannst du ihn auf den Seiten der Zeitung sehen oder mit einer Fliege auf einer Society Party ... Immer seltener.
ER: Allein ...
SIE: Und immer öfter, oder jeden Tag, schlägt er auf verstimmte Pianos ein. Er hat das Gehör für den falschen Ton geschärft. Alles um mich herum verwandelt er in eine falsche, langweilige Melodie. Pardon, eine eintönige.
ER: Deshalb ist heute gleichsam eine neue Saite erklungen.
SIE: Man hörte ein seit langem vergessenes Thema. Ob es nicht besser wäre, dieses Gespräch abzubrechen.
Pause.
ER: Gestern abend ...
SIE: Ich wollte dir sagen, daß ...
ER: Etwas ist geschehen.
SIE: Ich will es nicht mehr wissen. Ich gehe fort.
Pause.
ER: Und die Redaktion?
SIE: Sie wird warten müssen.
ER: Ich kann dir nichts sagen.
SIE: Du kannst bis in den Morgen hinein spielen. Keiner wird auf dich warten, keiner wird dir Szenen machen ...
ER: Ganz genau. Ich werde von Zigarettenrauch und dem Aroma von warmem Bourbon eingehüllt spielen, ich werde langsam einen Schluck nehmen, versunken in die Wonne geliebter Klänge, Freiheit und ... Schuldgefühl. Ist es das, was du willst?
SIE: Ganz genau. So als hättest du es in deiner Vorstellung gesehen, Tag für Tag, Nacht für Nacht ...
Das Telefon klingelt.

SIE: Hallo. Hallo. Wen wollen Sie sprechen? Sie haben sich verwählt.
ER: Sie haben sich verwählt.
SIE: Nein, ich habe mich nicht verwählt. Vielleicht habe ich oft die falsche Wahl getroffen. Als ich dich unser Kind verhexen ließ. Als es mir nicht gelang, sie zu beschützen, sie auf das Leben vorzubereiten, das sie erwartet. Es ist nicht das, worüber ihr so viel gesprochen habt. Ich wollte mich nicht einmischen. Ich habe es dir überlassen, dich um sie zu kümmern ...
ER: Sie ist auf das Leben sehr viel besser vorbereitet als du oder ich, und nicht nur ich habe sie darauf vorbereitet.
SIE: Es war ein Fehler, daß ich mich so lange selbst getäuscht habe. Ich hatte gehofft, daß du dich mit dem abfinden würdest, was du hier hast, daß du mit dem Leben kämpfen würdest, so, wie es ist, hier und jetzt. Daß du dich von den Illusionen und Täuschungen trennen würdest und auch mich so akzeptieren würdest, wie ich bin, und nicht so, wie du mich ausgedacht hast. Du gibst dir nicht einmal die Mühe, mich zu kennen – meine Gewohnheiten, die Dinge, die ich mag, die Dinge, die ich nicht mag. Meine kleinen Launen und Voreingenommenheiten haben sich allmählich in unüberwindbare Wände aus verknöcherten Vorurteilen verwandelt. Ich habe mich einfach zu schützen versucht ... Ich will nicht in Selbstmitleid verfallen.
ER: Gut. Das ist zuviel.
Das Telefon klingelt.
ER: Hallo ... Man hört nichts.
Es klingelt wieder.
SIE: Was wollen Sie? ... So einen gibt es hier nicht! Wer ist da? Was ist denn heute abend los? Erst auf schlechtem englisch, dann auf französisch. Sie wollen irgendeinen Mister sprechen ... Eigentlich, ja, vielleicht wollten sie dich sprechen. Ich habe einfach nicht so schnell geschaltet.
ER: Das macht nichts, sie werden wieder anrufen.
SIE: Es war eine Frauenstimme.
ER: Das ist sicher ein Scherz.
Pause.
SIE: Ich werde gehen.

ER: Um diese Zeit. Bist du sicher?
SIE: Es muß sein.
Sie stehen da. Verdunklung. Sie geht hinaus. Musik. Er zieht sich etwas über und folgt ihr.

* * *

Es sind zwei Monate vergangen.
Sie steht allein im Dunkeln. Er kommt herein. Er macht mit dem Feuerzeug Licht, um sich zu orientieren. Sie schweigt und sieht ihn an. Plötzlich leuchtet er sie an und zuckt zusammen.
ER: Bist du es? Was machst du im Dunkeln.
SIE: Hast du jemand anderen erwartet?
ER: Heutzutage ist es gefährlich. Es laufen alle möglichen Leute herum. Sie rauben Wohnungen aus.
SIE: Vorsicht, ich bin bewaffnet.
ER: Ich habe keine Angst. Ich werde das Licht anmachen.
SIE: Und warum schleichst du dich im Dunkeln ein?
ER: Das Licht reizt mich. Manchmal ist dieser Übergang vom Dunklen ins Helle für mich unerträglich. Wann bist du angekommen?
SIE: Vor einiger Zeit. Ich habe mich umgeschaut und mir überlegt, was ich stehlen würde, wenn ich ein Einbrecher wäre. Ich habe nichts entdeckt.
ER: Bist du deswegen zurückgekommen? Und warum im Dunkeln?
SIE: Ich kenne jeden Winkel. Ich kenne jeden Gegenstand. Ich kann mich auch mit geschlossenen Augen bewegen.
ER: Ja und? Hast du etwas entdeckt, für das es sich lohnen würde zurückzukommen?
SIE: Nein, das, was es wert wäre, ist nicht da.
ER: Aber trotzdem bist du zurückgekommen.
SIE: Ich habe immer gewußt, daß du einen ausgesprochenen Sinn für Humor hast, der sich in den passendsten Momenten zeigt.
ER: Wie glücklich ich bin, daß du meinetwegen zurückgekommen bist.
SIE: Und ich, daß du mich so hartnäckig gesucht hast.
ER: Ich habe keine Kraft mehr.
SIE: Was tust du hier um diese Zeit? Bist du nicht im Klub?
ER: Ich hatte etwas vergessen.

SIE: Du bist zurückgekommen und hast etwas anderes gefunden.
ER: Ach so?
SIE: Nein!
ER: Auch du bringst deine Scherze an passender Stelle an.
SIE: Warum habe ich das Gefühl, daß das, weswegen wir zurückkommen oder was wir vergessen haben, nicht hier ist.
ER: Ich weiß nicht, was du meinst, aber ich bin dieses Rätselraten und diese Andeutungen leid.
SIE: Hast du mir etwas zu sagen?
ER: Ich?

Sie schweigt.

ER: Du tauchst unerwartet auf. Du suchst weiß Gott was. Du versinkst in enigmatischem Halbdunkel und fragst mich, ob ich dir etwas zu sagen habe!
SIE: In seinem eigenen Haus aufzutauchen ist natürlich unnatürlich. Noch mehr ohne Erlaubnis und Vorwarnung! Du erwartest einen anderen Auftritt.
ER: Ich bitte dich, laß uns hier aufhören.
SIE: Wo ist sie?
ER: Was? Was ist los mit dir?
SIE: Ich weiß es nicht. Das Telefon klingelt und man legt auf. Sie fragen ununterbrochen in verschiedenen Sprachen nach dir. Wer und warum? Meine Tochter ruft nicht an! Wo ist sie? Sag du mir, was los ist!
ER: Setz dich erst einmal ein bißchen. Ganz ruhig und eins nach dem anderen. Bist du einverstanden?
SIE: Sieh mich nicht so an. Glaubst du, ich bin paranoid?
ER: Nein. Du bist nervös.
SIE: Jemand sucht dich sehr nachdrücklich.
ER: Gut. Ich bin hier. Ich werde ans Telefon gehen.
SIE: Wer?
ER: Ich weiß es nicht. Ich habe keine Geliebte im Ausland.
SIE: Ich weiß. Sie ist hier. Viel näher.
ER: Ich weiß nicht, wovon du sprichst.
SIE: Du glaubst wohl, ich verstehe nicht, nicht wahr?
ER: Nein, ich verstehe nicht ...
SIE: Ich spüre ihre Anwesenheit in der Luft ...

ER: Das ist nur deine Phantasie. Du weißt, daß du davon im Überfluß hast.
SIE: Ich versuche schon, eine klare Abgrenzung zwischen ihr und der Realität zu machen. Ich rate dir, es auch zu tun ... Ich weiß, daß sie existiert.
ER: Hier ist niemand. Hast du dich nicht umgesehen?
SIE: Machst du dich über mich lustig ... Wenn ich hier etwas suche, dann ist es mein Kind.
ER: Mein Gott, du denkst doch nicht etwa, daß sie sich vor dir versteckt?
SIE: Ich weiß nichts mehr. Ich habe sie verloren.
ER: Sie ist dort, wo sie mit unserem Segen sein soll. Sie studiert und lebt weit weg von hier. Wir haben es ihr unter großen Mühen ermöglicht.
SIE: Und Opfern. Hast du mich gefragt, ob ich dieses Opfer bringen will. Habt ihr mich gefragt?
ER: Wir haben das Beste für sie getan. Du glaubst daran. Wir alle glauben daran.
SIE: Rede es mir nicht ein. Sprich nicht mit mir wie mit einem Idioten. Wofür hältst du mich?
ER: Glaube mir, nur für die Mutter meines Kindes.
SIE: Oh ja, natürlich. Ein benutzter, abgenutzter, unnützer Elternteil. Eine beschränkte und spießbürgerliche Hausfrau. Abhängig und alle in Abhängigkeit halten wollend. Ihren empfindlichen Ehemann, ihre talentierte kosmopolitische Tochter, einfach weil ihr nichts anderes übrigbleibt. Leer.
ER: Warum tust du dir das alles an? Willst du hören, was ich geschrieben habe? Heute abend hätte ich es das erste Mal in der Bar spielen sollen.
Er setzt sich ans Piano und beginnt, leise zu spielen. Es beginnt allmählich, überzeugter zu klingen.
SIE: Ich kann keine Pianomusik mehr hören. Es tut mir weh.
ER: Es tut mir so leid, daß du sie nicht auf dem Saxophon hören kannst. Ich würde sie dir gerne vorspielen. Das ist Musik für ein Saxophon.
SIE: Ich habe nur wenig vom Leben erwartet. Einen Ehemann, der mich liebt. Daß er sich von allen um mich herum unterschei-

det. Daß er mir das gibt, was mir gefehlt hat. Daß er mir den Glauben an dieses Leben zurückgibt. Ein Kind, das ich gebäre und das wir mit Liebe großziehen. Eine Familie, die mich braucht und für die ich alles tun würde. Ist das zuviel verlangt? Jetzt habe ich nichts. Nichts ist mir geblieben.

ER: Hör ein wenig zu ...

SIE: Jetzt habe ich etwas anderes. Ich arbeite in einem prestigeträchtigen Verlagshaus. Ich siebe die Talente aus einem Haufen von Nichtskönnern aus. Ich lasse Köpfe rollen und kröne Genies. Was für eine Ehre. Wie würdig und notwendig für die kommenden Generationen. Ich kann Geschmäcker und Interessen kontrollieren. Unterschätze mich nicht.

ER: Nicht ich, du unterschätzt dich. Du bist nie vor dieser Wahl gestanden. Niemand hat dich gezwungen, das eine oder das andere zu tun. Du hast selbst entschieden.

SIE: Ich habe also entschieden, so lange ohne Arbeit zu Hause zu bleiben.

ER: Ich rede nicht von dem, was nicht von dir abhängt.

SIE: |*lacht hysterisch*| Und was hängt von mir ab?

ER: Das, was du tust. Sogar jetzt in diesem Moment.

SIE: |*lacht weiter*| Und wo ist meine Tochter?

ER: Fängst du wieder an?

SIE: Wo ist sie, frage ich dich?!

ER: Muß ich dir darauf antworten?

SIE: Du hast sie mir weggenommen, nicht wahr? Tag für Tag. Schritt für Schritt, bis heute ...

ER: Warum verwandelst du die Geschichte unseres Lebens in eine Schlacht um unser Kind? Das ist weder uns, noch ihr gegenüber fair. Außerdem ist es nicht wahr.

SIE: Dich ruft sie jeden Tag an, und an mich denkt sie nicht einmal. Sicherlich hat sie nicht einmal mitbekommen, daß ich nicht da bin.

ER: Ich verstehe nicht, warum du so bösartig bist. Natürlich weiß sie, was mit uns passiert, und sie macht sich Sorgen.

SIE: Um dich.

ER: Um dich. Mit mir kann sie wenigstens telefonieren, aber zu dir hat sie keinen Kontakt. Du rufst sie nicht an, du schreibst ihr nicht. Warum? Versteckst du dich? Daß du dich vor mir versteckst, kann ich verstehen, aber warum versteckst du dich vor ihr? Du hast weder eine Telefonnummer noch eine Adresse hinterlassen, wo man dich erreichen kann. Du sitzt alleine da und kaust auf deinen Fingernägeln herum, wirst immer bösartiger in deiner Einsamkeit. Und hast du an uns gedacht? Wie denkst du, fühlt sie sich so weit weg von uns? Ohne daß ihr jemand erklärt ...

SIE: Wer ist denn daran schuld? Was könnte ich ihr erklären? Daß ihr Vater eine Geliebte hat und ihre Mutter im fortgeschrittenen Alter erfolglos nach sich selbst sucht? Was würdest du ihr erklären?

ER: Ich will nicht, daß wir jetzt über Schuld sprechen.

SIE: Du willst es nicht, aber du machst mir Vorwürfe.

ER: Warte. Nicht ich mache dir Vorwürfe, du machst mir Vorwürfe.

SIE: Weil du es so gewollt hast, damit sie weit weg von mir ist. Weit weg von meinem schädlichen Einfluß. Weit weg von meiner Kontrolle. Weit weg von meiner Liebe ... |*beginnt zu weinen*| ... Ich kann sie nicht mehr berühren, ich kann sie nicht küssen, ihren Kopf in meinen Schoß legen – damit sie mir erzählt und ich ihr zuhöre und sie verstehe oder beruhige.

ER: Mir fehlt sie auch.

SIE: Dir wäre doch am liebsten, ich wäre auch nicht da.

ER: Ich wollte einfach ein Freund für sie sein, ich verstehe nur nicht, warum du immer solche Angst davor gehabt hast. Du bist auf unsere eigene Tochter eifersüchtig. Und warum? Was denkst du, wie sie sich fühlt?

SIE: Deshalb ist sie also fortgelaufen.

ER: Wie oft soll ich dir noch sagen, daß sie nicht fortgelaufen ist. Wenn jemand fortgelaufen ist, dann bist du es.

SIE: Ja. Du hast sie dazu gebracht, daß sie all diesen Blödsinn über mich glaubt. Gib es zu!

ER: Ich bin sehr müde. Wenn du willst, reden wir morgen weiter.

SIE: Nein. Es gibt kein Morgen. Jetzt sag mir, ob es das ist, was ihr über mich gesprochen habt. Die ganze Zeit über habt ihr mich als eifersüchtige, kranke, hilfsbedürftige Verwandte angesehen.

ER: Warum fragst du sie nicht selbst, statt dich auf mich zu stürzen? Da ist das Telefon. Ruf sie an, und stelle ihr alle deine Fragen. Los.

SIE: Nein. Ich bitte dich, laß das Telefon! Wie kannst du es wagen, sie zu beunruhigen? Kommt dir nicht in den Sinn, daß es sie verletzen wird?

ER: Ich denke, daß du schon lange mit ihr wie mit einem erwachsenen Menschen hättest reden sollen. Sie ist schon längst kein Kind mehr. Warum versuchst du nicht einfach, mit ihr zu reden?

SIE: Jetzt? Am Telefon! Ich rufe sie an und sage ihr, daß es mir um all die Jahre, die wir verpaßt haben, schrecklich leid tut. Es tut mir leid, daß ich in meiner Angst, die Menschen, die ich liebe, zu verlieren, gerade diese Menschen zurückstoße, statt sie zu liebkosen, und je tiefer ich in diesen Teufelskreis hineingerate, desto mehr beginne ich, mich selbst zu hassen, wobei ich sie in dem Glauben lasse, daß ich sie hasse.

ER: Wir haben alle Angst ... Wenn wir in unserer Angst mit Armen und Beinen strampeln, verletzen wir sowohl uns selbst, als auch diejenigen, die wir lieben.

SIE: Hast du ihr gesagt, daß es eine andere Frau gibt?

ER: Es gibt überhaupt keine Frau.

Das Telefon klingelt. Er nähert sich ihr.

SIE: Dann werde ich es ihr sagen!

ER: Das ist es also?

Das Telefon klingelt. Er geht hin. Das Telefon klingelt weiter. Er nimmt den Hörer ab.

ER: Hallo. Ich bin es. Nein, ich bin nicht alleine. Ja.

SIE: Sie ist es, nicht wahr? Die andere Frau. Das hattet ihr nicht eingeplant, daß ich hier bin.

Er gibt ihr den Hörer.

SIE: Nein! Nicht jetzt. Ich kann jetzt nicht.

Er geht hinaus. Das Licht geht aus.

* * *

Es kommen Sie und Er 1 herein. Ort und Zeit sind nicht genau festgelegt. Genauso wie Sie und Sie 1 können auch Er und Er 1 von ein und demselben Schauspieler gespielt werden.

ER 1: Los, komm.

SIE: Warte ein bißchen, ich bitte dich.
ER 1: Entspann dich.
SIE: Es geht mir gut.
ER 1: Wirklich? Jetzt sind wir allein. Es ist niemand anderer hier.
SIE: Ich bin müde. Ich habe wohl zuviel getrunken.
ER 1: Hast du nicht. Du bist schön so. Lebendig, weich. Leg deine Rüstung endlich ab.
SIE: Welche Rüstung?
ER 1: Den Schutzpanzer. Immer schützt du dich vor etwas, vor jemandem.
SIE: Schütze du dich besser.
ER 1: Wohin fliehst du, vor wem?
SIE: Jetzt reicht es aber. Es war ein schöner Abend, aber er ist zu Ende.
ER 1: Du hast so schön getanzt. Ich hatte nicht erwartet, daß du so sein könntest.
SIE: Ich tanze gerne. Ich habe es so lange nicht mehr getan.
ER 1: Warum wolltest du dann nicht in die Bar gehen? Wir hätten noch ein wenig tanzen können.
SIE: Ich mag keine Bars.
ER 1: Das macht nichts, wir können auch hier tanzen.
SIE: Ich habe sie nie gemocht.
ER 1: Warum? Du weißt gar nicht, was du verpaßt.
SIE: Meinst du wirklich?
ER 1: Ja. Normalerweise ist es warm und halbdunkel. Selbst wenn du nicht tanzt, kannst du etwas trinken und dich alleine geborgen fühlen.
SIE: Ich bin zu Hause genug allein, ich brauche in keine Bar zu gehen, um es anders zu empfinden.
ER 1: Aber es ist nicht so gemütlich.
SIE: Hör auf! Das sind bloß Hirngespinste.
ER 1: Ich verehre deine gesträubte Verletzbarkeit. Dahinter schimmert eine verletzte Zärtlichkeit durch. Ich weiß, was das bedeutet.
SIE: Ach so? Ich beneide dich. Ich weiß es nicht mehr. Warum bist du dann nicht in die Bar gegangen?
ER 1: Stell dich nicht dümmer als du bist! Ich wollte mit dir zusammen sein. Ist das nicht offensichtlich? Und ich werde wohl kaum

bald wieder die Chance haben, die seriöse, geschäftige Chefredakteurin zu entführen.

SIE: Da hast du recht.

ER 1: Sei nicht so kategorisch. Deine Abneigung gegen Bars und Einsamkeit gibt mir eine gewisse Hoffnung. Hast du dich etwa oft alleine an solchen Orten befunden?

SIE: Ich? Nein, aber andere haben es getan.

ER 1: Aha, wir sind in tiefes Wasser geraten.

SIE: Passiert dir das oft?

ER 1: Das würde ich nicht behaupten, aber ich habe dir schon gesagt, daß ich diese Orte mag.

SIE: Schade. Wir haben verschiedene Interessen.

ER 1: Oh nein, nur verschiedene Gewohnheiten. Du brauchst nur die entstandene Leere in mir füllen zu wollen, und ich gehe nie wieder hin.

SIE: Ha, ha, ha. Ich tauge nicht zum Lückenbüßer. Das war ich lange genug. Nie mehr. Ich ersetze weder meine eigenen, noch fremde Bedürfnisse durch ein Surrogat.

ER 1: Daran habe ich auch nicht gedacht. Ich habe dir gesagt, daß ich weiß, was Sache ist. Ich habe auch ziemlich lange sowohl alleine, als auch nicht so alleine gelebt. Ich rede von etwas anderem. Komm!

SIE: Ich glaube, es ist an der Zeit für mich zu gehen.

ER 1: Jetzt? Laß mich diesen Augenblick noch ein wenig genießen. Ich werde dir etwas ganz Spezielles einschenken.

SIE: Ich habe schon genug getrunken.

ER 1: Probier das ... Es ist leicht, ein bißchen süß, du spürst nur einen leichten Kitzel. Es wird dir gefallen.

SIE: Danke. Das ist aber der letzte.

ER 1: Ist es gut?

SIE: Bist du alleine hier?

ER 1: Alleine. Mein eigener Herr. Eigentlich komme ich fast nicht nach Hause. Ich bin nur hier, wenn ich schlafe oder arbeite.

SIE: Bei mir ist es wohl auch so.

ER 1: Wir könnten etwas Neues ausprobieren, wenn du willst. Wir sind sowieso den Tag über zusammen.

SIE: Nur einen kleinen Teil davon!

ER 1: Wollen wir nicht kleinlich werden. Wir verstehen uns ausgezeichnet ...
SIE: Das ist ein bißchen übertrieben.
ER 1: Du erwartest doch nicht ein ständiges, naives Einverständnis in unserem Kollektiv? Es muß einen schöpferisch konstruktiven Dialog geben.
SIE: Ich wußte nicht, daß man unsere ständigen Streitereien einen schöpferischen Dialog nennt.
ER 1: Du täuschst dich! Komm, jetzt werde ich ein wenig Musik auflegen, und wir machen weiter. Kannst du mir folgen?
SIE: Ich gebe mir Mühe.
ER 1: Ich wollte sagen, daß wir den wärmeren Dialog nach der Arbeit fortführen könnten. Wobei wir heute abend den Anfang machen, zum Beispiel.
SIE: Mach diese Musik aus!
ER 1: Was ist los?
SIE: Mach die Musik aus, ich bitte dich!
ER 1: Ist ja gut, beruhige dich.
SIE: Es geht mir gut.
ER 1: Was ist mit der Musik? So ein zärtliches Saxophon. Ich dachte, daß ...
SIE: Entschuldige.
ER 1: Ist es jetzt besser? ... Willst du mir etwas sagen?
SIE: Nein. Ich verstehe eigentlich nicht, warum sich ein Mann unbedingt dazu verpflichtet fühlt, sich einer Frau anzubieten, wenn sie alleine ist. Ihr Mitgefühl anzubieten, Verständnis, Freundschaft und weiß Gott was noch!
ER 1: Das trifft nicht auf mich zu. Ich will dich einfach.
SIE: Wenn zwei Menschen alleine sind, müssen sie ein Paar werden und gegenseitig ihre Einsamkeit unterdrücken – so denken alle, nicht wahr? |*ironisch*| Es ist nicht schön, allein zu sein! Siehe da, der ist ja auch alleine. Zu zweit wird es euch besser gehen. Und wenn ich allein sein will, wenn es mir so besser geht – ist das nicht möglich?
ER 1: Es ist möglich. Manchmal fühlen wir alle uns alleine besser, aber manchmal, stell dir vor, wollen wir mit jemand anderem zusammensein. Nicht mit jedem anderen, nicht mit irgendei-

nem anderen, sondern mit einem ganz bestimmten Menschen
... So, wie ich jetzt mit dir zusammensein will. So, wie du dich
wohl gefühlt hast mit mir.

SIE: Na und? Morgen werden wir aufwachen und uns ganz weit fort
wünschen.

ER 1: Das weißt du nicht.

SIE: Ich weiß es.

ER 1: Du kannst es nicht wissen. Du hast einfach Angst. Ist es das,
wovor du wegläufst?

SIE: Ich laufe vor gar nichts weg, und ich erwarte auch nichts.

ER 1: Davor kann man nicht weglaufen. Das bist einfach du ... Bleib,
ich bitte dich.

SIE: Ich kann nicht. Ich dachte, ich könnte. Ich habe es versucht.

ER 1: Wir werden uns einfach unterhalten. Du kannst mir von den
Bars erzählen, von der Musik. Wenn du nicht willst, dann sag
mir, wovor du dich nicht fürchtest, was du magst.

SIE: Ich kann nicht.

ER 1: Du gefällst mir so, wie du bist.

SIE: Laß uns hier aufhören.

ER 1: Dann werde ich dir etwas erzählen. Womit soll ich beginnen,
mit den guten Dingen über mich, oder mit den schlechten? Ich
habe von beiden im Überfluß.

SIE: Ich kann jetzt nicht. Ein andermal ... Morgen.

ER 1: Morgen wird es etwas anderes sein.

SIE: Ja. Ja. Ich weiß. |*steht auf*|

ER 1: Es ist schon sehr spät.

SIE: Nein. Nein. Ich breche auf.

ER 1: Wohin jetzt?

SIE: Ich gehe ...

ER 1: Du bist verrückt.

SIE: Ich komme schon zurecht.

ER 1: Warte! Ich werde dich begleiten.

Sie ist schon hinausgerannt.

* * *

Es sind weitere zwei Monate vergangen.

*Er kommt herein. Er schaut sich um. Er stellt seinen Koffer ab
und setzt sich ans Klavier. Anfangs klimpert er etwas, was all-*

mählich in eine Melodie übergeht. Während er spielt, kommt sie herein und bleibt hinter ihm stehen.

SIE: Das klingt mir nicht bekannt.
ER: Es ist ganz neu. Ich arbeite gerade daran.
SIE: Es wird wohl doch noch herauskommen, daß du als Komponist besser bist als als Theoretiker.
ER: Vielleicht, aber nur für Saxophon.
SIE: Nicht, daß ich dir nicht glaube, aber ich hätte dich zumindest einmal gerne auf diesem berühmten Saxophon spielen gehört.
ER: Das wird wohl kaum mehr passieren ... Und es ist ja auch nicht da.
SIE: Was machst du hier?
ER: Ich bin gekommen, um dich zu sehen.
SIE: Ich danke dir ... Und wie sehe ich aus?
ER: Schön ... Weit entfernt.
SIE: Und müde.
ER: Und ich?
SIE: Ich hatte keine Zeit, dich genauer anzuschauen ... Nachlässig. Und traurig. Ich kann mich nicht erinnern, daß du angerufen hättest.
ER: Ich habe nicht angerufen. Das Kind hat angerufen.
SIE: Das Kind. Und du hast dauernd behauptet, sie sei kein Kind mehr.
ER: Sie ist es nicht. Eigentlich habe ich sie angerufen.
SIE: Na endlich.
ER: Was?
SIE: Endlich hast du den Mut aufgebracht.
ER: Ich habe mich nicht gefürchtet.
SIE: Ach so? Aber ich habe mich gefürchtet.
ER: Du hast dich immer gefürchtet.
SIE: Ich hoffe, du hast mit ihr nicht über uns gesprochen.
ER: Ich habe über mich selbst gesprochen.
SIE: Natürlich. Wie konnte ich nur so etwas denken?
ER: Du bist also nicht überrascht. Sie wird nach Hause kommen.
SIE: Was heißt, sie wird nach Hause kommen? Wann?
ER: Sie kommt morgen an. Sie wird nicht alleine sein.
SIE: Oho! Ihr wolltet mich überraschen. Warum hat sie mich nicht angerufen?

ER: Deshalb bin ich hier.
SIE: Deshalb also.
Das Telefon klingelt.
SIE: Ich habe verstanden. Und was jetzt?
Das Telefon klingelt. Sie hebt den Hörer beim nächsten Klingelzeichen ab.
SIE: Hallo. Ich höre. Ja. |*hört zu*| Was für eine Sendung? ... Ich habe es nicht verstanden. |*legt auf*| Bevor du gegangen bist, haben sie dich ein oder zwei Tage lang ununterbrochen am Telefon verlangt. Auf französisch, auf schlechtem englisch. Dann haben sie aufgehört. Seit gestern haben sie wieder begonnen.
ER: Warum hast du ihnen nicht gesagt, daß ich nicht mehr hier bin?
SIE: Ich weiß es nicht ... Sie haben gesagt, sie hätten an diese Adresse ein Paket für dich.
ER: Für mich? ... Ich habe dich gefragt, warum du ihnen nicht gesagt hast, daß ich nicht hier wohne?
SIE: Vielleicht, weil ich nicht weiß, wo du wohnst. Du bist einfach gegangen und hast nichts gesagt. Du bist einfach gegangen.
ER: Du willst wissen, wo ich wohne? Nirgends ... Ich schlafe in der Bar.
SIE: Unsinn.
ER: Jeden Abend gehe ich in die Bar, um zu spielen. Wenn ich fertig bin, betrinke ich mich bis zur Besinnungslosigkeit. Es wäre gut, wenn ich wirklich besinnungslos würde, aber ich schlafe einfach nur am Tisch ein. Wenn wir nicht arbeiten, trinke ich nur, bis ich am Tisch einschlafe. Morgens wache ich auf, bestelle mir einen Kaffee, wasche mich in der Toilette und gehe hinaus. Abends komme ich wieder zurück, und alles wiederholt sich.
SIE: Schau, ich habe dir gesagt, daß ich müde bin. Du weißt, was es bedeutet, in einer Redaktion zu arbeiten. Ich bin nicht in der Stimmung, mir fremdes Selbstmitleid anzuhören, ich habe eigenes im Überfluß. Wenn du sehr viel Wert darauf legst, dir herzzerreißende Geschichten auszudenken, dann schließe sie besser in Noten ein. Ich denke, das würde viel interessanter klingen.
ER: Danke. War das ein Kompliment?
SIE: Faß es auf, wie du willst. Du bist also ihretwegen zurückgekommen?

ER: Willst du denn, daß ich dir eine andere Geschichte erzähle? Wie ich mich jeden Abend einsamer gefühlt habe, bis ich wirklich begonnen habe, mich zu betrinken. Anfangs bemerkte ich es nicht. Dann begriff ich, daß dies die einzige Art und Weise ist, den Mangel an dir zu unterdrücken, wenn ich nicht spiele ... Eigentlich war ich ein glücklicher, freier Künstler! Ein Schöpfer und Magier, der die unendliche Amplitude menschlicher Gefühle empfängt und in unglaubliche, mitternächtliche Klänge verwandelt. Musik. Die Musik seines Lebens.
SIE: Soll ich dir etwas einschenken?
ER: Nein. Ich will, daß dieser Abend anders ist. Still. Ohne Musik. Ohne Alkoholdunst.
SIE: Gut. Mein Abend wird ebenfalls anders sein, deshalb werde ich mir ein wenig Alkohol einschenken. So werde ich deine Geschichte leichter zu Ende hören können.
ER: Gefällt sie dir?
SIE: Nein.
ER: Mir auch nicht. Aber mir gefällt dieser Abend. Ich will noch viele solche Abende.
SIE: Und ich habe gedacht, daß dir deine Geschichte gefallen hat. Die Frau auch.
ER: Du gefällst mir sehr gut. Sie gefällt mir nicht. Von Anfang an habe ich mir gedacht, daß man intensiver, aufrichtiger leben muß. Du willst, du nimmst, du erklärst nicht. Ich habe es versucht ... Dann habe ich begriffen, daß dies die Zerstörung ist, schrittweise entartest du ... und ich bin erschrocken. Ich hatte Angst. Die ganze Zeit über hatte ich Angst, daß jemand anderer gekommen ist, dir seine Geschichten zu erzählen, und daß du ihm zuhörst. Du bist nicht müde, du bist nicht gelangweilt. Du hörst ihm zu, so als hörtest du der ersten Geschichte deines Lebens zu, und später nähert er sich an, streichelt dich und wiegt dich in den Schlaf.
SIE: Das klingt so schön. Aber dem war nicht so. Ich habe nur versucht, meine Geschichte zu erzählen. Ich hatte sogar begonnen. Sie klang für mich so banal und langweilig, daß ich sie nicht zu Ende erzählen konnte und verzichtete.
ER: Und er?

SIE: Wer? ... Er hat seine Geschichte nicht bekommen und ist gegangen. So war es besser. Sonst hätte ich mich gequält und mich noch schuldiger gefühlt. Ich denke, von diesem Gefühl habe ich auch so genug.
ER: Ich bin manchmal hierher gekomen. Ich bin um den Block gegangen. Ich hatte Angst, daß ich dich sehen würde, daß du mich sehen würdest – alleine oder noch schlimmer mit einem anderen.
SIE: Ich hatte auch Angst, daß ich dich sehen würde ... Du bist also gekommen, weil sie morgen nach Hause kommen wird.
ER: Deshalb habe ich den Mut aufgebracht. Ich bin nicht ihretwegen hier. Nein. Warte. Ich bin auch ihretwegen hier.
SIE: Du bist doch nicht gekommen, um ein Familienmelodram einzuüben?
ER: Willst du, daß ich gehe?
SIE: Ich weiß es nicht. Willst du es?
ER: Glaubst du mir?
SIE: Ich weiß es nicht.
Es läutet an der Tür. Keiner rührt sich. Es läutet wieder. Sie geht langsam zur Tür. Eine Zeit lang ist er alleine und wartet.
Sie kommt herein und trägt eine große Hülle in Händen. Er schaut zu ihr hin.
ER: Was ist das? Was ist das?
SIE: Mein Gott! Es ist zwanzig Jahre unterwegs gewesen.
ER: Nein. Das ist nicht möglich.
SIE: Es ist das Saxophon. Kannst du es glauben?
Er steht da wie ein Ölgötze. Sie reicht ihm die Hülle. Gemeinsam packen sie es aus. Er holt das Saxophon heraus. Sehr vorsichtig und zaghaft versucht er, Töne darauf zu erzeugen.
ER: Glaubst du mir?
Leise erklingt die Musik vom Beginn der Szene.
SIE: Das hat keine Bedeutung.
Während er spielt, nimmt sie seinen Koffer. Er sieht sie an und spielt weiter.
ER: Geh nicht, nicht ausgerechnet jetzt.
Sie geht hinaus. Das Licht geht aus. Man hört nur das Saxophon.

ENDE

Emil Bonev:

Das Wort Schweigen

Personen:
EMILY
PHILIPP
MARCEL

I.

Ein leeres Zimmer. Philipp und Emily kommen herein. Sie hat ein Hochzeitskleid an, er einen vornehmen Anzug. Philipp trägt Emily auf Händen und singt sehr falsch den Hochzeitsmarsch. Sie ist leicht genervt, er hat ziemlich viel getrunken.

PHILLIP: Das ist das Geheimnis!
EMILY: Ich verstehe gar nichts.
PHILLIP: Immer mit der Ruhe!
EMILY: Warum hast du mich hierher gebracht?
PHILLIP: Um unsere Hochzeitsnacht hier zu verbringen.
EMILY: Hier ist kein Bett!
PHILLIP: Auf dem Boden.
  Emily beginnt, hysterisch zu lachen.
PHILLIP: Emily, es wird toll werden!
EMILY: Sehr originell, Philipp. Mußten wir deshalb so viele Stufen steigen, und überhaupt ... Meine Schuhe drücken, mein Kopf tut weh, ich bin todmüde ... und zu allem Überfluß bin ich auch noch gezwungen, auf einer Baustelle herumzulaufen, um die »angenehme Überraschung« zu suchen.
  Irgendwo auf Augenhöhe, mitten im Zimmer, hängt ein großer Ziegelstein von der Decke herab. Philipp lächelt und deutet mit den Augen auf das Band, mit dem der Ziegelstein geschmückt ist.
EMILY: Und was ist das?

PHILLIP: Lies!

EMILY: »Liebe Freunde, dieser Ziegelstein ist nur einer des Gebäudes, das ihr zusammen errichten werdet. Dies ist nur der erste Ziegelstein. Liebt euch, und baut euch das Leben auf, von dem ihr immer geträumt habt. Die Wohnung ist von uns! Eure Trauzeugen! Wir lieben euch! Küsse!«

PHILLIP: Ü-ber-ra-schung!

EMILY: Was heißt das, »die Wohnung ist von uns«?

PHILLIP: Die Trauzeugen!

EMILY: Diese Wohnung gehört uns?

PHILLIP: Seit gestern!

EMILY: Warum hast du mir nichts gesagt?

PHILLIP: Sie haben darauf bestanden.

EMILY: Aber das ist ... das ist ... Machst du Witze? Das ist ...

PHILLIP: Ein Hochzeitsgeschenk.

Pause.

EMILY: Super!

Emily küßt Philipp.

PHILLIP: Ein ganz neues Wohngebäude.

EMILY: Und wir sind die ersten Bewohner?

PHILLIP: Es sieht so aus.

EMILY: Überall ist es still und dunkel.

PHILLIP: Uns steht die romantischste Hochzeitsnacht der Welt bevor.

EMILY: Hier?! In diesem Dreck?

PHILLIP: Du und ich unter dem hellen Pfad des Mondes.

EMILY: Im Stehen? Wie die Tiere?

PHILLIP: Das hast du gesagt!

EMILY: Philipp, Leute wie du tun es auf sauberen Bettlaken, einer auf dem anderen, und gleich danach gehen sie ins Bad. Hast du das vergessen?

PHILLIP: Das ist Vergangenheit.

EMILY: Laß mich los! Wenn es wenigstens ein Bett gäbe.

PHILLIP: Ich wollte, daß du die Möbel aussuchst.

EMILY: Ob uns das Geld reichen wird, um sie einzurichten?

PHILLIP: Natürlich! Gib mir die Flasche!

EMILY: Sie ist in der Handtasche.

Philipp beginnt, sich auszuziehen. Emily besichtigt die Wohnung.
EMILY: Ist das Südlage?
PHILLIP: Natürlich! Und jetzt ist es an der Zeit, mit südlicher Leidenschaft die restliche Energie meiner Junggesellenträume und deiner jungfräulichen Erregung zu entfesseln ... Zieh dich aus, und laß uns unserer neuen Wohnung einige unserer Geheimnisse zuflüstern!
EMILY: Zuerst werde ich das Geld zählen.
PHILLIP: Komm schon! Mein ganzes Leben lang habe ich auf diesen Abend gewartet!
EMILY: Ich habe keine Lust, mir dummes Zeug anzuhören!
PHILLIP: Ich werde vor Verlangen explodieren!
EMILY: Es reicht! Ich werde wirklich noch böse.
PHILLIP: Die Flasche ist nicht da.
EMILY: Ich habe sie vergessen.
PHILLIP: Das hätte nicht passieren dürfen.
EMILY: Gib mir die Tasche!
Emily holt Geldscheine aus ihrer Handtasche und beginnt, sie zu zählen.
PHILLIP: Davor habe ich mich am meisten gefürchtet.
EMILY: Wovor?
PHILLIP: Daß der ganze Unsinn wieder anfängt.
EMILY: Ich verstehe dich nicht. Das hier ist für die Küche ...
PHILLIP: Emily!!!
EMILY: Philipp, leise, ich bitte dich! Du bringst mich durcheinander! Das ist für das Kinderzimmer ...
PHILLIP: Es gibt kein Kinderzimmer!
EMILY: Dann wird also das Schlafzimmer zum Kinderzimmer, und wir schlafen im Wohnzimmer.
PHILLIP: Gut, dann laß uns doch ins Bett gehen!
EMILY: Du stinkst nach Alkohol!
PHILLIP: Ist das jetzt das Wichtigste? Geld zu zählen?!
EMILY: Ich will sichergehen, daß wir genug haben werden, um uns einzurichten, wie es sich gehört.
PHILLIP: Schluß mit diesem Geld! Ich habe mich auch so schon genug geschämt, während deine verschwitzten Verwandten es mit ihrem schmierigen Lächeln in das Täschchen steckten.

EMILY: Und deine Verwandten haben uns nicht nur nichts geschenkt, sie hätten mit ihren dummen Allüren auch fast noch das ganze Fest ruiniert. Hier wird das Sofa stehen ...
PHILLIP: Deine Kollegen, die Künstler mit den durchgescheuerten Jeans, sind ihnen auf die Nerven gegangen! Man kann so gekleidet nicht zu einer Hochzeit gehen, nicht wahr? Und was waren das für Lieder?
EMILY: Künstler! Das ist es! Geist und Freiheit!
PHILLIP: Und Primitivität!
EMILY: Und wie konntest du deine langweiligsten Freunde einladen?
PHILLIP: Andere habe ich nicht!
EMILY: Langweiler! Als wären sie zu einem Symposium gekommen, und nicht zu einer Hochzeit.
PHILLIP: Meine Freunde sind nunmal so, was soll ich tun?!
EMILY: Ich habe bemerkt, daß die Bildung ihnen beim Trinken nicht im Wege steht.
PHILLIP: Während deinen Freunden das Trinken bei der Bildung im Wege steht.
EMILY: Aber sie waren die ganze Zeit über nüchtern und fröhlich, im Unterschied zu deinen Professoren, die betrunken und düster aufgebrochen sind.
PHILLIP: Das habe ich nicht bemerkt.
EMILY: Weil ihr daran gewöhnt seid.
PHILLIP: Das ist möglich!
EMILY: Gelangweilt und distanziert von dem, was passiert. Gerade so, als wären sie nicht Teil deines Festes. Hier stellen wir einen runden Tisch hin ...
PHILLIP: Was passiert ist, ist passiert! Laß und das Schlechte vergessen und ... Warum hast du die Flasche vergessen?
EMILY: Du hast genug getrunken! Es reicht! Wenn du trinkst ... Wie hast du es geschafft, so viel Unsinn in so kurzer Zeit von dir zu geben? Wenn du nur ein bißchen getrunken hast, beginnst du schon, mit allen so umzugehen, als wären sie deine Studenten. Dieser Teppichboden gefällt mir irgendwie nicht ... Und was waren das für Reden? Ich wäre am liebsten im Boden versunken! Warum mußtest du auch vor allen deine Beziehung zu meinen Eltern klären? Ich denke, du hast sie schrecklich getroffen.

PHILLIP: Der Gedanke lag mir fern, deine Eltern zu beleidigen, oder wen auch immer ... Ich wollte nur sagen ...
EMILY: Du willst nie das sagen, was du sagst. Und wenn uns die Trauzeugen nicht diese Wohnung geschenkt hätten, dann hätte es keinen Ort gegeben, an den du mich nach der Hochzeit hättest führen können, nicht wahr? Blumen! Wir werden viele Blumen kaufen! Mir ist es viel zu grau ...
PHILLIP: Ich habe immer einen Weg gefunden, mit den Situationen des Lebens zurechtzukommen, die ohnehin im Fundament des ... wie soll ich sagen ... Aber wie dem auch sei ... Zumindest denke ich das. Und mir scheint, ich habe recht. Und übrigens gibt es etwas, das ich dir schon seit Ewigkeiten sagen will, aber ich hatte Angst, du würdest mich mißverstehen ... eigentlich, daß ...
EMILY: Du redest sehr viel. Deinen Gedanken zu folgen ermüdet mich.
PHILLIP: Warum unterbrichst du mich?
EMILY: Was genau willst du sagen?
PHILLIP: Und worauf hast du gerade angespielt?
EMILY: Darauf, daß du nicht mehr nach Hause gehen kannst, weil du dich mit deinen Eltern zerstritten hast.
PHILLIP: Deinetwegen!
EMILY: Und zu meinen Eltern können wir auch nicht gehen, weil sie dich nur noch schwer ertragen können mit deiner Vornehmheit und deinem übermäßigen Feinsinn, und weil sie durcheinander geraten, wenn du redest. Deshalb ist es ihnen auch nicht gelungen, Gefallen an dir zu finden.
PHILLIP: Wichtig ist, daß ich an mir Gefallen finde.
EMILY: Und ich wohl auch, nicht wahr?
PHILLIP: Ich denke, du liebst mich, nachdem unsere Hochzeit schon eine Tatsache ist.
EMILY: Aber wie es aussieht, doch nicht so sehr, wenn ich nicht hier auf dem Boden knien will wie ein Hund, um mich von dir besteigen zu lassen.
PHILLIP: Dann machen wir es eben im Stehen.
EMILY: Versuch nicht, jemand zu sein, der du nicht bist! Das ist nichts für dich!

PHILLIP: Der Sex?
EMILY: Du wirst dir selbst untreu, und das nur, um mir zu gefallen.
PHILLIP: Es ist doch besser, ich werde mir selbst untreu als dir, nicht wahr?
EMILY: Im Stehen! Weißt du, was du da redest?
PHILLIP: Hast du es bis jetzt nur im Liegen gemacht?
EMILY: Ich habe es auf alle erdenklichen Weisen getan.
PHILLIP: Aber nicht mit mir!
EMILY: Hör auf, den Mann zu spielen! Das paßt nicht zu dir! Hast du das noch nicht begriffen?
PHILLIP: Ich werde dich schlagen.
EMILY: Das wird nicht das erste Mal sein, aber wenn du es tust, wird es das letzte Mal sein. Ich habe dich gewarnt.
PHILLIP: Was, wirst du mich dann verlassen?
EMILY: Und du denkst wohl, ich werde bleiben und es ertragen, daß du mich erniedrigst, was?
PHILLIP: Du wirst nirgends hingehen!
EMILY: Ernsthaft?
PHILLIP: Du wirst hier bleiben und das tun, was ich dir sage!
EMILY: Du bist so jämmerlich mit deinem männlichen Getue!
PHILLIP: Das hättest du nicht sagen dürfen!

Philipp zerreißt das Kleid Emilys und versucht, sie auf den Boden zu werfen. Sie wehrt sich einige Zeit, aber als sie sich nicht losreißen kann, beißt sie ihm in die Schulter. Philipp schreit auf vor Schmerz, woraufhin er Emily mit dem Ziegelstein auf den Kopf schlägt. Sie fällt zu Boden und er wirft sich auf sie, wahnsinnig vor Begierde und Erregung. Er beginnt, sie auszuziehen, bemerkt aber, daß Emily keinen Widerstand mehr leistet.

PHILLIP: Emily ... Emily ... Emily ...

Er beginnt, sie künstlich zu beatmen. Er geht zum Fenster, dann geht er zur Tür. Er ist wie ein Tier in einem Käfig. Er geht zurück zu Emily. Er fühlt ihren Puls, woraufhin er das Zimmer verläßt, wobei er die Türe offenläßt. Pause. Irgendwoher hört man das Bellen von Hunden. Leise Musik kommt durch das Fenster herein. Emily bewegt sich leicht. Sie steht auf, stützt sich an der Wand ab, wobei sie auf einen Punkt vor sich starrt. Sie sieht aus wie eine Puppe mit zerrissenen Kleidern.

II.

Durch die angelehnte Tür des Zimmers kommt Marcel, ein Clochard. Er sieht aus wie ein Mensch, der gerade nach Hause kommt. Er sieht das auf dem Boden verstreute Geld und traut seinen Augen nicht. Er beginnt zu lachen und sehr schnell die Geldscheine einzusammeln. Hinter ihm schlägt die Tür zu und er erschrickt. Er geht, um sie zu öffnen, aber sie ist verschlossen.
EMILY: Helfen Sie mir.
Marcel, mit Geldscheinen in der Hand, bemerkt Emily. Pause.
MARCEL: Sind das Ihre?
EMILY: Mein Kopf tut so weh.
MARCEL: Was ist mit Ihnen passiert?
EMILY: Mir ist schwindlig.
MARCEL: Das ist sicher Falschgeld!
EMILY: Ich weiß es nicht.
MARCEL: Wer sind Sie?
EMILY: Ich muß mich übergeben ...
MARCEL: Wo ist der Bräutigam?
EMILY: Mir ist speiübel ...
MARCEL: Was machen Sie hier?
EMILY: Ich kann mich an nichts erinnern.
MARCEL: Haben Sie einen Schlüssel?
EMILY: Ich weiß es nicht.
MARCEL: Ich bin hereingekommen, die Tür schlug hinter mir zu, und jemand schloß von außen ab. Deshalb kann ich Ihnen nicht helfen, selbst wenn ich wollte.
EMILY: Wo bin ich?
MARCEL: Wenn das stimmt, was auf diesem Band steht, dann sind Sie zu Hause.
EMILY: Wer sind Sie?
MARCEL: Ich bin Marcel. Solange sich das Gebäude im Bau befand, bewachte ich es und schlief in Ihrer Wohnung.
EMILY: Warum hier?
MARCEL: In den Zimmern gibt es eine sehr gute Energie. Sind Sie allein?
EMILY: Entschuldigung, wo kann ich mich übergeben?

MARCEL: Im Bad. Oder in der Toilette. Aber am besten durchs Fenster. Niemand wird Sie sehen, machen Sie sich keine Sorgen. Sie sind der erste Bewohner des Gebäudes.
EMILY: Ich werde doch keinen schlechten Eindruck bei Ihnen hinterlassen, nicht wahr?
MARCEL: Ganz im Gegenteil! Ich werde sogar erleichtert sein, wenn auch Sie sich erleichtern können.
EMILY: Werden Sie mir helfen?
MARCEL: Selbstverständlich.
Marcel hilft Emily, zum Fenster zu gehen. Während sie versucht, sich zu übergeben, sammelt er das Geld ein. Einen Teil steckt er in seine Hosentasche, den Rest steckt er in das Band, mit dem der Ziegelstein festgebunden ist.
MARCEL: Hat es geklappt?
EMILY: Ich kann nicht.
MARCEL: Sicher hat es verdorbenes Essen auf der Hochzeit gegeben.
EMILY: Ich kann mich nicht erinnern.
MARCEL: Haben Sie viel getrunken?
EMILY: Ich habe überhaupt keine Erinnerung. Hochzeit, Essen, Geld ... Ich erinnere mich nur, daß ich vom Bellen irgendwelcher Hunde aufgewacht bin, man hörte leise Musik, ich öffnete die Augen und sah dich, wie du das Geld einsammeltest.
MARCEL: Es war sehr verstreut. Das Geld muß man achten. Haben Sie eine Vorstellung davon, wer uns eingeschlossen hat und warum er das getan hat?
EMILY: Ich muß mich übergeben.
MARCEL: Haben Sie sich den Finger in den Hals gesteckt?
EMILY: Wie?
MARCEL: Na, so!
EMILY: Ich kann nicht! Mir wird übel, wenn ich mir den Finger in den Hals stecke.
MARCEL: Das ist doch Sinn und Zweck der Sache.
EMILY: Ich will mich übergeben, aber mir soll nicht übel sein. Mir tun Kopf und Magen weh.
MARCEL: Ich werde versuchen, Ihnen zu helfen, aber ich brauche einen Schlüssel für die Tür.

EMILY: Hören Sie doch auf mit Ihrem Schlüssel! Helfen Sie mir, diese Schmerzen loszuwerden!
MARCEL: Wie?
EMILY: Wenn ich das wüßte, würde ich alleine zurechtkommen.
MARCEL: Gut. Zuerst müssen wir die Ursache feststellen.
EMILY: Aber schnell, ich bitte Sie!
MARCEL: Riechen Sie an dieser Wodkaflasche.
EMILY: Warum?
MARCEL: Wenn es vom Alkohol ist, dann wird Ihnen übel werden.
EMILY: Wie übel soll mir denn noch werden?
MARCEL: Wenn es vom Trinken ist, dann weiß ich, wie ich Ihnen helfen kann.
EMILY: Und wenn es vom Essen ist?
MARCEL: Vom Alkohol fiele es mir leichter.

Marcel öffnet die Wodkaflasche und gibt sie Emily. Sie führt sie an ihre Nase, woraufhin sie einen großen Schluck nimmt.

EMILY: Das ist angenehm.
MARCEL: Ich weiß.
EMILY: Das ist es also nicht, oder?
MARCEL: Es sieht nicht so aus.
EMILY: Und jetzt?
MARCEL: Kommen Sie! Mir ist etwas eingefallen.
EMILY: Ist es ekelhaft?
MARCEL: Ich werde Sie mit dem Kopf nach unten drehen.
EMILY: Kann ich noch ein bißchen davon haben?

Emily trinkt aus der Flasche.

MARCEL: Hoffentlich haben wir Erfolg.
EMILY: Was muß ich jetzt tun?
MARCEL: Sperren Sie sich nicht.

Marcel packt Emily und dreht sie mit dem Kopf nach unten.

MARCEL: Können Sie einen Kopfstand machen?
EMILY: Nein.
MARCEL: Und einen Handstand, wenn Sie sich an der Wand abstützen?
EMILY: Ich werde es versuchen.
MARCEL: Das wird so nichts.

Marcel läßt Emily los, dann hilft er ihr in den Handstand.

MARCEL: Wie ist es?
EMILY: Schauen Sie weg! Was starren Sie meine Unterwäsche an!
MARCEL: Ich schaue Sie an, nicht Ihre Unterwäsche.
EMILY: Lassen Sie sich nicht ablenken!
MARCEL: Sie sind sehr schön.
EMILY: Ich bitte Sie! Mir ist gerade nicht nach Komplimenten.
MARCEL: Das ist die Wahrheit!
EMILY: Wie können Sie mich schätzen, wenn ich mich übergeben muß und nicht weiß, wer ich bin?
MARCEL: Mich interessiert nicht, wer Sie sind. Danke, daß es sie gibt!
EMILY: Warum?
MARCEL: Mit mir ist etwas geschehen, von dem ich dachte, daß ich es nie mehr erfahren würde.
EMILY: Ich kann mich nicht darauf konzentrieren, Ihnen zuzuhören. Mir ist schwindlig.
MARCEL: Ich hab's!
Marcel bringt eine Flasche Wasser aus dem Bad.
MARCEL: Trinken Sie dieses Wasser!
EMILY: Ich ziehe den Wodka vor. Meine Kopfschmerzen werden langsam besser.
MARCEL: Das freut mich! Jetzt werden wir auch den Magen kurieren. Trinken Sie soviel Wasser, wie Sie können.
EMILY: Es ist zu warm.
MARCEL: Je widerlicher, desto besser für unseren Zweck.
EMILY: Woher wissen Sie diese Dinge?
MARCEL: Ich habe sie selbst durchgemacht.
EMILY: Wann?
MARCEL: Es ist noch nicht sehr lange her.
EMILY: Helfen Sie mir deshalb?
MARCEL: Auch deshalb.
EMILY: Danke.
MARCEL: Und, weil ich mich verliebt habe.
EMILY: Jetzt kommt es mir hoch.
MARCEL: Dann übergeben Sie sich!
EMILY: Noch ein bißchen Wasser.
Emily trinkt Wasser und schneidet Grimassen.

EMILY: Es ist widerlich.
MARCEL: Aber es wird helfen.
EMILY: Sie verbreiten sehr viel Charme um sich herum.
MARCEL: Erinnern Sie sich, wie man eine Kerze macht?
EMILY: Was ist denn das?
MARCEL: Ich werde es Ihnen zeigen. So macht man das!
EMILY: Sind Sie Sportler?
MARCEL: Nein.
Pause.
EMILY: Und was?
MARCEL: Bleiben Sie eine Weile so. Das Blut wird Ihnen in den Kopf steigen, und die Beschwerden werden ganz vergehen, hoffentlich bewegt sich das Wasser in der gleichen Zeit zum Hals, zusammen mit den Frikadellen und den Schnitzeln von der Hochzeit.
EMILY: Habe ich das gegessen?
MARCEL: Ich weiß es nicht. Ich war nicht dabei.
EMILY: So?
MARCEL: Genau so.
Emily streckt die Beine in die Luft, Marcel schaut sie an.
MARCEL: Was fühlen Sie?
EMILY: Mir scheint, daß mein Kopf langsam wieder in Ordnung kommt.
MARCEL: Wenn jetzt auch noch das Essen den Weg nach unten findet.
EMILY: Sehen Sie mich nicht an!
MARCEL: Ich versuche es. Wenn Sie mir einen Schlüssel geben, damit ich hier raus kann, werde ich zu einer Tag- und Nachtapotheke gehen.
EMILY: Springen Sie aus dem Fenster.
MARCEL: Es ist zu hoch. Haben Sie keinen Schlüssel?
EMILY: Ich weiß es nicht. Sehen Sie in meiner Handtasche nach.
Marcel beginnt, in der Tasche zu wühlen. In diesem Moment wird die Türe aufgeschlossen, und Philipp erscheint. Er sieht Marcel, der neben den nackten Beinen Emilys sitzt und in ihrer Tasche wühlt.
PHILLIP: Emily?!?

Emily rührt sich nicht.
MARCEL: Guten Abend. Sie scheinen der Bräutigam zu sein?
PHILLIP: Und wer sind Sie? Legen Sie die Tasche auf den Boden.
MARCEL: Marcel. Ich habe nach einem Schlüssel gesucht.
PHILLIP: Was tun Sie hier?
MARCEL: Ich kann nichts tun.
PHILLIP: Und wie tut man nichts?
MARCEL: Schauen Sie zu, und Sie werden es sehen.
PHILLIP: Sie tun also nichts.
MARCEL: Das habe ich Ihnen doch gesagt. Ich versuche es, aber ...
PHILLIP: Es kommt nichts dabei heraus?
MARCEL: Vor kurzem haben wir versucht, etwas zu tun, aber es hat nicht geklappt, und jetzt warten wir.
PHILLIP: Das geht ja auch nicht, nichts zu tun, und daß dabei trotzdem etwas herauskommt.
MARCEL: Ich wollte etwas tun, aber es ist nichts dabei herausgekommen.
PHILLIP: Was wollten Sie tun?
MARCEL: Ich wollte, aber ... Auf Wiedersehen. Sehen Sie selbst, wie Sie zurechtkommen.
PHILLIP: Etwas mit meiner Frau?
MARCEL: Ja.
PHILLIP: Und was genau?
MARCEL: Sie hat mich um etwas gebeten.
PHILLIP: Sie?
MARCEL: Ja.
PHILLIP: Und um was?
EMILY: Er soll mir dabei helfen, mich zu übergeben.
PHILLIP: Sind Sie Arzt?
MARCEL: Nein.
PHILLIP: Was dann?
MARCEL: Nichts.
PHILLIP: Das sieht man Ihnen an. Wie sind Sie hier hereingekommen?
MARCEL: Die Tür war angelehnt, und jetzt weiß ich auch, wer hinter mir abgeschlossen hat. Jetzt muß ich nur noch herausbekommen, warum.

PHILLIP: Emily, was wollte dieser Mensch dir antun?
EMILY: Nicht er! Ich wollte!
PHILLIP: Hm ...
EMILY: Und wer bist du?
PHILLIP: Emily?!?
EMILY: Ich kenne dich nicht! Marcel, verjagen Sie diesen Menschen von hier! Er ist mir unsympathisch.
MARCEL: Na los, gehen Sie, bitte!
PHILLIP: Wissen Sie, von wo sie mich fortjagen?
MARCEL: Ich weiß es! Ich habe es gelesen! In welchem Verhältnis stehen Sie zu der jungen Dame? Trauzeuge, Brautwerber, Ehemann?
PHILLIP: Sieht man das nicht an meinem Anzug?
MARCEL: Bei einer Hochzeit ziehen sich alle so an wie Sie – streng und langweilig!
PHILLIP: Wissen Sie, wieviel dieser Anzug gekostet hat?
MARCEL: Das interessiert mich nicht.
PHILLIP: Emily, nimm endlich die Beine herunter.
MARCEL: Auf keinen Fall.
PHILLIP: Das reicht jetzt!
MARCEL: Sie werden alles verderben.
PHILLIP: Was genau?
MARCEL: Ihre Frau, wenn sie wirklich Ihre Frau ist und Sie mich nicht belügen, war fast ohnmächtig, als ich kam. Als sie wieder zu sich kam, war ihr schlecht, und sie hatte Kopfschmerzen. Ich fragte sie nach dem Grund, aber sie konnte sich an nichts erinnern.
PHILLIP: Wenn sie nicht genau wissen, was ihr fehlt, woher wissen Sie dann, wie Sie sie behandeln sollen?
MARCEL: Wenn jemandem schlecht ist und er Kopfschmerzen hat, sagt man Kater dazu. Und wenn er sich obendrein an nichts erinnern kann, Commotio. Ich habe es selbst erlebt. Das ist sehr unangenehm. Man bekommt es von einem Schlag. Sie ist hingefallen, so wie es aussieht. Sicher hat sie sich auf der Hochzeit betrunken, obwohl, meiner Meinung nach kommt es nicht vom Alkohol, weil wir, bevor Sie kamen, ein bißchen getrunken haben, und es hat ihr geschmeckt.

PHILLIP: Ach so?
MARCEL: Es kann auch einen ganz anderen Grund haben. Warum fragen Sie mich? Waren Sie nicht auf Ihrer eigenen Hochzeit?
PHILLIP: Und sind Sie verheiratet?
MARCEL: Nein, leider. Oder zum Glück, wenn ich Sie so anschaue.
PHILLIP: Was wollen Sie damit sagen?
MARCEL: Es ist sicher nicht sehr schön, verheiratet zu sein, wenn schon am ersten Abend die Unannehmlichkeiten beginnen.
PHILLIP: Das ist ein Zufall und keine Unannehmlichkeit.
MARCEL: Sie wissen das sicher besser als ich. Trotzdem, ich gratuliere zu Ihrer Wahl. Ihre Frau ist spitze!
PHILLIP: Meinen Sie?
MARCEL: Ja! Nur, daß sie sich übergeben muß.
PHILLIP: Und wie lange wird sie noch so bleiben?
EMILY: Bis er mich geheilt hat!
PHILLIP: Bitte?
MARCEL: Ich versuche nur, ihr zu helfen.
PHILLIP: Emily! Liebling! Kannst du dich wirklich an nichts erinnern?
EMILY: Marcel, halten Sie bitte diesen Menschen von mir fern!
PHILLIP: Ich bin Philipp! Dein Ehemann!
EMILY: Ich kenne dich nicht.
PHILLIP: Entsetzlich! Wenn sie sich nicht an mich erinnern kann, dann kann sie sich wirklich an nichts über sich selbst erinnern.
MARCEL: Vielleicht ist es besser so. Jetzt können Sie noch einmal ganz von vorne anfangen.
PHILLIP: Wieso sollten wir von vorne anfangen, wir hatten eine brillante Beziehung und ein schönes gemeinsames Leben.
MARCEL: Das bezweifle ich. An die schönen Dinge des Lebens erinnert man sich für immer. Man versucht nur, das Schlechte zu vergessen.
PHILLIP: Ein interessanter Standpunkt. Oder hat sie Ihnen etwa erzählt, was ihr passiert ist, und jetzt spielt ihr Theater?
MARCEL: Nichts hat sie mir gesagt!
PHILLIP: Emily, du ...
EMILY: Ist das mein Name?
PHILLIP: Ja! Gefällt er dir?

EMILY: Er ist nicht übel. Und deiner?
PHILLIP: Philipp.
EMILY: Wie?
PHILLIP: Philipp!
EMILY: Philipp?
PHILLIP: Ja! Philipp!
Plötzlich steht Emily auf und rennt zum Fenster, um sich zu übergeben.
MARCEL: Wir haben es geschafft! Daß ich auch einmal etwas Gutes in diesem Leben getan habe! Ich gratuliere Ihnen!
Emily holt aus ihrer Tasche eine Zahnbürste und Zahnpasta.
EMILY: Wem gehört dieses Geld?
PHILLIP: Uns. Von der Hochzeit.
Emily nimmt einige Geldscheine und gibt sie Marcel.
EMILY: Ich danke dir, Mann!
Emily geht ins Bad, Philipp und Marcel sehen sich lange an.
MARCEL: Na dann, ich wünsche Ihnen alles Gute.
PHILLIP: Du hast heute nicht gerade deine schönsten Kleider angezogen.
MARCEL: Ich habe nur diese.
PHILLIP: Los, verschwinde!
MARCEL: Genau das kann ich überhaupt nicht leiden.
PHILLIP: Was?
MARCEL: Daß man mich von irgendwo verjagt, nachdem ich geholfen habe.
PHILLIP: Wir haben dich bezahlt.
MARCEL: Also im Bösen?
PHILLIP: Hm ...
MARCEL: Da haben Sie ihr Geld!
Marcel gibt Philipp die Geldscheine zurück, die Emily ihm gegeben hat.
PHILLIP: Ich wünsche dir alles Gute.
MARCEL: Zuerst werde ich mich von Emily verabschieden.
PHILLIP: Und es wird besser sein, wenn du mir nicht mehr unter die Augen trittst.
MARCEL: Mach nicht auf Mann, das paßt nicht zu dir.
PHILLIP: Ich habe dich nicht verstanden.

MARCEL: Das ist meine Angelegenheit, wo und wem ich unter die Augen trete!
PHILLIP: Und die der Polizei, so wie du ausschaust.
MARCEL: Man weiß nicht, wer von uns beiden interessanter für die Polizei sein wird.
PHILLIP: Bitte?
MARCEL: Bete darum, daß Emily sich nie daran erinnert, was ihr diese Nacht passiert ist, bevor sie das Gedächtnis verloren hat.
PHILLIP: Du weißt es nicht zufällig?
MARCEL: Ich?
Emily kommt herein.
EMILY: So ist es besser. Ich bin ein bißchen frischer. Ist noch Wodka da?
MARCEL: Bitte schön.
PHILLIP: Emily!
EMILY: Sie waren Marcel, nicht wahr?
MARCEL: Ja. Marcel.
EMILY: Marcel?
MARCEL: Marcel.
EMILY: Ein schöner Name.
Emily nähert sich Marcel und küßt ihn lange und leidenschaftlich.
EMILY: Danke. Sowohl meine Kopf- als auch meine Magenschmerzen sind vergangen.
MARCEL: Jetzt mußt du dich nur noch erinnern, wer du bist.
EMILY: Wirst du mir dabei helfen?
MARCEL: Ich weiß nicht. Bleib jetzt hier und schlaf dich aus.
EMILY: Philipp, kann ich hier übernachten?
PHILLIP: Emily, du bist hier zu Hause.
EMILY: Ich danke dir. Marcel, versprichst du mir, daß du mal anrufst?
PHILLIP: Verschwinde! Und denk daran, was ich dir gesagt habe!
MARCEL: Und Sie sollten auch daran denken, was ich Ihnen gesagt habe.
Marcel geht hinaus, wobei er die Tür hinter sich nur angelehnt läßt. Lange Pause, in der Philipp durchs Zimmer geht. Emily rollt sich zusammen, genau unterhalb des hängenden Ziegelsteins.
PHILLIP: So!

EMILY: Können wir nicht ein wenig schweigen?
PHILLIP: Zuerst wirst du mir sagen, was das sollte?
EMILY: Was genau?
PHILLIP: Was hatte dieser Kuß zu bedeuten?
EMILY: Das Wort Schweigen.
PHILLIP: Aber du kennst diesen Menschen gar nicht.
EMILY: Ich kannte ihn, noch bevor ich dich gekannt habe.
PHILLIP: Das ist nicht wahr! Ich bin dein Ehemann!
EMILY: Wenn du mein Ehemann wärst, hättest du mich nicht bewußtlos liegen lassen und wärst verschwunden.
PHILLIP: Ich bin gegangen, um Champagner zu kaufen.
EMILY: Wozu hast du diesen Champagner gebraucht?
PHILLIP: Du hast ihn gewollt. Champagner und Mentholzigaretten. Aber die Eingangstür war verschlossen.
EMILY: Warum hast du sie nicht aufgebrochen?
PHILLIP: Sie ist aus Metall.
EMILY: Du hast es nur nicht genug gewollt.
PHILLIP: Ich habe es versucht!
EMILY: Du bist also kein richtiger Mann, folglich kann ich dich nicht brauchen. Punkt! Laß uns jetzt schweigen. Wenn du willst, kann ich gehen. Wenn du willst, kann ich auch bleiben, aber nur unter einer Bedingung.
PHILLIP: Welcher?
EMILY: Daß wir schweigen und warten.
PHILLIP: Worauf?
EMILY: Daß mein Gedächtnis zurückkehrt.
PHILLIP: Ich werde dir alles erzählen.
EMILY: Ich will mich selbst daran erinnern, wer ich bin. Was soll ich mit deinen Erzählungen?
PHILLIP: Emily! Wir leben schon sehr lange zusammen. Mein Ich und dein Ich sind im Lauf der Jahre zu einer Einheit verschmolzen. Wir lieben uns! Du wolltest ein Kind. Gestern war unsere Hochzeit. Fröhlich und glücklich. Der schönste Tag in unserem Leben endete mit einem rauschenden Fest. Meine Freunde und deine Freunde haben einen richtigen Feiertag daraus gemacht. Danach sind wir hierher gekommen. Diese Wohnung ist ein Hochzeitsgeschenk ...

EMILY: Das habe ich kapiert. Haben wir keine eigene Wohnung?
PHILLIP: Bis jetzt haben wir zur Untermiete gewohnt.
EMILY: Warum?
PHILLIP: Sowohl meine als auch deine Eltern wollten, daß wir bei ihnen leben, weil wir uns so gut mit ihnen verstehen, aber wir haben uns entschieden, in Untermiete zu wohnen, um keinen von beiden vorziehen zu müssen.
EMILY: Und warum sind wir hierher gekommen?
PHILLIP: Du wolltest deine Hochzeitsnacht in unserer neuen Wohnung verbringen.
EMILY: Hier?
PHILLIP: Ja! Du wolltest, daß wir uns auf dem Boden lieben. Der Champagner war aus, und ich bin gegangen, um Kerzen und mehr Champagner zu kaufen. Als ich zurückkam, warst du in Gesellschaft dieses widerlichen Menschen.
EMILY: Gut! Was habe ich getan, solange du nicht da warst?
PHILLIP: Daran mußt du dich erinnern.
EMILY: Ich kann nicht!
PHILLIP: Bist du sicher, daß dieser Marcel dir nichts angetan hat?
EMILY: Das hat er nicht! Ich war bei Bewußtsein, als er kam.
PHILLIP: Vielleicht hat er dich mit irgend etwas geschlagen?
EMILY: Warum? Sogar das Geld ist noch da.
PHILLIP: Fehlt auch nichts?
EMILY: Ich weiß nicht. Stop! Ich kann mich erinnern, daß ich Geld gezählt habe.
PHILLIP: Ja! So war es! Wir haben es zusammen gezählt und gelacht.
EMILY: Ich werde noch verrückt! Für eine Sekunde hat sich der Nebel gelichtet und schon ...
PHILLIP: Nur ruhig! Erinnere dich wenigstens an die Hochzeit! Blumen ... Ballons ...
EMILY: Die Hochzeit ...
PHILLIP: Lachen ...
EMILY: Ich kann nicht!
PHILLIP: Erinnere dich an mich!
EMILY: Ich kann mich nicht an mich selbst erinnern, und du willst, daß ich mich an dich erinnere!

PHILLIP: Aber ich bin dein Ehemann!
EMILY: Das ist das Problem, ich bin mir dessen nicht sicher.
PHILLIP: Wie kann das sein?
EMILY: Einfach so!
PHILLIP: Ich fühle mich ziemlich blöd.
EMILY: Und ich fühle mich überhaupt nicht.
PHILLIP: Was soll ich für dich tun, um es dir zu beweisen?
EMILY: Du kannst nichts tun.
PHILLIP: Ach so, dieser Penner Marcel kann es also, aber ich kann es nicht, wie?
EMILY: Marcel ist ein cooler Typ!
PHILLIP: Und ich?
EMILY: Woher soll ich dich kennen?
PHILLIP: Ich sage es dir noch einmal, ich bin dein Ehemann!
EMILY: Du lügst!
PHILLIP: Was ist nur los mit dir?
EMILY: Du nervst mich, wenn du phantasierst.
PHILLIP: Das, was du anhast, ist ein Brautkleid, das ich dir gekauft habe. Weißt du, wie schwer es war, so eines zu finden?
EMILY: Deine Probleme interessieren mich nicht, begreifst du das nicht?
PHILLIP: Deine und meine Probleme sind schon seit langem unsere geworden.
EMILY: Ja! Aber du kannst dich erinnern, und ich nicht! Du bist mir unsympathisch.
PHILLIP: Wenn du dein Gedächtnis wiedererlangst, wirst du bereuen, was du jetzt sagst.
EMILY: Wenn einem jemand unsympathisch ist, denke ich, muß man es ihm sagen.
PHILLIP: Sagt dir dieser Hochzeitsanzug denn gar nichts?
EMILY: Jeder kann sich anziehen wie ein Clown.
PHILLIP: Leider sind alle Papiere von der Hochzeit bei meiner Mutter geblieben. Laß uns gehen!
EMILY: Ich gehe nicht von hier weg!
PHILLIP: Wir können hier sowieso nicht raus, auch wenn wir wollten. Die Eingangstür ist verschlossen.
EMILY: Umso besser! Ich kann mich nicht auf den Beinen halten, und du willst, daß ich gehe.

PHILLIP: Wie soll ich es dir beweisen? Du liebst mich.
EMILY: Sehe ich so schlecht aus?
PHILLIP: Was meinst du?
EMILY: Daß ich mich in einen Menschen wie dich verliebe.
PHILLIP: Ganz im Gegenteil! Du bist wunderschön!
EMILY: Nicht, daß ich irgendeine Vogelscheuche bin und du mich belügst?
PHILLIP: Nein!
EMILY: Hast du einen Spiegel?
PHILLIP: Wozu brauchst du ihn?
EMILY: Um mein Gesicht zu sehen.
PHILLIP: Du bist wundervoll!
EMILY: Welche Farbe haben meine Augen?
PHILLIP: Blau.
EMILY: Die Nase?
PHILLIP: Gerade.
EMILY: Meine Haut?
PHILLIP: Wie Samt.
EMILY: Und, wie konnte ich dann an dir Gefallen finden?
PHILLIP: Ich weiß es nicht.
EMILY: Gehst du als attraktiv durch?
PHILLIP: Ich glaube, ich besitze innere Schönheit.
EMILY: Und wie viele Jahre mußte ich danach graben, um sie zu entdecken?
PHILLIP: Bist du dir eigentlich dessen bewußt, daß du mich beleidigst?
EMILY: Wie lange kennen wir uns schon?
PHILLIP: Lange.
EMILY: Genauer.
PHILLIP: Zwei Jahre.
EMILY: Was war der Grund dafür, daß ich damit einverstanden war, dich zu heiraten?
PHILLIP: Deine Liebe zu mir und meine Achtung vor dir.
EMILY: Unsinn! Hättest du mir gefallen, bevor mich der Ziegelstein getroffen hat, würdest du mir auch jetzt gefallen.
PHILLIP: Der Ziegelstein?
EMILY: Ja! Es ist wieder aufgetaucht! Für eine Sekunde! Der Ziegelstein ... Schau mal, ob ich Blut am Kopf habe?

PHILLIP: Nein.
Emily betastet ihren Kopf.
EMILY: Warum belügst du mich?
PHILLIP: Laß mich nochmal genau schauen. Ja. Du hast eine kleine Schürfwunde.
Emily sieht, daß auch auf dem Ziegelstein Spuren von Blut sind.
EMILY: Ich habe mich, ohne es zu wollen, an diesem Ziegelstein gestoßen.
PHILLIP: Das ist möglich. Du hattest ziemlich viel getrunken.
EMILY: War ich betrunken?
PHILLIP: Wie soll ich es dir sagen ... Oder vielleicht hat dieser dubiose Typ, Marcel, dich geschlagen, um das Geld zu stehlen.
EMILY: Dann hätte er es genommen und wäre verschwunden, aber er ist bei mir geblieben, um mir zu helfen.
PHILLIP: Das stimmt auch wieder.
EMILY: Kehren wir zu den Gründen für unsere Hochzeit zurück.
PHILLIP: Dieses Gespräch widert mich an.
EMILY: Ich bin schön – du nicht besonders, ich bin jung – du nicht besonders. Bist du klug?
PHILLIP: Ich glaube schon.
EMILY: Und ich?
EMILY: Nicht besonders.
EMILY: Also, der erste Grund dafür, daß ich dich geheiratet habe, ist, daß ich dumm bin. Weiter! Bist du reich?
PHILLIP: Mein Reichtum, das bist du, das sind meine Eltern, deine Eltern, unsere wundervollen Freunde und das Kind, das wir haben werden.
EMILY: Ich bin doch nicht schwanger?
PHILLIP: Dritter Monat.
EMILY: Ich bin also eine dumme, schwangere Frau im dritten Monat.
PHILLIP: Und ich ein glücklicher Ehemann.
EMILY: Ist es von dir?
PHILLIP: Was?
EMILY: Das Kind?
PHILLIP: Ja.
EMILY: Bist du sicher?
PHILLIP: Warum?

EMILY: Weil ich nicht sicher bin, daß ich ein Kind von dir will.
PHILLIP: Das geht zu weit! Jeder Mensch hat eine Grenze für das, was er ertragen kann. Wie wenig bedarf es, einander gegenüber aufmerksam zu sein und die Zukunft uns zeigen zu lassen ...
EMILY: Was arbeitest du?
PHILLIP: Ich bin Dozent.
EMILY: In welchem Fach?
PHILLIP: Ethik. Warum?
EMILY: Du redest sehr viel, ohne daß man etwas versteht.
PHILLIP: Eine unumgängliche Voraussetzung dafür, daß man einen anderen versteht, ist, daß man ihn verstehen will, aber zuerst muß man ihn anhören, dann muß man das Gehörte mit Sinn versehen.
EMILY: Weißt du, welches mein Lieblingswort ist?
PHILLIP: Schweigen.
EMILY: Wirklich?
PHILLIP: Es ist normal, daß ein Künstler nicht die Worte ehrt, sondern Wert auf andere Dinge legt ...
EMILY: Mein Gott! Du verwendest lange, viel zu lange Sätze.
PHILLIP: Weil ich das Gefühl habe, daß wir uns sehr schnell wieder kennenlernen und unsere wahre Beziehung wiederherstellen müssen.
EMILY: Können wir das nicht schweigend tun?
PHILLIP: Ich glaube nicht.
EMILY: Wir haben also unsere Zeit von unserem ersten Treffen an bis heute verschwendet.
PHILLIP: Du lebst mit Farben, ich mit Worten. Begreif doch!
EMILY: Male ich schön?
PHILLIP: Ich glaube schon.
EMILY: Ob man so etwas vergißt?
PHILLIP: Ich weiß es nicht.
EMILY: Du kennst viele Wörter für unbedeutende Dinge, und auf die bedeutenden Fragen antwortest du mit »Ich glaube schon« und »Ich weiß es nicht«.
PHILLIP: Es fällt mir schwer, es fällt mir sehr schwer.
EMILY: Glaubst du, es ist möglich, daß ich von neuem Gefallen an dir finde?

PHILLIP: Wenn du dich daran erinnerst, wer ich bin.
EMILY: Ich sehe dich doch.
PHILLIP: Aber du kennst mich nicht.
EMILY: Eines ist sicher.
PHILLIP: Was?
EMILY: Daß ich mich nicht auf den ersten Blick in dich verliebt habe.
PHILLIP: Ich bin heute nicht in Form.
EMILY: So, wie ich dich jetzt sehe, bist du schon seit sehr langer Zeit nicht mehr in Form gewesen.
PHILLIP: Du fängst an, mir auf die Nerven zu gehen.
EMILY: Ich habe das Gefühl, du gibst vor, jemand zu sein, der du nicht bist.
PHILLIP: Ich werde selten wütend, aber bin ich es erst einmal, dann für lange Zeit. Ich bin gut zu dir. Ich rate dir zu versuchen, auch gut zu mir zu sein. Gibt es hier denn nicht irgendwo etwas zu trinken?
EMILY: Deine Worte sind gut, aber deine Augen sind bösartig, und die Art, auf die du alles aussprichst, erschreckt mich.
PHILLIP: Ich bin dir gegenüber aufmerksam, sei du es auch mir gegenüber. Hör auf, dir irgend etwas auszudenken!
EMILY: Wieso sollte ich mir etwas ausdenken? Ich bin doch jung und schön, nicht wahr?
PHILLIP: So ist es!
EMILY: Mein Problem ist nur, daß ich mich an nichts mehr erinnere.
PHILLIP: Ich aber erinnere mich an alles.
EMILY: Aber das macht dich weder jünger, noch schöner.
PHILLIP: Gut, daß du dich nicht erinnern kannst, wie du ausgesehen hast, als ich dich das erste Mal traf.
EMILY: Aber ich kann mich erinnern, wie du ausgesehen hast, als ich dich das erste Mal traf.
PHILLIP: Wann?
EMILY: Heute abend.
PHILLIP: Du hast mich vor zwei Jahren getroffen.
EMILY: Genau das versuche ich doch, in meinem Kopf zu ordnen.
PHILLIP: Was genau?

EMILY: Was mich dazu gebracht hat, zwei Jahre nach diesem unseren Treffen deine Frau zu werden.
PHILLIP: Und was hast du bis zu diesem Moment herausbekommen?
EMILY: Ich entdecke nicht einen logischen Grund dafür, warum ich es getan habe.
PHILLIP: Ich kann dich an viele Dinge erinnern.
EMILY: Ich bin neugierig, sie zu hören. Ich will es wirklich wissen.
PHILLIP: Ich will jetzt nicht auf Kleinigkeiten herumreiten.
EMILY: Wie habe ich ausgesehen?
PHILLIP: Du warst sehr verklemmt und eine graue Maus.
EMILY: Verklemmt?
PHILLIP: Ja.
EMILY: Und eine graue Maus?
PHILLIP: Also gut! Scheu und einsam!
EMILY: Das ist nichts Schlechtes.
PHILLIP: Aber niemand bemerkte dich.
EMILY: Das ist normal.
PHILLIP: Ich habe dich gelehrt, du zu sein.
EMILY: Du bist also ein schlauer Mensch, der die Scheu und Einsamkeit eines Mädchens ausgenutzt hat.
PHILLIP: Du sprichst wie ein Mensch, der verbittert und machtlos gegenüber dem ist, was ihm widerfahren ist.
EMILY: Und fremd.
PHILLIP: Ja, und fremd. Aber ich werde alles, was in meiner Macht steht, tun, um das Zerbrochene wieder zu kitten, weil du meine Frau bist.
EMILY: Ich bin es gewesen.
PHILLIP: Diesen Ring an deinem Finger habe ich in Venedig gekauft.
EMILY: Das interessiert mich nicht.
PHILLIP: Als du ihn das erste Mal gesehen hast, bist du vor Glück fast verrückt geworden.
EMILY: Bitte schön!
PHILLIP: Was?
EMILY: Ich gebe ihn dir zurück!
PHILLIP: Warum?
EMILY: Er gefällt mir nicht.
PHILLIP: Ich habe ihn dir geschenkt.

EMILY: Ich weiß nicht, wozu er gut ist!
PHILLIP: Das ist nicht wahr!
EMILY: Für dich! Für mich ist es die reine Wahrheit! Dieser Ring ...
PHILLIP: Das ist ein Verlobungsring.
EMILY: Das ist ein snobistisches, häßliches Zeichen für etwas, an das ich mich nicht erinnere.
PHILLIP: Wie kann ich dir helfen?
EMILY: Hilf dir selbst!
PHILLIP: Mir tut der Kopf weh.
EMILY: Und mir das Gedächtnis! Und es tut mir nicht mal weh, es ist schon tot.
PHILLIP: Das tut mir leid. Ich weiß nicht, was ich tun soll.
EMILY: Das Wort ist Schweigen.
Pause.
PHILLIP: Worauf warten wir jetzt?
EMILY: Du hast es wieder nicht ausgehalten, nicht zu sprechen.
PHILLIP: Ich bin doch bei keiner Prüfung.
EMILY: Aber ich bin es. Ich muß mich an alle Lektionen erinnern. Wer ich bin, wer du bist, und was eher der Wahrheit über unsere Beziehung entspricht: das, was du mir sagst, oder das, was ich fühle. Diese Prüfung ist für mich lebenswichtig, um überhaupt weiterleben zu können.
PHILLIP: Und wenn du dich nie erinnerst?
EMILY: Dann heißt das, daß ich nie mehr dein sein werde. Warum hast du versucht, mich zu verletzen, wenn du behauptest, daß du mich liebst?
PHILLIP: Wann?
EMILY: Als du gesagt hast, ich sei verklemmt und eine graue Maus gewesen.
PHILLIP: Du wolltest die Wahrheit wissen.
EMILY: Wenn die Menschen heiraten, beginnen sie, sich die Wahrheiten zu sagen, die sie sich vor der Hochzeit aufgespart haben, ist es nicht so?
PHILLIP: Du hast mich provoziert.
EMILY: Es wäre früher oder später passiert.
PHILLIP: Ich versuche, objektiv zu sein.
EMILY: Was bedeutet das?

PHILLIP: Ein objektiver Mensch ist der, der sich an die Realität hält.
EMILY: Und die wäre?
PHILLIP: Sie ist das, was sie ist.
EMILY: Das heißt ich, du und dieses Zimmer!
PHILLIP: Ja!
EMILY: Und, von welcher Hochzeit, welchem Venedig und welcher Liebe sprichst du dann?
PHILLIP: Ich liebe dich wirklich.
EMILY: Und was bedeutet das?
PHILLIP: Daß man sein Leben mit einem Menschen verbringen will.
EMILY: Wenn der Betreffende es auch will!
PHILLIP: Natürlich!
EMILY: Das heißt also, die Tatsache, daß du mich liebst, hat in unserem Fall jetzt und hier keinerlei Bedeutung.
PHILLIP: Warum?
EMILY: Weil ich die Tage, die mir noch bleiben, nicht mit dir verbringen will. Ich habe keinen Beweis für das Gegenteil seit dem Moment, in dem ich dich kennengelernt habe.
PHILLIP: Und weißt du, was du willst?
EMILY: Schrei mich nicht an! Ich habe dir hundert Mal gesagt, was ich will! Merk es dir endlich! Ich will mein Gedächtnis wiedererlangen.
PHILLIP: Wenn das geschieht, wirst du alles bereuen, was du gesagt hast, und die Art und Weise, wie du dich mir gegenüber benommen hast.
EMILY: Oder ich werde stolz darauf sein, daß ich es getan habe.
PHILLIP: Das bezweifle ich.
EMILY: Aber du bist nicht sicher.
PHILLIP: Wie meinst du das?
EMILY: Daß ich vorher immer das getan habe, was ich für richtig halte, und daß ich immer das gesagt habe, was ich denke.
PHILLIP: Du behauptetest, daß du mich liebst.
EMILY: Aber ob ich es wirklich empfunden habe?
PHILLIP: Dann hast du mich also belogen!
EMILY: Wenn ich mich erinnere, werden wir es erfahren.
PHILLIP: Und wenn du auch dann lügst?
EMILY: Was ist die Lüge?

PHILLIP: Das Gegenteil der Wahrheit.
EMILY: Und was ist die Wahrheit?
PHILLIP: Das, was ist!
EMILY: Und wenn deine Wahrheit nichts mit meiner gemeinsam hat?
PHILLIP: Bemüh dich gar nicht, so tiefgründig zu denken. Das hast du noch nie gekonnt.
EMILY: Die Beleidigungen gehen weiter.
PHILLIP: Du hast nicht aufgehört, mich zu provozieren.
EMILY: So! Laß uns die Karten auf den Tisch legen! Ich, Emily, bin eine ehemalige graue Maus, ein dummes Ding, das dich trifft. Nach zwei Jahren des Modellierens verwandle ich mich in eine schöne und einfach gestrickte Ehefrau, die sich mit dem Denken schwertut. Ich bin schwanger im dritten Monat. Ich streiche meine Vergangenheit, weil ich keine Erinnerung daran habe. Es bleibt die Gegenwart.
PHILLIP: Und die Zukunft.
EMILY: Ja. Und die wäre – Mutter eines Kindes, dessen Vater sie nicht kennt. Bin das ich?
PHILLIP: Ich kann dir nur sagen, daß du nichts mit dir gemeinsam hast.
EMILY: Du meinst, mit dem, was du aus mir gemacht hast?
PHILLIP: Ich habe dir geholfen, das zu werden, was du bist.
EMILY: Warum?
PHILLIP: Damit du dir besser gefällst, und damit du auch mir vollends gefällst.
EMILY: Und du hast mich so gemacht, wie du mich haben wolltest, und nicht so, wie ich es mir erträumt habe.
PHILLIP: Du hast nicht allzu viel Widerstand geleistet. Du hattest sogar begonnen, dir zu gefallen.
EMILY: Und dafür gibt es sicherlich einen Grund.
PHILLIP: Du ermüdest mich.
EMILY: Bitte schön, ich gefalle dir schon nicht mehr.
PHILLIP: Das habe ich nicht gesagt.
EMILY: Ich kann es doch sehen.
PHILLIP: Es reicht! Du weißt nicht, was du da redest!
EMILY: Aber du hörst es, und das reizt dich.

PHILLIP: Natürlich! Weil eine andere aus dir spricht. Irgendein Wahnsinn hat sich deiner bemächtigt. Du bist panisch vor Angst und sagst diese Dinge, nur um überhaupt etwas zu sagen.

EMILY: Habe ich früher nicht so gesprochen?

PHILLIP: Nein, du hast nur geschwiegen und gemalt.

EMILY: Was nicht bedeutet, daß ich nicht das gedacht habe, was ich jetzt laut ausspreche.

PHILLIP: Ich will mich nicht mit dir streiten. Wenn du wieder weißt, wer du bist ...

EMILY: Ich bin das, was ich bin, und es fängt an, mir zu gefallen.

PHILLIP: Du bist nicht du!

EMILY: Ich bin ich!

PHILLIP: Das ist ein anderes Ich, das ich nicht kenne.

EMILY: Offenbar wollte ich schon immer so sein, wenn es mir jetzt gefällt. Und daß du dir einige Mühe gegeben hast, mich zu einer anderen zu machen, ist dein Problem.

PHILLIP: Ja-a-a ... Wir haben viel getrunken auf der Hochzeit!

EMILY: Wo ist die Champagnerflasche?

PHILLIP: Welche Flasche?

EMILY: Aus der wir getrunken haben? Hier!

PHILLIP: Ich habe sie weggeworfen!

EMILY: Wohin?

PHILLIP: Aus dem Fenster.

EMILY: Du schmatzt ganz widerlich.

PHILLIP: Mein Mund ist ganz trocken.

EMILY: Vom Alkohol, nicht wahr?

PHILLIP: Jeder normale Mann betrinkt sich auf seiner Hochzeit.

EMILY: Warum?

PHILLIP: Vor Freude.

EMILY: Wenn er die Frau liebt, die er heiratet?

PHILLIP: Und selbst wenn er sie nicht liebt, er betrinkt sich doch.

EMILY: Warum?

PHILLIP: Aus Trauer.

EMILY: Hast du dich vor Freude oder aus Trauer betrunken?

PHILLIP: Zuerst habe ich vor Freude getrunken, und als ich dann ein bißchen betrunken war, wurde ich traurig.

EMILY: Warum?
PHILLIP: Es tat mir leid um die Freiheit.
EMILY: Bitte, jetzt bist du wieder frei. Ich kenne dich nicht.
PHILLIP: Aber ich kenne dich. Hör auf, mich zu reizen!
EMILY: Ich glaube, du bist auch nüchtern wie betrunken.
PHILLIP: Ganz genau! Ich muß etwas trinken, um wieder nüchtern zu werden.
EMILY: So was nennt man einen Alkoholiker, nicht wahr?
PHILLIP: Ich kann keine nüchternen Gedanken haben, wenn ich nüchtern bin.
EMILY: Stop! Ich habe mich an etwas erinnert.
PHILLIP: An was?
EMILY: Du bist an sich sehr lieb, aber wenn du trinkst, wirst du zur Bestie.
PHILLIP: Phantasier nicht!
EMILY: Ja ... ja ... ja ... Du warst in Therapie! Meer ... Strand ... Abend ... du warst betrunken und hast mich mit einem dicken Seil an den Handgelenken an ein hellblaues Fischerboot gefesselt. Du hast mir ins Gesicht gebrüllt und rochst nach Alkohol.
PHILLIP: Das ist nicht wahr! Hör auf, dir so etwas auszudenken!
EMILY: Wenn du trinkst, verlierst du die Kontrolle. Und danach kannst du dich an nichts mehr erinnern. Du wirst bösartig und aggressiv. Das liegt offenbar an deinen ekelhaften Komplexen.
Philipp gibt Emily eine Ohrfeige.
PHILLIP: Schweig! Ich bin geheilt! Mir fehlt nichts! Ich bin ein anderer, und das weißt du ganz genau! Schweig!

III.

In der Tür erscheint Marcel. Er schließt ab und steckt den Schlüssel in die Hosentasche.
MARCEL: Warum schlägst du sie?
PHILLIP: A-a-a! Du bist zurück?
MARCEL: Ich bin gar nicht gegangen.
PHILLIP: Wo warst du?
MARCEL: Vor der Tür.
PHILLIP: Hast du gelauscht?
MARCEL: Ich habe einfach zugehört.

PHILLIP: Und was?
MARCEL: Du bist ein richtiges Ekel!
PHILLIP: Schließ auf, laß den Schlüssel stecken und verschwinde!
MARCEL: Du taugst zu gar nichts!
PHILLIP: Ich habe jetzt keine Lust, mich mit dir zu beschäftigen.
MARCEL: Beschäftigst du dich überhaupt mit etwas anderem als mit dir selbst?
PHILLIP: Warum bist du gekommen?
MARCEL: Um zu gehen.
PHILLIP: Dann tu es doch.
MARCEL: Aber nicht allein.
PHILLIP: Und mit wem?
MARCEL: Mit ihr.
PHILLIP: Wie bitte?
MARCEL: Mit Emily!
PHILLIP: Und wohin werdet ihr gehen?
MARCEL: Zuerst bringe ich sie zum Arzt, dann sehen wir weiter.
PHILLIP: Ich bringe sie schon zum Arzt, mach dir keine Sorgen.
MARCEL: Sicher! Aber seit geraumer Zeit fällt es dir überhaupt nicht ein, das zu tun.
PHILLIP: Ihr fehlt nichts.
MARCEL: Das denkst du.
PHILLIP: Ich sehe sie doch.
MARCEL: Ich weiß jetzt, warum du nicht willst, daß sie sich an die Vergangenheit erinnert.
PHILLIP: Nichts weißt du!
MARCEL: Tut sie es, wird sie dich verlassen.
PHILLIP: Am besten wäre es, wenn du uns verläßt.
MARCEL: Daraus wird nichts!
PHILLIP: Ich werde wohl wirklich die Polizei rufen müssen.
MARCEL: Ich habe es dir schon gesagt! Ruf einen Krankenwagen!
PHILLIP: Warum hast du keinen Krankenwagen gerufen, wenn du meiner Frau so gerne helfen willst?
MARCEL: Weil ich Angst hatte, sie mit dir allein zu lassen.
PHILLIP: Wer bist du überhaupt, daß du dir Sorgen um sie machst?
MARCEL: Ein Clochard.
PHILLIP: Dann geh irgendwo betteln, und laß uns in Ruhe!

MARCEL: Ich werde mich nicht von hier wegbewegen, bis du einen Arzt geholt hast!
PHILLIP: Ich werde meine Ehefrau nicht bei irgendeinem Obdachlosen lassen!
MARCEL: Wir waren auch zusammen, bevor du aufgetaucht bist.
PHILLIP: Das habe ich gesehen!
MARCEL: Frag sie, ob ich ihr etwas Böses angetan habe?
PHILLIP: Ich danke dir dafür, daß du ihr geholfen hast, sich zu übergeben. Hier hast du Geld, und jetzt laß uns in Frieden.
MARCEL: Erstens habe ich nichts Besonderes getan, wofür du mir danken müßtest, weil sie sich, als sie dich sah, von ganz alleine übergeben hat. Zweitens, ich habe Geld.
PHILLIP: Ich habe schon davon gehört, daß ihr Bettler gut verdient.
MARCEL: Ich habe es vom Boden aufgesammelt.
PHILLIP: Gestohlen hast du es, nicht aufgesammelt.
MARCEL: Wenn das Geld am Boden herumgelegen ist, dann könnt ihr es ja nicht so nötig gehabt haben.
PHILLIP: Eine interessante Logik.
MARCEL: Wenn ich ein Weilchen mit solchen wie dir gesprochen habe, dann habe ich immer das dringende Bedürfnis, mich zu waschen. Weißt du was, das werde ich auch tun. Ich gehe ins Bad.
PHILLIP: Bist du verrückt?
MARCEL: Du bist verrückt, du weißt es nur nicht.
PHILLIP: Und was bist du?
MARCEL: Ich war noch nie normaler. Ich will mich waschen, bevor ich mit dieser wundervollen Frau fortgehe.
PHILLIP: Nur über meine Leiche!
MARCEL: Wenn es sein muß, dann läßt sich das einrichten, Hosenscheißer!

Marcel geht ins Bad.

IV.

EMILY: Er hat dich »Hosenscheißer« genannt.
PHILLIP: Ich habe es gehört.
EMILY: Und warum hast du nichts getan?
PHILLIP: Soll ich ihn deswegen umbringen?
EMILY: Ich weiß, warum.

PHILLIP: Warum?
EMILY: Weil du ein Hosenscheißer bist.
PHILLIP: Wenn du mich noch einmal beleidigst ...
EMILY: Was dann? Wirst du mir dann in einem Anfall von Kraftlosigkeit mit diesem Ziegelstein auf den Kopf schlagen?
PHILLIP: Emily, was redest du da für einen Unsinn? Beruhige dich, ich bitte dich! Wann habe ich dich je geschlagen? Erinnere dich, hat es jemals so einen Vorfall gegeben? Schau, Liebes, die Tatsache, daß du dir den Kopf gestoßen hast und er dir im Augenblick weh tut und du leicht unpäßlich bist, bedeutet nicht, daß du dich dem Menschen gegenüber so schrecklich verhalten kannst, der seit Jahren versucht, daß du alles für ihn bist. Ich bin sehr erstaunt über die Tatsache, daß ...
Marcel taucht mit eingeseiftem Kopf in der Badezimmertüre auf.
MARCEL: Zu viele Worte, Herr Professor, viel zu viele Worte ...
Emily beginnt, hysterisch zu lachen.
PHILLIP: Lauschst du etwa schon wieder?
MARCEL: Du redest sehr laut. Du hast eine sehr interessante Stimme, einerseits schmeichlerisch, andererseits durchdringend.
Marcel geht ins Bad zurück.
PHILLIP: Clown!
MARCEL: |aus dem Bad| Und wie du die Dinge verdreht hast. Du hast bei der Sorge um Emily begonnen, und am Ende hast du wieder angefangen, von dir zu sprechen. Ach, Professor, Professor! Was ich mir für dich ausgedacht habe, wenn du wüßtest, was ich mir für dich ausgedacht habe ...
Emily lacht noch lauter, Philipp imitierend, indem sie mit verschiedenem Timbre und verschiedener Intonation »Clown!« wiederholt.
PHILLIP: Emily! Ich rede mit dir! Hör auf!
EMILY: Clown! Clown! Clown!
PHILLIP: Dein Lachen geht mir auf die Nerven.
EMILY: Mir ist es angenehm.
PHILLIP: Es wird dir noch etwas passieren.
EMILY: Höchstens, daß ich mich an alles erinnere!
Im Bad beginnt auch Marcel, in tiefem Baß und sehr theatralisch zu lachen.

PHILLIP: Hört auf! Ich werde noch wahnsinnig!
EMILY: Ist es dir nur angenehm, wenn ich weine?
PHILLIP: Es reicht! Das ist ja nicht mehr auszuhalten!
Marcel beginnt plötzlich zu singen, und Emily lacht und beginnt zu tanzen.
PHILLIP: Genug! Es reicht! Ihr habt genug Spott mit meiner Geduld getrieben! Das ist ein Irrenhaus! Ein Irrenhaus! Ihr seid ja völlig irre!
Philipp packt Emily an den Haaren. Sie beginnt zu schreien.
EMILY: Laß mich los! Laß mich los! Das tut weh!
PHILLIP: Warum? Warum? Warum?
EMILY: Marcel! Marcel!
Marcel kommt aus dem Bad, er hat ein Handtuch um die Hüfte gebunden.
MARCEL: Laß sie los! Sadist!
PHILLIP: Verschwinde! Abschaum! Das ist unsere Angelegenheit. Ich werde dich umbringen, mißratene Kreatur! Ich habe dich geschaffen, und ich werde dich auch vernichten!
Marcel schlägt Philipp mit dem Ziegelstein auf den Kopf. Er läßt Emily los und fällt zu Boden. Emily beginnt, ihn zu würgen. Philipp rührt sich nicht.
EMILY: Dreckiges, widerliches, feiges Nichts!
MARCEL: Habe ich ihn getötet?
EMILY: Du hast es nicht geschafft, leider.
MARCEL: Soll ich es zu Ende bringen?
EMILY: Nein! Hol schnell deine Kleider aus dem Bad.
Marcel bringt seine Kleider, währenddessen zieht Emily Philipp die Kleider aus.
MARCEL: Soll ich einen Arzt rufen?
EMILY: Ihm fehlt nichts. Zieh das an!
MARCEL: Für dich, meine ich.
EMILY: Ich will nicht, daß du mich mit diesem Wurm alleine läßt. Zieh seine Kleider an!
MARCEL: Was hast du dir ausgedacht?
EMILY: Ich weiß nicht, wer ich bin, und wenn er wieder zu sich kommt, hoffe ich, daß er sich auch nicht daran erinnern kann, wer er ist.
MARCEL: Und wenn er sein Gedächtnis nicht verloren hat?

EMILY: Dann werde ich ihm eins mit dem Ziegelstein überbraten.
MARCEL: Und wie lange soll das so gehen?
EMILY: Bis er völlig vergißt, wer er ist.
Marcel hat schon die Kleider Philipps übergezogen, und diesem hat er seine eigenen angezogen.
MARCEL: Und jetzt?
EMILY: Wir werden warten.
MARCEL: Worauf?
EMILY: Daß er aufwacht.
MARCEL: Laß uns gehen!
EMILY: Nein! Ich will sicher sein, daß wir quitt sind.
MARCEL: Soll ich ihm helfen?
EMILY: Immer mit der Ruhe.
MARCEL: Und wenn er stirbt?
EMILY: Solche wie er sterben nicht so schnell.
Philipp öffnet die Augen.
PHILLIP: Du hast recht.
MARCEL: Was hast du denn getan, Mann?
PHILLIP: Wer seid ihr?
MARCEL: Wer sind Sie? Wir haben Sie auf der Straße gefunden.
PHILLIP: Was ist mit mir geschehen?
MARCEL: Man hat dich niedergeschlagen, so wie es aussieht. Kannst du dich nicht erinnern?
PHILLIP: Wer hat mich geschlagen?
MARCEL: Woher soll ich das wissen? Schau mal in deinen Taschen nach! Hast du Papiere?
PHILLIP: Ich habe keine. Nur Geld. Wer ist diese Frau?
MARCEL: Mach dich mit meiner Frau bekannt.
PHILLIP: Ich weiß nicht, wie ich heiße.
MARCEL: Das ist schlecht. Und was sollen wir jetzt mit dir machen?
PHILLIP: Bringen Sie mich nach Hause.
EMILY: Wo wohnst du?
PHILLIP: Ich kann mich nicht erinnern. Ich kann mich an nichts erinnern.
EMILY: Und woher soll ich mich dann erinnern?
PHILLIP: Sind Sie frisch vermählt?
MARCEL: Wir werden morgen heiraten.

PHILLIP: Sie haben einen schönen Anzug.
MARCEL: Danke.
PHILLIP: War er teuer?
MARCEL: Ziemlich! Brauchst du irgend etwas?
PHILLIP: Wasser und eine Kopfschmerztablette.
MARCEL: Liebling, bring bitte Wasser für ... Wie heißen Sie?
PHILLIP: Ich kann mich nicht erinnern. Und wie heißen Sie?
EMILY: Das sage ich Ihnen nicht.
MARCEL: Woher kommen Sie?
PHILLIP: Ich kann mich an nichts erinnern. Warum ist das mir passiert? Wieso ich? Warum ist das ausgerechnet mir passiert?
MARCEL: Waren Sie betrunken?
PHILLIP: Ich weiß es nicht. Warum?
MARCEL: Sie riechen nach Alkohol.
PHILLIP: Dann kann es also auch so gewesen sein.
MARCEL: Trinken Sie gerne?
PHILLIP: Das wird wohl so sein, wenn ich Wodka in meiner Tasche habe. Prost!
MARCEL: Zum Wohl!
EMILY: Soll ich einen Arzt rufen?
PHILLIP: Ich habe Sie irgendwo schon einmal gesehen.
EMILY: Das ist möglich.
PHILLIP: Irgendwo in meinem Leben ...
MARCEL: Das wäre nicht weiter verwunderlich.
PHILLIP: Womit beschäftigen Sie sich?
MARCEL: Ich bin Dozent.
PHILLIP: In welchem Fach?
MARCEL: Ethik.
PHILLIP: Was ist das?
MARCEL: Worte ... Worte ... Worte ... Viele Worte.
PHILLIP: Nur Worte?
MARCEL: Ich scherze. Ich bin kein Dozent. Ich helfe den Menschen von Zeit zu Zeit.
PHILLIP: Können Sie mir dann erklären, warum ich mich an nichts erinnere?
MARCEL: Das nennt man Commotio. Das bekommt man nach einem Schlag auf den Kopf.

PHILLIP: Womit?

MARCEL: Das spielt keine Rolle.

PHILLIP: Und wie lange hält es an?

MARCEL: Es gibt drei Arten von Amnesien: retrograd, congrad und antegrad.

EMILY: Woher weißt du diese Dinge?

MARCEL: Vor einem Monat habe ich das Krankenhaus verlassen.

EMILY: Was hast du dort gemacht?

MARCEL: Ich hatte mir den Kopf gestoßen.

EMILY: Und?

MARCEL: Ich habe mein Gedächtnis immer noch nicht zurückerlangt.

PHILLIP: Und wie lange wird es dauern, bis ich wieder gesund bin?

MARCEL: Die Dauer der Gehirnerschütterung ist proportional zur Gehirnschädigung.

PHILLIP: Und wie lange kann es maximal anhalten?

EMILY: Das kommt darauf an, wie stark der Schlag mit dem Ziegelstein war.

PHILLIP: Ziegelstein?

EMILY: Beispielhaft gesprochen. Zuerst ist dir schlecht, der Kopf tut dir weh und dir ist übel. Danach trinkst du einen Wodka, und die Kopfschmerzen vergehen; danach erbrichst du dein bisheriges Leben, und dir geht ein Licht auf.

Philipp steht auf und liest den Text auf dem Band am Ziegelstein.

PHILLIP: Gratuliere!

MARCEL: Morgen, morgen ... ist die Hochzeit.

EMILY: Wohin gehen Sie?

PHILLIP: Mich wird schon jemand auf der Straße erkennen.

EMILY: Hoffentlich!

PHILLIP: Daß ich mich nicht an die Vergangenheit erinnere, bedeutet ja nicht, daß ich keine Zukunft habe.

Philipp betrachtet Emily sehr konzentriert.

EMILY: Manchmal steht die Vergangenheit dem sehr im Weg, was einem noch bevorsteht.

PHILLIP: Das heißt also, es ist besser, ich erinnere mich an nichts aus der Vergangenheit.

EMILY: Das wird das Beste sein.

PHILLIP: Darf ich Sie irgendwann einmal besuchen kommen?

MARCEL: Du kannst hier schlafen, bis wir zurück sind.
PHILLIP: Wohin werden Sie gehen?
MARCEL: Auf Hochzeitsreise. In der Abstellkammer sind eine Dekke und ein paar Konserven. Und in deiner Hosentasche ist der Wohnungsschlüssel.
PHILLIP: Was macht der bei mir?
MARCEL: Ich habe ihn hineingetan.
PHILLIP: Wie lange werden Sie weg sein?
EMILY: Das kann keiner sagen.
PHILLIP: Und wenn Sie nie mehr zurückkommen?
Philipp beginnt zu weinen.
MARCEL: Dann bleibst du hier wohnen.
PHILLIP: Und wenn ich heirate und Kinder habe, kann ich sie dann auch hier unterbringen?
EMILY: Träume sind eine schöne Sache.
PHILLIP: Wie die Erinnerungen.
EMILY: Ist Ihr Gedächtnis zurückgekommen?
PHILLIP: Ich spreche nicht von mir selbst.
EMILY: Das ist auch richtig so. Sie haben heute schon zuviel über sich selbst gesprochen.
PHILLIP: Ich habe Ihnen doch keine Unannehmlichkeiten bereitet?
EMILY: Wichtig ist, daß man aus seinen Fehlern lernt. Auch die Unannehmlichkeiten bringen die Menschen einander näher. Nicht wahr, Marcel?
MARCEL: So ist es!
Man hört das Krähen eines Hahns.
PHILLIP: Es ist an der Zeit!
EMILY: Leb wohl, Philipp!
PHILLIP: Leb wohl, Emily!
Philipp geht langsam aus dem Zimmer. Emily nähert sich Marcel. Sie sehen sich an. Sie schweigen und sehen sich an.
EMILY: Sag wenigstens ein Wort.
MARCEL: Schweigen.
Emily nähert ihre Lippen denen Marcels. Sie klammern sich aneinander. Verdunklung.

ENDE

Jurij Dačev:

Salon der Tränen
(Über die Liebe mit eigenen Worten)

Personen:
MARTHA
DER INHABER
ELENA
DER MANN MIT DEN CHRYSANTHEMEN

1.

Der Raum ist halbdunkel, halbschmutzig, halbordentlich, überhaupt – halbrätselhaft. Es sind viele Türen zu sehen. Auch eine Bar mit den dazugehörenden Gläsern und Flaschen. Die Aufnahme mit der Stimme des Inhabers wiederholt sich periodisch. Sie klingt unangenehm verführerisch – lyrische Musik als Hintergrund und mit viel Übung erreichtes »warmes« Timbre.

STIMME DES INHABERS: Sechsundsiebzig Prozent der Menschen, für die wir uns begeistern, erlauben es sich, an öffentlichen Orten zu weinen. Es weinen Kickboxchampions und Vizeadmirale, Präsidenten und Opernsänger, Nobelpreisträger und Pornostars. Die Welt hat gesehen, wie Bill Clinton und Arancha Sanchez ihre Tränen trocknen, Madonna und Ali Ağca, Papst Johannes Paul II. und Donatella Versace ... Schämen Sie sich nicht Ihrer Tränen. Kratzen Sie sich nicht am Kinn, um zu verstecken, daß es zittert. Rücken Sie Ihre Brille nicht ohne Grund zurecht. Tun Sie nicht so, als ob Sie ein Staubkörnchen im Auge hätten. Lassen Sie Ihren Tränen freien Lauf – hier sieht Ihnen niemand zu. Und selbst wenn Ihnen jemand zusieht, so hat das keinerlei Bedeutung. Sie werden nicht aufhören zu weinen.

Schluchzen Sie und schniefen Sie nach Herzenslust, schniefen Sie und schluchzen Sie. Hier wird keiner an die Badezimmertüre hämmern, während Sie Ihre feuchten Wangen reiben, Ihre Mutter wird nicht das nasse Kissen betasten, während Sie so tun, als schliefen Sie. Sie haben den Ort gefunden, wo Sie glücklich sind – wie konnte er Ihnen bis jetzt verborgen bleiben, fragen Sie sich und weinen vor Freude ...
Der Inhaber führt Martha herein.
MARTHA: Ich gehe gleich wieder.
DER INHABER: Wie »gleich« entscheiden allein Sie.
MARTHA: Ich sage es nur, um Ihren Übereifer zu bremsen. Verschwenden Sie nicht Ihr künstliches Lächeln, rate ich Ihnen freundschaftlich. Heben Sie es sich für andere auf.
DER INHABER: Sie sind keine Frau, die mich zum Lächeln bringt.
MARTHA: Das ist eine gute Nachricht für mich. Aber auch ein Zeichen für mangelnde Professionalität Ihrerseits. Jeder Portier und Kellner weiß, daß ein hündisches Lächeln das Trinkgeld steigert. Stehen Sie nicht hinter meinem Rücken.
DER INHABER: Ich bedauere. Sie werden Ihr Versprechen doch einhalten?
MARTHA: Dir habe ich gar nichts versprochen. Ihnen habe ich nichts versprochen ...
DER INHABER: Sie haben gesagt, Sie würden gleich wieder gehen.
MARTHA: Wir werden sehen. Wenn du mir auf die Nerven gehst, werde ich dich lange quälen. Ich habe mir diesen Ort anders vorgestellt.
DER INHABER: Jetzt folgt eine kurze Darstellung dessen, was Sie sich vorgestellt haben. Das interessiert mich nicht die Bohne.
MARTHA: |*als hätte sie ihn nicht gehört*| Ich habe mir eine Bar von Mördern vorgestellt. Aber nicht von solchen mit Pediküre und Krawatten aus Rohseide. Natürlicher.
DER INHABER: Mit dickem Bizeps und schwarzem Netzshirt. Zwei Querstraßen weiter ist so eine Bar. Sie heißt »Botticelli«. Sie servieren auch Eis.
MARTHA: |*fährt fort zu sprechen, als ob sie nichts gehört hätte*| Oder aber einen Ort für außergewöhnliche sexuelle Perversionen. Oder aber einen Ort des konspirativen Treffens einer Sekte.

Im schlimmsten Fall einen Treffpunkt anonymer Alkoholiker. Und was ist es ... ein langweiliges Loch.

DER INHABER: Und dann auch noch ohne lächelnde Hunde.

MARTHA: Genau. Sind wir die einzigen hier?

DER INHABER: Das hat keine Bedeutung. Ich stehe nicht mehr hinter Ihrem Rücken, der Weg zum Ausgang ist also frei, falls ich mich an Ihnen vergreifen sollte.

MARTHA: Ich habe keine Angst. Ich kann es nur nicht leiden, jemanden hinter mir zu spüren. Sonst habe ich keine Angst. Wann lassen Sie mich endlich in Frieden? Wie spät ist es? Wann lassen Sie mich endlich in Frieden? Ist das Ihre Stimme auf dem Tonband? Was befindet sich hinter diesen Türen?

DER INHABER: Kommen Sie.

MARTHA: Wohin führen Sie mich?

DER INHABER: Hierher, wenn Sie so nett sein wollen. Zu dieser Tageszeit sind die schönsten Zimmer besetzt, aber auch die übrigen sind angenehm. Treten Sie ein. *|öffnet eine Türe|*

MARTHA: Was erwartet mich da drinnen?

DER INHABER: Nichts Schlimmes. Ein Stuhl, ein Kassettenspieler, ein Aschenbecher. Der Katalog mit den Kassetten liegt auf dem Tischchen. Wenn Sie sich etwas ausgesucht haben, sagen Sie mir Bescheid. Ich werde Ihnen die Kassette sofort bringen.

MARTHA: Kann man die Tür abschließen?

DER INHABER: Nur von innen. Werden Sie hineingehen?

MARTHA: Wenn Sie vorausgehen.

DER INHABER: Selbstverständlich.

MARTHA: Hier gibt es bestimmt Mäuse.

DER INHABER: Es gab mal welche. Am Anfang, als ich das Lokal eröffnete. Aber später sind sie verschwunden. Von selbst, ich habe sie nicht vergiftet. Vielleicht ertragen sie das Weinen nicht. Oder sie haben Angst davor zu ertrinken. Meine Großmutter sagte immer: »Hör auf zu heulen, die Mäuseriche tragen schon Schwimmflossen.«

MARTHA: Und was ist das?

DER INHABER: Taschentücher. Falls Sie zufällig vergessen haben, Ihre eigenen mitzubringen, oder wenn Sie Ihnen ausgehen.

MARTHA: Wie in den Kabinen, in denen man Pornofilme anschaut.

DER INHABER: Ich dachte, dort gehen nur Männer hin.
MARTHA: Ich will keine Musik, Sie können sich also ruhig um Ihre eigenen Angelegenheiten kümmern.
DER INHABER: Das habe ich auch bisher getan.
MARTHA: Gehen Sie, und lassen Sie mich in Frieden!
Sie schiebt ihn aus der Kabine hinaus, schließt die Tür hinter ihm. Man hört, wie der Schlüssel von innen im Schloß gedreht wird ... Ein »Gewirr« von Geräuschen – dumpfes Schluchzen, Flüstern, in dem man die Wörter nicht unterscheiden kann, plötzliche, kurze Rufe und irgendeine Musik, die die verschiedenen Geräusche gleichsam »zusammenfließen« läßt. Das seltsame Konzert wird lauter. Im Augenblick der Kulmination hört man zornige Schläge gegen die Tür.
MARTHA: Machen Sie auf, ich bitte Sie. Lassen Sie mich raus! Ich bitte Sie, lassen Sie mich raus!
DER INHABER: Beruhigen Sie sich, und drehen Sie den Schlüssel im Schloß herum!
MARTHA: Ich kann nicht, ich kann nicht, ich kann nicht!
Der Inhaber bricht die Tür auf.
DER INHABER: Geht es Ihnen gut?
MARTHA: |*versucht vergeblich, die Unsicherheit aus ihrer Stimme zu verbannen*| Sie ... Sie sind ein Lügner. Ich habe es gesehen. Ich habe es gesehen! Hier gibt es Mäuse!

2.

Erneut hört man die Stimme: »Sechsundsiebzig Prozent der Menschen ...« usw. Der Inhaber steht hinter der Bar im halbdunklen, halbschmutzigen, überhaupt halbrätselhaften Raum. Von Zeit zu Zeit öffnet sich eine der Türen, man kann Schatten erkennen, man hört undeutliche Stimmen. Aus einer der Kabinen kommt Martha.
DER INHABER: Der Mäuseschreck ist also wieder da?
MARTHA: Wieso Schreck?
DER INHABER: Weil keine Maus mehr aufgetaucht ist, seit jenem Mal, als Sie ...
MARTHA: ... als ich zu kreischen begonnen habe. Ich will einen Schnaps.

DER INHABER: Ich habe keinen Schnaps. Willst du einen Wodka?
MARTHA: Ich will schreien.
DER INHABER: Da hast du einen Schnaps.
MARTHA: Wie bist du nur darauf gekommen – »Salon der Tränen«?
DER INHABER: Na ja, notgedrungen. Ich wollte ein Studio für Penistätowierungen eröffnen, aber es hat sich herausgestellt, daß man mir zuvorgekommen ist.
MARTHA: Hast du genügend Kundschaft?
DER INHABER: Du bist nur ausnahmsweise eingelassen worden. Normalerweise öffne ich nicht jedem. Alle haben eine Voranmeldung.
MARTHA: Schlechter Schnaps. Soll ich dir mal was sagen?
DER INHABER: Ich höre.
MARTHA: An jenem Abend habe ich überhaupt keine Maus gesehen.
DER INHABER: War das alles? Ich habe gedacht, du würdest zu erzählen beginnen. Daß es keine Mäuse gibt, weiß ich selbst.
MARTHA: Was soll ich dir denn erzählen?
DER INHABER: Warum du hierher gekommen bist.
MARTHA: Es ist schon möglich, daß mich die Hysterie von Zeit zu Zeit packt, aber ich bin keine geschwätzige Tussi.
DER INHABER: Probier mal von diesem Schnaps. Schau, hier sind schon alle möglichen Leute hergekommen. Bei dir ist es einfach. Du bist ein klarer Fall.
MARTHA: Ein klarer Fall? Ich bin ein klarer Fall?
DER INHABER: Ein sonnenklarer Fall von Depressionen, die wachsen und wachsen. Zusammen mit den braunen Wurzeln deiner sonst blonden Haare. Es ist Oktober, und du bist angezogen wie für den August. Mit diesem sommerlichen Popelinemäntelchen ... Wenn eine Frau in der vorhergehenden Jahreszeit hängenbleibt, dann bedeutet das, daß sie nicht weiß, wohin sie heute mit sich soll. Du tust so, als seist du frech, weil du dich für letztes Mal schämst. Und von Schnaps verstehst du auch nichts. Der erste war gut, von dem, den du soeben gekippt hast, wirst du dich binnen einer halben Stunde übergeben müssen.
MARTHA: Vielleicht auch schon früher.
DER INHABER: Die Toilette ist dort. Geh, übergib dich, leide! Erzähl mir bloß nicht deine Geschichte. Ausgerechnet auf deine habe ich nämlich keine Lust.

MARTHA: Warum denkst du eigentlich, daß ich ausgerechnet mit dir sprechen möchte? Wer sagt dir, daß du mein Lieblingszuhörer bist? Schau doch nur, wie deine Hände zittern. Wie dein Doppelkinn bebt. Ich kann nur nicht verstehen, warum sich die Ticks noch nicht eingestellt haben. Falsch, alles kommt rechtzeitig, soeben ist dein linkes Lid heruntergeklappt. Ein typischer Fall – außergewöhnlich qualvolle Abstinenz. Schrecklich! Und jeden Moment kannst du zu heulen beginnen.

DER INHABER: Ich? Das letzte Mal, als ich geweint habe, war ich in der dritten Klasse.

MARTHA: Und ich, als sie die Olympiade in Seoul eröffneten.

DER INHABER: Warst du so gerührt?

MARTHA: Ich war überhaupt nicht gerührt. Es war einfach eine Koinzidenz – der Tag meines großen Weinens und die Eröffnung fielen auf den gleichen Tag. Du staust mehr und mehr Tränen auf, strengst dich an zu heulen – aber es geht nicht. Während man manchmal ganz unverhofft zu plärren beginnt. Genau am Feiertag des Transportarbeiters oder am Jahrestag der Schlacht von Acheloj.

DER INHABER: Ich glaube, dein nächster Anfall naht.

MARTHA: Ja, deshalb bin ich ja hierhergekommen. In den »Salon der Tränen«. Wie hast du das erraten?

DER INHABER: Du riechst nach Scheitern.

MARTHA: Du täuschst dich. Das einzige, woran ich gescheitert bin, ist es, das Weinen zu erlernen. Sonst ist alles in Ordnung mit mir. Ja. Ich befinde mich in einem idealen Gleichgewicht. Ich habe ein Diplom – ich habe keine Interessen. Ich habe Falten – sie kommen mir wenig vor. Ich habe Schlaftabletten – ich habe aber keine Lust zu schlafen. Ich habe Schlüssel, und ich kann sie nicht verlieren. Wie riecht das Scheitern?

DER INHABER: Wie ein nasser, alter Popelinemantel. Und nach teurem Parfüm.

MARTHA: Es hat geregnet ... Ich habe dir nicht erlaubt, aus meinem Glas zu trinken.

DER INHABER: Das ist wirklich der letzte gute Schnaps. Ich hatte ihn für mich selbst aufgehoben. Ich wundere mich, wie ich es überhaupt übers Herz gebracht habe.

MARTHA: Du wirst doch nicht aus lauter Rührung beginnen, mir zu erzählen ...
DER INHABER: Was?
MARTHA: Deine Geschichte.
DER INHABER: Bring mich nicht zum Lachen. Das darf ich nicht. Das wäre nicht anständig.
MARTHA: Warum?
DER INHABER: Der Ruf des Salons muß gewahrt bleiben. Und die Ehre des Gewerbes.
MARTHA: Du denkst, daß einer, der hierhergekommen ist, um sich auszuheulen, uns belauschen wird?
DER INHABER: Manche kommen nur deswegen – um zu hören, wie andere schluchzen. Sie sind glücklich, daß drüben hinter der Sperrholzplatte jemand leidet. Und wie du selbst weißt – man hört ausgezeichnet. Deshalb hast du doch beim letzten Mal die Nerven verloren.
MARTHA: Du bist ein Psychopath, nicht wahr?
DER INHABER: Nein, Philologe.
MARTHA: Bring mich dorthin, wo ich mich übergeben kann.
DER INHABER: Hier entlang. Und weißt du, was das Komischste ist?
MARTHA: Nein, aber ich warte schon lange darauf, es zu erfahren.
DER INHABER: Sie zahlen dafür, allein zu sein. Und hier sind sie so allein wie im Wartesaal eines Bahnhofs. Sie bezahlen für diese eine Sperrholzplatte.
MARTHA: Hör mal her! Ich muß mich jetzt wirklich übergeben. Und du machst dir besser einen Kaffee, weil du sehr zerknittert aussiehst. Das Gewerbe, dessen Ehre du wahrst, ist wohl nicht ganz das Richtige für dich.
Sie verschwindet hinter einer Türe. Sofort öffnet sich eine andere: Elena kommt mit der Kaffeekanne und einer Tasse herein. Mit zurückhaltender Zärtlichkeit reicht sie dem Inhaber die Tasse, füllt sie mit Kaffee, danach verschwindet sie geschäftig im Halbdunkel.

3.

Das »Gewirr« von Schluchzen und Musik ertönt erneut. Es erscheint der Mann mit den Chrysanthemen. Der Strauß in seinen Händen ist verwelkt und zerpflückt. Er legt das Ohr an eine Tür,

dann an eine zweite, eine dritte ... Er lauscht einige Zeit, dann spricht er vor jeder Tür ein Wort aus.
DER MANN MIT DEN CHRYSANTHEMEN: Kalt ... Allein ... Dumm ... Alt ... Häßlich ... Allein ... Allein ... Allein ... Allein ...
Plötzlich beginnt er lauthals zu weinen. Er läßt die zerdrückten Chrysanthemen fallen, ganz besessen von seinem Heulkrampf. Von irgendwo springt Elena hervor. Sie versucht, eine Hand auf seinen Mund zu legen. Dann umarmt sie ihn. Unterdrückt löst sich das Weinen des Mannes in den anderen Geräuschen auf.

4.

Der gleiche Ort nach einigen Tagen.
MARTHA: Sag schon, wie riecht mein Mantel heute?
DER INHABER: Chemische Reinigung und ein neues Parfüm. Ein Versuch, die Depressionen zu verstecken. Nicht gerade der gelungenste. Wie lange hast du geübt?
MARTHA: Was?
DER INHABER: Den munteren Schritt.
MARTHA: Zehn Minuten gestern, und noch einmal soviel, bevor ich mich hierher geschleppt habe.
DER INHABER: Bravo! Sogar deine Haare hast du gefärbt.
MARTHA: Ja, und ich habe mich geschminkt, und meinen Schnaps habe ich auch selbst mitgebracht, weil ich mich nicht übergeben will, bevor du nicht alles gehört hast, was ich dir zu sagen habe.
DER INHABER: Das mit der Schminke ist keine gute Idee. Dein Weinanfall steht unmittelbar bevor, alles deutet darauf hin. Und ich hasse verschmierte Gesichter.
MARTHA: Ich bedaure, aber für den Inhaber eines Salons der Tränen sind das unausweichliche Situationen. Setzt dich her, und hör mir zu.
DER INHABER: Ich bin ganz Ohr.
MARTHA: Weißt du, König der Heulsusen, ich habe den unbändigen Wunsch, dir zu erzählen, wie mein heutiger Tag verlaufen ist. Ich bin mit dem Verlangen aufgewacht, Gutes zu tun – mir selbst und meiner Umgebung. Zuerst ging ich zum Friseur, um alle Male der Depression zu verdecken, die dein geschultes Beobachter-

auge so erbarmungslos aufdeckte. Danach ging ich nach Hause zurück, schaute auf den Kalender und sah, daß es nicht Oktober ist, wie du behauptetest, sondern Ende September. Ich öffnete den Kleiderschrank, zog einen dickeren Mantel an und ging in den Park spazieren. Ich sammelte septemberliche Blätter auf, und als ich sie aufgesammelt hatte, tauchte vor mir nicht das Rotkäppchen, sondern ein Großmütterchen auf. »Ach, was für schönes Herbstlaub«, trällerte das Großmütterchen. »Sind Sie Künstlerin?« – »Jetzt ja, gnädige Frau, aber davor war ich Straßenbahnfahrerin.« – »Wie interessant, wie interessant. Was für ein Gespür für Schönheit bei einer Straßenbahnfahrerin.« – »Oh, wir Straßenbahnfahrer sind alle sehr künstlerisch veranlagt, wir lieben die Künstler bis zur Verzückung.« – »Wirklich?«, staunte das Großmütterchen. – »Ja, gnädige Frau, ich habe mich einmal so sehr ihrem Zauber hingegeben, daß ich auf einen Streich vier Stück Ihrer Altersgenossen vor dem Haus der Schauspieler überfuhr – alles Veteranen. Niemand wollte mir glauben, daß ich mich in ihre bekannten Gesichter verschaut hatte, weil sie nachher niemand mehr erkennen konnte. Sehen Sie, gnädige Frau, diese schönen herbstlichen Blätter mögen eine Erinnerung an Sie sein. Heben Sie sie gut auf, damit ich Sie erkennen kann, wenn, Gott behüte, etwas passiert, während Sie die Straßenbahnschienen überqueren!« Wonach das Großmütterchen an den Schienen und der Straßenbahn Nummer zwölf vorbeiflog und sich in der Wolke von Blättern verlor, die ich ihr geschenkt hatte. Ohne ein Wort des Dankes für mein höfliches Benehmen. Und ich, unglücklich über meine Güte, kam auf diese Straße, setzte mich ins gegenüberliegende Lokal, trank neun Cappuccino. Neun Cappuccino, wenn auch in sechs Stunden. Danach kaufte ich eine Flasche Schnaps und läutete an dieser Tür. Um dir ins Gesicht zu sagen, daß du ein mieser Lügner bist, denn in den ganzen sechs Stunden, während ich Cappuccino schlürfte, ist hier niemand hineingegangen.

DER INHABER: So ist es.

MARTHA: So ist es, ja. Dein ganzer Salon der Tränen ist nur ein großes Hirngespinst eines erfolglosen Philologen, wenn du überhaupt Philologe bist.

DER INHABER: Wie heißt du?
MARTHA: Martha.
DER INHABER: Schau, Martha, ich habe mein Diplom nicht dabei, aber ich bin wirklich Philologe. Du brauchst mir nicht zu glauben. Schenk dir einen Schnaps ein, trink ihn aus, danach erlaube ich dir, der Reihe nach in alle Kabinen zu gehen.
MARTHA: Deine Stimme ... Deine Stimme ist extrem widerlich! Wie von denen, die die Filme synchronisieren!

Martha beginnt, eine Türe nach der anderen zu öffnen. Das bekannte »Gewirr« aus Flüstern, Ächzen und Musik taucht erneut auf.

MARTHA: Sie ... sehen mich nicht. Sie sehen gar nichts!

5.

Elena kommt herein, in den Händen einen dampfenden Samowar haltend und zwischen den Zähnen ein zerfleddertes Heft. Sie schenkt dem Mann mit den Chrysanthemen Tee ein.

ELENA: Wir haben noch Zeit, mein Junge. Mindestens zehn Minuten. Für einen Tee reicht es noch. Du trinkst, ich lese. Habe ich dir schon gesagt, daß du mein liebster Zuhörer bist? Seit dem letzten Mal habe ich nicht viel geschrieben, aber es ist doch wichtig. Sie haben sich ihre Gefühle für einander noch nicht gestanden, aber sie können sie auch nicht mehr verbergen. Hör jetzt zu! |*liest aus dem Heft vor*| »Der Wind streichelte zärtlich ihr golden glänzendes Haar. Eine widerspenstige Locke berührte sein vom Wind gegerbtes, sonnenverbranntes Gesicht. Sie fühlte, wie sich etwas Unbekanntes in ihr erhob. Die Welt drehte sich schwindelerregend vor ihren Augen. In ihrem Mund war kein Tröpfchen Speichel mehr zurückgeblieben. Es kam ihr so vor, als würde sie in Ohnmacht fallen. Sie strauchelte, stützte sich aber mit den Ellenbogen am aufgeblühten Marillenbaum ab. Nein, nein, das war nicht der blühende Marillenbaum, sondern seine starke, sichere, männliche Hand. Jetzt spürte er, wie etwas Unbekanntes in ihm aufstieg, das ihn dazu brachte, sich verlegen und stark zugleich zu fühlen. Er öffnete den Mund, um etwas zu sagen, er wußte bloß nicht was, aber er spürte ihren zärtlichen Zei-

gefinger auf seinen vor Erregung rauhen Lippen. Und beide fühlten, wie etwas Unbekanntes sie gefangenhielt und keine Absicht hatte, diese feurige Umarmung zu lösen ...« – »Etwas Unbekanntes« wiederholt sich ziemlich oft. Man muß die Wiederholungen meiden. Obwohl es die Sache genau trifft: »etwas Unbekanntes«. Was denkst du?
Der Mann mit den Chrysanthemen schüttelt sich vor Weinen.
DER MANN MIT DEN CHRYSANTHEMEN: Früh!
ELENA: Es ist zu früh, daß sie sich ihre Gefühle für einander gestehen? Es ist nicht zu früh, wieso sollte es zu früh sein? Das ist das vierte Heft. Und du sprichst von zu früh. Zu früh beginnst du zu weinen, ja. Vielleicht mußt du zum Arzt gehen, wer weiß. Los, geh jetzt. Hast du wenigstens deinen Tee ausgetrunken? Du hast ihn ausgetrunken.
DER MANN MIT DEN CHRYSANTHEMEN: Morgen!
ELENA: Bis morgen werde ich nichts Neues geschrieben haben, also komm nicht.
DER MANN MIT DEN CHRYSANTHEMEN: |*zeigt auf die Chrysanthemen*| Häßlich!
ELENA: Du hast recht. Auch ich hasse Chrysanthemen ... Genug jetzt! Es gibt keine häßlichen Blumen. Verschwinde. Leise! Was für ein Alptraum.
Der Mann mit den Chrysanthemen geht hinaus. Die Tür einer der Kabinen öffnet sich – drinnen sitzt der Inhaber.
DER INHABER: Dein Jeremia wird mir noch die Kundschaft vergraulen.
ELENA: Im Gegenteil. Es gibt keine bessere Reklame für dieses Lokal als einen verheulten Halunken.
DER INHABER: Du bist in ihn verliebt.
ELENA: Wie kommst du denn auf so einen Unsinn?
DER INHABER: Alle Frauen, die russische Klassik mögen, verlieben sich in einen Halunken. Das habe ich schon an der Universität festgestellt.
ELENA: Nur, daß ich bloß zwei russische Bücher gelesen habe. Die Biographie von Alla Pugačova und deren zweite, vervollständigte Auflage. Aber daß ich mich in einen Halunken verliebe, damit hast du recht. Du hast ja keine Ahnung, wie recht du hast.

DER INHABER: Du siehst einen Halunken – und hopp! Plötzlich fühlst du dich von etwas Unbekanntem gefangen. Sei nicht beleidigt. Ich wußte nicht, daß du schreibst.
ELENA: Schmierereien. Meine Arbeit ist es, Bestellungen aufzuschreiben. Schnaps, Desinfektionsmittel. Irgendwer ist auf die Idee gekommen, in den Kabinen zu onanieren. Ich kann das einfach nicht begreifen! Alle heulen, da bin ich mir sicher, weil auch ich lausche. Wie geht das: Er heult und ... Eine Ladung Tränen, eine Ladung ... Das ist ekelhaft!
DER INHABER: Wir hatten vereinbart, daß du immer gehen kannst.
ELENA: Wir hatten vereinbart, daß du mir nie sagen wirst, wann ich zu gehen habe. Wenn ich es für richtig halte, dann werde ich fortgehen. Es kann sein, daß du es gar nicht merkst. Solange es nicht zu stinken beginnt ... Ist das eklig! Ist das eklig!
DER INHABER: Laß uns für eine Weile zumachen. Wir werden sagen, daß es wegen der Jahresreinigung ist.
ELENA: Auf keinen Fall! Jetzt hat das Geschäft gerade erst begonnen zu laufen. Ich übertreibe ein wenig. Die Leute sind intelligent. Ehrlich. Aus gutem Hause. Ich erkenne es an den Zigarettenstummeln. Ihren Zigarettenstummeln – mit goldenen Ringen am Ende. Im Endeffekt ist es ihre Sache, was sie da drinnen tun.
DER INHABER: Die meisten von ihnen sind Ekel, Elena. Ich weiß es.
ELENA: Nichts weißt du.
DER INHABER: Weil ich nicht lausche?
ELENA: Lausche nur. Auch das ist eine Gabe. Du bist doch Schriftsteller. Schriftsteller lauschen. Alle großen Schriftsteller haben gelauscht ...
DER INHABER: Wie viele große Schriftsteller kennst du denn?
ELENA: Vielleicht kenne ich keinen, aber eine innere Stimme sagt mir, daß du lauschen mußt.
DER INHABER: Ich bin einverstanden. Wäre ich nicht den ganzen Nachmittag in der Kabine gesessen, hätte ich nicht gehört, was unter dem blühenden Marillenbaum passiert.
ELENA: Du kannst mich nicht treffen, ich bin Spott gewohnt. Von mir wirst du nichts hören. Mein Leben ist dümmlich. Genauer

gesagt: ziemlich dumm. Ein Leben in Erwartung des Halunken. Wie konnte ich überhaupt so lange überleben?
DER INHABER: Mach dich nicht älter als du bist, du bist nur ein bißchen älter als ich.
ELENA: Eine Frau, die ein bißchen älter ist als du, ist schlicht und ergreifend eine alte Frau.
DER INHABER: Ich will einen Tee.
ELENA: Er ist kalt geworden.
DER INHABER: Ich will einen kalten Tee.
ELENA: Trink. Ich weiß auch, bei wem wir beginnen werden.
DER INHABER: Womit sollen wir beginnen?
ELENA: Mit dem Belauschen. Bei Martha. Du unterhältst dich mit ihr, ich lausche, dann lenke ich deine Aufmerksamkeit auf einige Dinge. Und du erzählst sie nach.
DER INHABER: Genug mit dem Unsinn. Erstens habe ich das Schreiben schon lange aufgegeben. Zweitens, Martha interessiert mich nicht. Sie ist wie ich. Sie vergießt keine Träne.
ELENA: Vielleicht seid ihr füreinander geschaffen.
DER INHABER: Wieso willst du mich ständig verkuppeln?
ELENA: Damit ich guten Gewissens gehen kann. Ich habe die Schnauze voll von dir, nur daß du es weißt. Ich werde die Gläser spülen, ich werde die Aschenbecher auswischen, ich werde meine Hefte nehmen, auch wenn ich nicht weiß, wozu ich sie brauchen werde, und ... Ich werde in die Welt da oben hinausgehen.
DER INHABER: Ich sage es dir noch einmal: Du kannst auch jetzt ...
ELENA: Und ich sage es dir auch noch einmal: Es wird nicht dann sein, wenn du es mir sagst.
|beginnt plötzlich offen und dramatisch auf »russisch« das bekannte Lied von Alla Pugačova zu singen:

Žizn' nevozmožno povernut' nazad
i vremja ni na mig ne ostanoviš.
Pust' neobgljadna noč' i odinok tvoj dom
Ešče idut starinnye časy ...

DER INHABER: Kalter Tee ist eine absolut widerliche Angelegenheit.

6.

Elena spült Gläser und ordnet sie auf der Bar an. Dutzende von verschiedenen Gläsern. Martha nimmt aus der Reihe der gespülten Gläser eines heraus. Während sie spricht, fährt sie fort, die übrigen Gläser und die Hände von Elena anzustarren.

MARTHA: Warum nehmt ihr das Schild nicht ab, wenn alles überfüllt ist? Gestern war ich in der Kabine neben dem Eingang. Gegen Viertel nach zehn hörte ich, wie ein Auto anhielt. Ein luxuriöses Auto, ich erkannte es am Schließen der Türen. Sie klingelten, niemand öffnete. Es waren zwei oder drei, ich bin mir nicht sicher. Anfangs lachten sie. Einer fluchte, mehr im Spaß. Nach einer halben Stunde begannen Fußtritte und Faustschläge. Gegen drei kratzten alle an der Tür. Ich hörte, wie ihre Fingernägel abbrachen. Zarte Nägel. Menschliche Fingernägel. Gegen halb fünf wurde alles still. Bis zur ersten Straßenbahn ... Ihr müßt das Schild abnehmen.

Sie zieht ein zweites Glas von den gespülten heraus. Sie vergleicht es mit dem ersten: Sie sind identisch. Mit einer ruhigen Bewegung läßt sie das Glas auf den Boden fallen. Das Geräusch zerspringenden Glases gelangt nicht zu Elena. Sie fährt fort, konzentriert neue und immer wieder neue Gläser zu spülen.

7.

Der Inhaber, Martha.

MARTHA: Ich habe viel Zeit, um dir zuzuhören.

DER INHABER: Ich werde sie dazu nutzen, um zu schweigen.

MARTHA: Ich will, daß du es mir erklärst. Wer bist du? Wozu dieser Wahnsinn hier? Was willst du ...

DER INHABER: Das ist nicht so interessant, Martha. Ich bin wie du.

MARTHA: Wie bin ich denn?

DER INHABER: Ein unerklärlich heruntergekommener Mensch mit allen sekundären Merkmalen des Erfolgs.

MARTHA: Das bin ich?

DER INHABER: Das bin ich.

MARTHA: Weiter! Werden wir trinken?

DER INHABER: Viel.

MARTHA: Aus den gleichen Gläsern.

DER INHABER: Vom gleichen schlechten Schnaps. Aber zum letzten Mal. Danach verschwindest du.
MARTHA: Sicher weißt du auch, wohin. In die Bar »Botticelli« vielleicht.
DER INHABER: Wohin auch immer. Hauptsache, du bleibst nicht hier!
MARTHA: Warum bist du so wütend auf dein eigenes Lokal?
DER INHABER: Hier ist nur der Schnaps echt. Weil er schlecht ist. Alles andere ist eine Lüge. Wie in meinen Romanen.
MARTHA: Romane?
DER INHABER: Ich schrieb sie vor Jahren, noch als Student. Alle begannen gut, aber dann wurden sie ziemlich schnell schlecht. Weißt du, warum? Der Hauptheld bemühte sich dauernd, jemandem zu helfen, und kaum hatte er damit begonnen, schon gelang es ihm. So ein Unsinn! Also gut, ich bin ein schlechter Schriftsteller gewesen. Aber weißt du, wieviel Klassik wegen dieser primitiven Dummheit in den Bücherregalen verrottet? Jemand bemüht sich, jemandem zu helfen, und das, man höre und staune – gelingt. Unsinn! Hellblau gepunktet, wie Tolstoj sagte. Ich weiß nur nicht mehr, aus welchem Anlaß.
MARTHA: Es muß über Nataša Rostova gewesen sein.
DER INHABER: Ich bin mir nicht ganz sicher, aber das hat auch keinerlei Bedeutung, also mag es so sein. Wenn Nataša Rostova sprechen könnte, würde sie dir sagen, daß alles Hellblaue und Schwarze für sich allein steht.
MARTHA: Für wen hast du diesen Salon dann eröffnet?
DER INHABER: Für Nataša Rostova, vorausgesetzt, daß es ihr gelingt, Tolstoj zu entfliehen. Lange Zeit dachte ich, daß ich den Menschen, wenn ich ihnen einen Ort zur Verfügung stelle, wo sie sich ausweinen können, etwas Gutes tue. Gegen ein bescheidenes Entgelt. Darin enthalten sind Taschentücher für sie und schlechter Schnaps für mich. Unsinn! Unsinn! Sie hassen mich. Vielleicht, weil ich ihre Gesichter sehe, wenn ich die Tür öffne und schließe.
MARTHA: Du solltest dich inzwischen daran gewöhnt haben. Das ist doch nur ein Business. Und darüber hinaus nicht einmal schlecht ausgedacht. »Salon der Tränen«! Pfeif auf die Literatur und auch auf Nataša Rostova. Schau doch mal: eine Flasche

Schnaps. Martha. Ein Popelinemantel. Es ist so schön, daß es bisher noch niemand geschrieben hat. Noch schöner ist, daß ich den Mantel nicht brauchen werde. Mir ist es geradezu zu eng hier bei so vielen schönen Dingen.

DER INHABER: Du schreibst doch nicht etwa auch Romane?

MARTHA: Nur kurze Erzählungen, keine Angst.

DER INHABER: Wie soll ich keine Angst haben, wenn ich eine Riesenangst habe?

MARTHA: Leise.

DER INHABER: Ich bitte dich, geh!

MARTHA: Ich werde nicht gehen. Schon deshalb, weil um den Eingang irgend so ein Typ mit Chrysanthemen herumschleicht.

DER INHABER: Er lebt hier. Ein Schwachsinniger, aber völlig harmlos.

MARTHA: Ich werde noch etwas Schönes sagen.

DER INHABER: Und dieses Loch wird vor lauter schönen Dingen noch überquellen.

MARTHA: Sieh mal, wir sind nicht glücklich, wir sind es einfach nicht.

DER INHABER: Das ist sogar noch untertrieben.

MARTHA: Aber wir sind auch nicht völlig unglücklich wie diese großen Schriftsteller. Wenn man bei Tolstoj beginnt und aufhört bei ... ich weiß nicht wem. Um zu beschreiben, wie gut es uns jetzt geht, bräuchten sie Worte, Tränen ... Wir aber trinken. Wir schweigen. Und obendrein können wir nicht einmal weinen.

DER INHABER: Das ist schon fast klassisch.

MARTHA: Leise.

DER INHABER: Wir trinken und wir schweigen.

MARTHA: Leise!

DER INHABER: Wir trinken leise und wir schweigen.

8.

Elena in einer Kabine – sie schreibt fieberhaft. Vor der Tür hört ihr der Mann mit den Chrysanthemen zu.

ELENA: Und dann begriffen sie, daß etwas Unbekanntes sie zwang zu schweigen. Beide fühlten, wie sie schwach wurden, und auch,

daß der größte Klassiker der russischen oder gar der Weltliteratur verstört staunen würde angesichts dieses Schwalls von Gefühlen. Die Freude trocknete die Tränen in ihren Augen, und sie begannen mit einem besonderen Glanz zu leuchten. Diesen Glanz konnte man nur vergleichen mit ... nur mit ... nur mit ... Diesen Glanz konnte man mit nichts vergleichen.
Der Mann mit den Chrysanthemen beginnt aus Leibeskräften zu heulen.
DER MANN MIT DEN CHRYSANTHEMEN: Schön! Schön! Schön!
Er weint und ruft »Schön!« und schlägt mit den Fäusten gegen die Türen der Kabinen. Einige von ihnen gehen unter den Schlägen auf.
Elena wirft das Heft weg, holt den Schluchzenden ein und erstickt sein Weinen in ihren Umarmungen. Die bekannte Mischung aus Stöhnen und Musik ertönt erneut.
ELENA: Sie sehen nicht. Sie sehen nichts!

9.

Der Inhaber, Martha und Elena – sie stehen vor den Kabinen. Die Türen sind offen, die Kabinen dunkel.
MARTHA: Verehrte Gäste, teure Weinende, Kabinennachbarn. Es ist wunderbar, daß wir zusammen sind, es ist noch wunderbarer, daß wir uns nicht sehen. Ich beeile mich, Sie zu beruhigen, es hat sich nichts geändert, es wird sich auch nichts ändern, solange wir drei dafür sorgen, daß Sie bei vollem Komfort und angemessenen hygienischen Bedingungen weinen können. Ich bin glücklich, Ihnen mitteilen zu können, daß seit einiger Zeit unser Salon der Tränen nur noch für Stammkundschaft geöffnet ist. Hierher kommen stets dieselben Menschen. Manche von Ihnen gehen auch hinaus. Bis jetzt. Sie kennen einander nicht, aber Sie schwimmen in gemeinsamen Tränen ...
ELENA: |*zum Inhaber*| Ist sie betrunken?
MARTHA: |*hört die Frage*| Natürlich. |*zu den Kabinen*| Ich erlaube mir, mich an Sie alle zu wenden, weil unsere kleine, nasse Gesellschaft auch Abwechslung braucht, nicht wahr? Ich bin Martha, ich liebe Sie und werde für die Überraschungen sorgen. Es

ist bekannt, daß die Geschichte der Kunst geradezu durchtränkt ist von Tränen. Bücher, Bilder, Filme. Lassen Sie uns ein Spiel ausprobieren. Das gute, alte Filmeraten. Aber nur Filme, bei denen geweint wird. Bei denen immer noch einige weinen. Ich bin Martha, ich liebe Sie. Lassen Sie uns beginnen. A ... *Stille.*

DER INHABER: Stop!

MARTHA: G. Der Buchstabe »G«! Und deshalb zu Tränen rührende Filme mit dem Anfangsbuchstaben »G« bitte.

DER INHABER: |*nach einer Pause*| »Guess Who's Coming to Dinner«!

MARTHA: Wir haben den ersten Mutigen gehört. Ein schöner alter Film mit Sidney Poitier macht den Anfang in unserem Wettbewerb. Erinnern Sie sich an Sidney Poitier und seinen Sex-Appeal? Wie viele von uns haben sich gewünscht, er möge doch zum Abendessen vorbeikommen. Aber wollen wir nicht sentimental werden. Der Wettbewerb geht weiter. Andere Filme mit dem Buchstaben »G«. Mehr! Mehr!

STIMME AUS DEN KABINEN: »Grüne Tomaten«.

MARTHA: »Grüne Tomaten« sagt Kabine Nummer drei. Kabine Nummer drei schließt sich an mit »Grüne Tomaten«. Wollen wir sehen, was weiter geschieht.

STIMME: »Geboren am 4. Juli«.

MARTHA: »Geboren am 4. Juli« kommt aus Kabine Nummer eins. Beim Spiel von Tom Cruise kommen mir auch immer die Tränen.

STIMME: »Ghost – Nachricht von Sam«.

MARTHA: Kabine Nummer neun steht nicht zurück.

STIMME: »Ginger und Fred«.

MARTHA: »Ginger und Fred«, ganz genau, »Ginger e Fred« des großen Maestro Fellini, das hat Kabine Nummer eins die Führung eingebracht.

ELENA: »Gorillas im Nebel«.

MARTHA: Wer den nicht gesehen hat, der hat nicht geweint.

STIMME: »Gefühle, die man sieht«.

MARTHA: Schon beim Titel holen wir die Taschentücher hervor. Ein Volltreffer für Kabine Nummer neun.

ELENA: »Gorjačij sneg«.

MARTHA: Das russische Kino mischt sich mit einem Film über Stalingrad ganz entschieden ein. Ein Punkt für meine charmante Assistentin.
ELENA: »Gripsholm«.
STIMME: Mit Verlaub, aber das ist ein Buch. Außerdem ist es nicht zum Weinen.
ELENA: Es gibt auch einen Film, Sie Ignorant! Und ich habe sehr wohl geweint!
Eine Tür schlägt zu.
MARTHA: Bitte, keine Aufregung! Keine Aufregung! Ich bin Martha, ich liebe Sie! Lassen Sie uns das Spiel wechseln. Wußten Sie schon, daß ... Der Wissenschaft zufolge ist das Weinen die typische Reaktion des parasympathischen Nervensystems. Die Tränenkanälchen sondern eine spezifische Flüssigkeit ohne Farbe und Geruch ab, aber mit einem gewissen salzigen Geschmack, der auf die Anwesenheit von Natriumchlorid zurückzuführen ist. Ich bin Martha, ich liebe Sie, und jetzt werde ich Sie vom breiten Anwendungsgebiet des Chlorids überzeugen. Ich erwarte Ihre Hypothesen über das Weinen, das Sie jetzt hören werden.
Sie zieht aus dem Dunkel den Mann mit den Chrysanthemen hervor, der einen Knebel im Mund hat. Sie nimmt den Knebel heraus. Es erschallt das bereits bekannte Heulen.
MARTHA: Kabine Nummer sechs, ich vertraue auf Ihre Aktivität.
STIMME: Weinen bei einem Nervenzusammenbruch.
MARTHA: Das ist möglich. Andere Hypothesen.
STIMME: Das Weinen wegen eines verpaßten Zuges.
STIMME: Das Weinen wegen eines verpatzten Debüts.
STIMME: Das Weinen wegen letzten Donnerstag.
STIMME: Einfach nur Weinen.
STIMME: Das Weinen wegen eines abgerissenen Knopfes.
STIMME: Das Weinen vor Freude.
STIMME: Das Weinen deinetwegen.
Die letzte Replik »zerschneidet« das Spiel. Die Türen beginnen eine nach der anderen, sich zu schließen, manche laut, andere vorsichtig. Der Mann mit den Chrysanthemen läuft davon.

MARTHA: Danke an alle, die am Spiel teilgenommen haben. Ich hoffe ... Ich bin Martha ... Ich begrüße Sie mit der folgenden Ausführung. Das ist für alle. Ich bin Martha. Ich liebe Sie ...
Es erklingt »Una furtiva lacrima«. Während die Musik von Donizetti lauter wird, schließen sich noch weitere Türen – fast alle, bis auf drei.

10.

Der Inhaber, Martha und Elena sind in den bis vor kurzem leeren Kabinen. Jeder alleine. Jeder schreibt. Alle schreiben und weinen.

DER INHABER: Heute abend habe ich ihre Hände gesehen. Erst jetzt ist mir bewußt geworden, daß sie sie bis jetzt versteckt hatte. Sicherlich schaut sie deshalb ununterbrochen auf die Hände der anderen. Ihre Fingernägel sind abgebrochen, so als habe sie über Zement gekratzt. Ihre Finger sind zerschnitten, sicher hat sie wieder ein Glas zerbrochen. Alles, was sie in die Finger bekommt, drückt sie mit Kraft zusammen. Die Zigarette, das Glas, den Türgriff. Sie klammert sich an sie wie ein Ertrinkender an den Strohhalm. Ein Ertrinkender an einen Strohhalm! Was für ein Vergleich. Was für ein banaler, dummer, unbegabter, schleimiger, beschissener Vergleich ...

ELENA: Der Gedanke daran, daß er eine andere liebt, traf sie wie ein Blitz aus heiterem Himmel. Sie fühlte sich wie eine Gitarre, deren Saiten von brutalen Fingern ausgerissen werden. Die gleichen Finger, die bis vor kurzem das zarte Instrument liebkost hatten und für die es zutraulich ein Liebeslied geflüstert hatte ...

MARTHA: »Du bist keine Frau, die mich zum Lächeln bringt«, sagte er und lächelte. Seine Worte lockten sie heraus. Es war nicht mehr hell und kalt. Es war traurig, für beide. Da war auch ein Glas ...

DER INHABER: Mir fehlen die Worte. Es sind zehn übriggeblieben, wenn es überhaupt so viele sind. Sie werden immer weniger. Was tut man in einem solchen Fall? Man rechnet sich aus, wie lange sie noch ausreichen werden. Verwandelt man sie in Zwieback oder Schokolade und zerbricht sie in kleine Stückchen?

Wie viele Worte braucht man am Tag, um zu überleben? Welche sind von Nutzen? Kann man alle wegwerfen? Die wertvolleren versaufen? Eigentlich brauche ich Wörter für Hände. Für zerschnittene Hände mit abgebrochenen Fingernägeln ...
ELENA: Plötzlich fühlte sie, wie etwas Unbekanntes sie mit wilder Verzweiflung erfüllte. Sie begriff: Das Leben hatte keinen Sinn mehr für sie. Sie starrte den kleinen Nachtfalter an, der um die Lampe schwirrte. »Ach, kleiner Falter, kleiner Falter, warum bin ich nicht auch so wie du? Einfach sterben, nachdem die Flamme meine Flügel versengt hat?«, dachte sie sich ...
MARTHA: »Geh!«, hatte er ihr gesagt. »Es ist Oktober, und du bist angezogen wie für den August.« Aber sie blieb. Für noch einen Oktober. Sie zerbrach hundert Gläser. Sie schlief hundert Nächte lang nicht. Sie weinte hundert Tage lang nicht ...
DER INHABER: Warum klingt alles einzig und allein für mich wie ein Zitat? Warum bin ich vollgestopft mit Wiederholungen? Ich will nicht schreiben. Ich will nicht sprechen. Aber ich will wissen, daß ich meine eigenen Worte habe. Nur zehn, nicht mehr. Gut, fünf. Dreieinhalb. Dreieinhalb eigene Worte für einzigartige Dinge. Für ihre Hände zum Beispiel ...
ELENA: Ihre Füße trugen sie wie von selbst zum Felsen. Dort unten heulte das Meer und lud sie ein: »Komm zu mir, beneide den Falter nicht. Ich werde dich mit unerhörter Zärtlichkeit liebkosen. Und ich werde dich glücklich machen, glücklich ...«
MARTHA: Er hat gelernt zu sparen. Den einen Tag dachte er nur an seine Stimme, einen anderen – an sein Hemd mit dem durchgescheuerten Kragen, einen dritten – nur an seine Hände. Er beklagte sich nicht, nicht einmal bei sich selbst. Er bereitete sich auf die Einsamkeit vor wie auf die Matura. Er begann zu leben. Im großen und ganzen – glücklich ...

Die drei springen gleichzeitig aus ihren Kabinen heraus und schreien: »ICH LIEBE DICH!« Der Mann mit den Chrysanthemen rennt fort, natürlich heult er. Die drei wagen es nicht, sich anzusehen.

DER INHABER: [*nach einer langen, langen Pause*] Wißt ihr was, ich glaube, wir haben hier wirklich Mäuse.
MARTHA: Aber ich habe sie doch schon beim ersten Mal gesehen.

ELENA: Ich habe große Angst vor Mäusen. Vor Schlangen nicht. Aber Mäuse machen mich geradezu wahnsinnig.
DER INHABER: Wir haben doch vor zwei Monaten Gift ausgelegt?
ELENA: Wir haben es gegen Kakerlaken ausgelegt, nicht gegen Mäuse.
DER INHABER: Wir haben welches ausgelegt, wir haben welches ausgelegt.
ELENA: Haben wir nicht, haben wir nicht.
MARTHA: Vielleicht sind es ja irgendwelche Mutanten.
ELENA: Was sollen sie sein?
MARTHA: Wenn sie sich an das Gift gewöhnen, dann hört es auf, bei ihnen zu wirken. Sie fangen an, damit zu frühstücken.
ELENA: Wir haben kein Gift gegen Mäuse ausgelegt.
MARTHA: Macht nichts, wir werden wieder welches auslegen.
DER INHABER: Und es ist höchste Zeit, daß wir diesem Idioten sagen, daß er verschwinden soll.
ELENA: Was hast du gegen den Idioten?
DER INHABER: Er weint.
ELENA: Aber hier weinen doch alle. Sowohl die, die dafür bezahlen, als auch die, die keine Träne vergießen.
DER INHABER: Der Idiot soll verschwinden, bevor du ihn mit den Chrysanthemen geschmückt siehst, die er ohnehin vom Friedhof klaut.
ELENA: Da schau einer an, wie der Humanist die Zähne bleckt. Ein Idiot sei er! Vor kurzem, als ihr ihn zum Idioten gemacht habt, war er kein Idiot.
MARTHA: Wer bist du hier, daß ich mir deine Meinung anhören muß? Die Inhaberin? Die Amme des Inhabers? Ich will das wissen.
ELENA: Ich bin die, die eure Erlebnisse aufwischt. Mit einem Lappen.
DER INHABER: Sei nicht so bescheiden. Du bist auch eine Schriftstellerin, und Schutzpatronin der Idioten. Sicher auch noch etwas anderes, von dem ich nichts weiß.
ELENA: Der Schriftsteller bist du.
DER INHABER: Nein, du.
ELENA: Der Schriftsteller bist du. Ich skizziere nur. Einfach so, zum eigenen Vergnügen. Du bist der, der beinahe gestorben wäre, als sie dir sagten, daß dein Roman ein bißchen schwach aus-

gefallen ist. Kannst du dich erinnern, wieviele Tabletten du geschluckt hast?
DER INHABER: Zu wenig, leider. Andernfalls wäre ich jetzt nicht hier in diesem stinkenden Irrenhaus mit zwei Autorinnen.
ELENA: |*zu Martha*| Schreibst du etwa auch? Zu welchem Thema?
DER INHABER: Über die Liebe.
ELENA: Was frage ich auch. Das war ja klar.
DER INHABER: Über ein Liebesthema mit vielen Adjektiven. Und die ziehen sich über ganze Seiten.
ELENA: Es gibt keinen schönen Roman ohne Liebe. Das haben sie dir schon richtig gesagt im Verlag.
MARTHA: So wird man belogen. Aus Höflichkeit. Sie haben ihm gesagt, daß nicht genug Liebe in seinem Roman vorhanden sei, um ihm nicht sagen zu müssen, daß sein Talent nicht ausreicht.
ELENA: Das glaube ich nicht. Vielleicht wollten ihm die Leute ja auch helfen. Außerdem kann man einem Buch am einfachsten Liebe hinzufügen.
MARTHA: Ihm helfen? Schau ihn dir doch an! Würdest du ihm helfen wollen? Diesem ehrgeizigen, bösen, verbitterten alten Schakal? Was an ihm würde dich dazu bringen, ihn aus der Gosse zu holen? Wieviel natürlicher ist es da, über ihn drüberzuspringen. Wie soll er deiner Meinung nach über Liebe schreiben, wenn nicht einmal die Chance besteht, daß ihm irgendwann irgendwer mit Sympathie begegnet?
DER INHABER: Erst jetzt erkenne ich, wie sehr ihr einander gleicht. Warum verlobt ihr euch nicht? Später werdet ihr unter einem gemeinsamen Pseudonym schreiben. Die eine liefert die Sujets, die andere die Adjektive. Von der einen der »Marillenbaum«, von der anderen »erblüht«. Von dir der Schnaps, und von dir die gespülten Gläser. Die Tränen – von euch beiden. Ihr weint schön. Und auch ziemlich oft. Viele Tränen. Eine ganze Pfütze. Über irgendeinen Schakal. Wenn sich alle umbringen, könnt ihr mich anrufen. Zwei alte Jungfern und ein alter Schakal – sicher ein Bestseller.
MARTHA: Ich will, daß du stirbst.
DER INHABER: Wenn das Sujet es verlangt. Der Ort paßt gut, das kann man nicht leugnen. |*zu Elena*| Vergeßt nicht, auch einen

Haufen Zigeuner einzubauen. Sie sollen romantische Lieder über Liebe und Tod singen. |*geht hinaus*|
MARTHA: Ich hätte ihn töten sollen ... Ob er zurückkommt?
ELENA: Und jetzt werden wir Tee trinken.

11.

Nach einiger Zeit. Martha, Elena und der Mann mit den Chrysanthemen trinken Tee.
ELENA: Ich habe eine Liste mit den Renovierungsarbeiten gemacht, die nicht aufgeschoben werden können. Die Ausgaben werden gar nicht so hoch sein, Gott sei Dank.
MARTHA: Hast du aufgeschrieben, daß die Kabinen anders gestrichen werden müssen?
ELENA: Warum willst du sie anders streichen?
MARTHA: Dieses Lila reizt mich.
ELENA: Bisher hat sich noch keiner beschwert.
MARTHA: Trotzdem ist es notwendig, daß sie gestrichen werden.
ELENA: In welcher Farbe?
MARTHA: Egal in welcher.
ELENA: Wenn es nur um eine Auffrischung geht, können wir sie ja wieder lila streichen.
MARTHA: Nein.
ELENA: Er mochte Lila nicht, wenn es dich interessiert. Er sagte, es sei die Farbe der Unzucht.
MARTHA: Ja, er war ausgesprochen weit von jeglicher Unzucht entfernt. Was man nicht zu seinen wenigen Pluspunkten zählen kann. Ihm gefiel das Lila nicht, aber er duldete es. Wir werden die Kabinen in Resedagrün streichen.
ELENA: Er hatte Geschmack.
MARTHA: Die meisten sterilen Menschen haben Geschmack.
ELENA: Warum sprechen wir von ihm, als sei er gestorben?
MARTHA: Für mich ist er mehr als nur gestorben. Und vielleicht ist er es ja wirklich.
ELENA: Meiner Rechnung nach ist er schon seit vier Monaten und sieben Tagen weg.
MARTHA: Es ist mir ein Rätsel, wie du mit der Zeit zurechtkommst. Ich habe es schon lange aufgegeben.

ELENA: Ich bin dazu verpflichtet. Ich muß doch darauf achten, wann die Abonnements auslaufen.

MARTHA: Das ist nicht mehr nötig. Mit Ausnahme von Kabine acht haben alle für ein Jahr im voraus bezahlt.

ELENA: Weißt du, seit wir Schlüssel für die Eingangstür verteilt haben, fehlt mir etwas. Früher sagten wir einander wenigstens hallo, wenn ich die Tür öffnete. Vielleicht sollten wir wieder Filmeraten spielen, um uns ein wenig kennenzulernen.

MARTHA: Keine Sentimentalitäten. Hast du in deiner Rechnung auch das Geld für den Arzt berücksichtigt? |*zeigt auf den Mann mit den Chrysanthemen*|

ELENA: Er will nicht mehr hingehen. Ich bin dort gewesen, damit sie es mir erklären. Ich habe den ganzen Nachmittag lang gewartet. Kurzum – er wird nicht gesund werden.

MARTHA: Er wird sich zu Tode weinen?

ELENA: Das nimmt man an. Es sei eine seltene Krankheit. Es gebe etwas wie eine Mandel in seinem Kopf, die gegen etwas anderes drücke, und dann passiere ich weiß nicht was, und er weine.

MARTHA: Seit wann ist er so?

ELENA: Schon ziemlich lange. Aber in letzter Zeit hört man seine Stimme wenigstens nicht mehr. Er macht sich nur naß.

MARTHA: Klaut er die Chrysanthemen wirklich vom Friedhof?

ELENA: Ja, aber selten. Mit einem Strauß kommt er zwei Wochen aus.

MARTHA: Wozu braucht er sie?

ELENA: Morgens geht er zu Beerdigungen, abends zu Hochzeiten. Er hungert nicht. Er verdient sogar dabei.

MARTHA: Wer läßt ihn denn auf Hochzeiten?

ELENA: Warum? Prinzipiell ist es immer gut, weinende Männer dabeizuhaben. Die Leute denken sich, daß er eine alte Liebe der Braut ist. Und er ist ja auch attraktiv. Mit diesen Haaren. Ein blonder Mann, der weint – da werde ich einfach schwach.

MARTHA: Was für ein Unsinn! Schenk mir nochmal ein.

ELENA: Du trinkst zu viel.

MARTHA: Das ist erst seit gestern so.

ELENA: Aber gestern ist seit einem halben Jahr.

MARTHA: Das geht dich nichts an.
ELENA: Weißt du, ich habe aufgehört zu schreiben.
MARTHA: Wirklich? Solche Dinge gibt man nicht so plötzlich bekannt. Du mußt mich vorbereiten.
ELENA: Wie sehr ihr euch gleicht, du und er. Ihr spottet gerne.
MARTHA: Und du läßt dich gerne verspotten. Du kannst anders nicht leben. Ich beobachte dich schon lange. Als er aufhörte, dich zu bemerken, wurdest du bissig. Um daran zu erinnern, daß du existierst. Daß er es versäumt hat, dich zu verspotten.
ELENA: Ich kenne mich nicht so gut.
MARTHA: Du lügst. Du bist schlau. Du kämpfst darum, daß es immer jemanden gibt, der von deiner Fürsorge abhängig ist. Warum tust du das? Du bist eine schöne Frau. Das ist eine Rolle für häßlichere.
ELENA: Schenk mir auch ein.
MARTHA: Du wirst dir schon selbst einschenken. Wenig.
ELENA: Was die Schönheit angeht – schön bin ich offenbar. Als du kamst, habe ich mich daran erinnert. In deinen Augen habe ich es gesehen. Am Anfang hast du dich mindestens zweimal geschüttelt, weil dein Haar weniger Fülle besitzt als meines. Nicht, daß du häßlich wärst. Du bist dumm. Es ist ein Jammer, daß du so klug bist. Warum mußtest du dich verstellen? Sie könne nicht weinen. Ich habe dein Gesicht an jenem Abend doch gesehen. Vor lauter Tränen warst du aufgequollen wie eine Wasserleiche. Und das, daß ich gekämpft habe, damit jemand von meiner Fürsorge abhängig ist ... Ich kämpfe nicht, ich habe schon lange gesiegt. Nur jener Unglücksrabe von Kabine Nummer acht müht sich noch ab, aber auch er wird kapitulieren. Spätestens in zwei Tagen wird auch er für ein Jahr im voraus bezahlen. Und du brauchst dich gar nicht aufzuregen. Du wirst nicht auf dem Trockenen sitzen. Und die Kabinen werden wir in Resedagrün streichen, so wie du es willst.
MARTHA: Na gut, wollen wir uns weniger aufgeregt hassen.
ELENA: Ich bin einverstanden. Sag, brauchst du irgend etwas? Willst du mir vorlesen? Soll ich dir vorsingen? Ist es dir auch nicht zu eng vor lauter schönen Dingen? Beunruhigen dich die Mäuse?
MARTHA: Ich bitte dich, schweig! Ich habe Angst.

ELENA: Dazu hast du keinen Grund. Warum redest du dir ein, daß ich die Leute abhängig mache? So ist es nicht. Alles hängt nur davon ab, daß sie uns keinen falschen Schnaps mitbringen, so widerstandsfähig die Leber auch sein mag, und selbstverständlich auch von unseren gemeinsamen Entscheidungen. Ich wollte dich unlängst fragen: Wenn du sicher bist, daß er für dich wie gestorben ist, ist es dann nicht besser, daß wir sicher gehen, daß er wirklich gestorben ist?

MARTHA: Was?

ELENA: Ich frage ja nur. Wir können natürlich auch in der Zukunft noch darüber reden.

MARTHA: In der Zukunft? Um was für eine Zukunft kann es zu dieser Nachtzeit gehen?

ELENA: Warum bist du so sicher, daß es Nacht ist?

MARTHA: Gut, was von ihr da draußen übriggeblieben ist.

ELENA: Es ist Nacht, du hast recht. Und jetzt knöpfe deine Weste zu, denn es wird zugig.

MARTHA: Ich werde mich woanders hinsetzen.

ELENA: Gerade jetzt wirst du es wohl kaum können. Bleib sitzen. Trink in aller Ruhe und rühr dich nicht.

Elena steht auf und öffnet die Kabinen eine nach der anderen. Das »Gewirr« klingt eklektischer und erschreckender als je zuvor. Es bewegt sich langsam auf seine Kulmination zu. Danach beginnt es, leiser zu werden. Martha erhebt sich unerwartet energisch aus ihrem Stuhl und geht zu Elena, wobei sie sich vor Lachen krümmt.

MARTHA: Komm her! Ich muß dir etwas zeigen.

Sie schleppt sie zum Mann mit den Chrysanthemen. Sie legt die Handflächen Elenas auf sein Gesicht. Es ist trocken. Keine Spur von einer Träne.

12.

Der Salon ist unerwartet hell. Die Türen der Kabinen sind offen, und die Kabinen sind auch hell. Der Mann mit den Chrysanthemen streicht eine der Kabinen in Orange. Elena beaufsichtigt ihn. Martha führt den Inhaber herein. Alle sind in bester Laune.

MARTHA: Sag nur nicht, daß du gleich wieder gehen willst. Das habe ich schon einmal gehört.

DER INHABER: Von dir selbst.
MARTHA: Ganz genau. Denk dir etwas Eigenes aus.
DER INHABER: Gut. Ich werde bleiben, solange ihr wollt.
ELENA: Wer?
DER INHABER: Ihr beide.
MARTHA: Wir wollen beide, daß du länger bleibst. Nicht wahr, Elena?
ELENA: Selbstverständlich, Martha. Du hast mich wie immer verstanden, ohne daß ich ein Wort gesagt habe.
DER INHABER: Wieso habt ihr gerade Orange ausgewählt?
ELENA: Zuerst hatten wir uns für Resedagrün entschieden, aber Martha erinnerte sich, daß du diese Farbe nicht magst.
DER INHABER: Ach so? Das wußte ich nicht. Ich kann nicht behaupten, daß mich Farben sonderlich beeindrucken. Beim ersten Streichen fragten sie mich, welche Farbe die Wände der Kabinen haben sollten. Ich sagte ihnen, daß es mich nicht interessiert, und sie strichen sie lila.
ELENA: Du bist einfach geschmackeinflößend.
DER INHABER: Ist Orange denn nicht zu fröhlich für einen Salon der Tränen?
MARTHA: Sie haben ja auch das Krematorium in Naturfarbe gestrichen.
DER INHABER: Du mußt zugeben, daß das eine ausgewogenere Entscheidung war.
MARTHA: Elena und ich haben beschlossen: Schluß mit der Ausgewogenheit.
ELENA: Sie paßt auch nicht zu uns.
DER INHABER: Ich habe mir nie vorgestellt, daß es so geräumig ist. Und die Kunden? Wie habt ihr sie davon überzeugt, nicht herzukommen, während die Renovierung im Gange ist?
MARTHA: Das ist Elenas Verdienst. Zwischenzeitlich sind drei Plätze frei geworden, aber die sind schon wieder vergeben.
DER INHABER: Drei Personen haben ihr Abonnement gekündigt?
ELENA: Nein. Zwei sind gestorben, und einer ist wegen Exhibitionismus im Gefängnis gelandet.
DER INHABER: Und ich hatte schon Angst, das Interesse wäre abgeflaut.

MARTHA: Nichts dergleichen. Wir denken sogar an Expansion. Wir haben vor, die benachbarte Bäckerei zu mieten.
DER INHABER: Bravo.
MARTHA: Es wird noch weitere Veränderungen geben. Der Text, der ununterbrochen vom Tonband kam, war, verzeih, ein bißchen aus der Mode.
DER INHABER: Er paßt nicht zu Orange.
MARTHA: So ist es. Wir brauchen etwas Exzentrischeres. Wir haben beschlossen, das Weinen von bekannten Persönlichkeiten aufzunehmen, die hier vorbeigekommen sind. Etwas wie ein goldenes Gästebuch der Prominenten.
Der Mann mit den Chrysanthemen zeigt sich grinsend und mit Farbe bekleckert.
DER MANN MIT DEN CHRYSANTHEMEN: Schreibst du, schreibst du?
MARTHA: Bist du erschrocken? Ich kann mich auch noch nicht daran gewöhnen. Seit er aufgehört hat zu weinen, hat er begonnen, ganze Sätze zusammenzubauen.
ELENA: Dafür ist er nicht mehr so attraktiv wie früher.
MARTHA: Das kommt dir nur so vor, weil du weinende blonde Männer vorziehst.
ELENA: Wollen wir uns nicht setzen?
MARTHA: Ja.
ELENA: Zu trinken gibt es genug, nur Gläser haben wir keine mehr übrig. Martha hat sie alle kaputtgemacht.
MARTHA: Er weiß, daß ich eine Verspannung in den Händen habe.
DER INHABER: Soll nichts Schlimmeres passieren als ein Mangel an Gläsern. Möge nur alles andere weiterhin so aufblühen. Ich hätte wohl früher fortgehen sollen.
ELENA: Warum?
DER INHABER: Ich habe die Blüte verzögert. Ohne mich geht alles wunderbar.
ELENA: Das ist ein bißchen überzogen.
DER INHABER: Nein, das ist es nicht. Ich habe recht. Absolut.
ELENA: Martha ...
MARTHA: Elena, meine Liebe, wir dürfen uns nicht belügen. Wenn wir offen zueinander gewesen wären, dann wären wir bis heute zusammengeblieben.

ELENA: Es hat sich doch soeben herausgestellt, daß das für niemanden gut gewesen wäre?
DER INHABER: Einfache Sätze. Das Wichtigste ist, in einfachen Sätzen zu denken und zu sprechen.
MARTHA: Und mit ganz gewöhnlichen Worten. Ich habe es schon gelernt.
ELENA: Na, die ungewöhnlichen haben wir doch alle schon für ihn aufgebraucht.
DER INHABER: Wirklich?
MARTHA: Wir haben über dich gesprochen, ja. Nicht so oft, wie du dir vielleicht denkst. Nein.
ELENA: Ich nicht, aber sie ... Zahlreicher als ihre Geschichten über dich sind nur ihre zerbrochenen Gläser.
MARTHA: Das liegt schon weit hinter mir. Hast du vielleicht nur wenige Lieder gesungen? Und obendrein nur russische. Und alle von Alla Pugačova.
ELENA: Das ist nicht wahr, ich kenne auch andere.
MARTHA: Wir werden uns nicht streiten. Erzähle, wie es dir geht!
ELENA: Fehlt dir etwas?
MARTHA: Bist du alleine?
ELENA: Oder hast du jemanden?
DER INHABER: Auf welche Frage soll ich zuerst antworten?
DER MANN MIT DEN CHRYSANTHEMEN: Schreibst du, schreibst du?
DER INHABER: Ja. Ich habe eine Trilogie herausgegeben. |zu Elena| Dir wird sie gefallen.
ELENA: Wie kannst du da so sicher sein?
DER INHABER: Du magst doch Liebesromane?
MARTHA: Wenn es etwas gibt, was du überhaupt nicht schreiben kannst, dann sind es Liebesromane.
DER INHABER: Genau so einer ist es. Ein klassisches amouröses Dreieck. Die erste Auflage ist schon fast ausverkauft.
ELENA: Ich warte schon lange darauf, daß mir jemand erklärt, welches amouröse Dreieck klassisch ist.
DER INHABER: Das gleichschenklige. Habt ihr etwas geschrieben?
ELENA: Nein.
MARTHA: Vom kommerziellen Standpunkt aus betrachtet wirklich nichts.

ELENA: Wir haben Liebesbriefe an dich geschrieben und sie uns gegenseitig vorgelesen.
MARTHA: Ja, wir sind jeweils unsere liebsten Zuhörerinnen, eine für die andere.
DER INHABER: Kann ich sie auch sehen?
MARTHA: Gib sie ihm.
ELENA: Ich habe mit ihnen den Boden abgedeckt, bevor wir mit dem Streichen begonnen haben. Wenn du sie lesen willst, wirst du auf dem Boden herumkriechen müssen. Siehst du ein Blatt aus einem kleinformatigen Heft mit breiten Linien, dann wisse, daß es ein Liebesbrief an dich ist.
DER INHABER: Ich verzichte. Besser wir sitzen herum und unterhalten uns.
ELENA: Ich denke, daß wir genug geredet haben. Wir haben einen ganzen Haufen Unsinn dahergeredet. Ich kann mich nicht daran gewöhnen, daß du so süß geworden bist. So, als hätte ich dich geschrieben. Liebesbriefe wolle er lesen. Das Herzchen. Das ist ja ekelhaft!
DER INHABER: Wenn ich mich gut benehme und wenn ... ich auch so aussehe, dann ist es, weil ich es gelernt habe. Und nicht, weil ich keine schweren Momente gehabt hätte.
ELENA: Wie genau? Ich habe kürzlich eine Reklame gelesen – Wochenendschnellkurse: »Wie betrügen wir das Schicksal ...« Hast du dich etwa angemeldet?
DER INHABER: Nein. Aber ich könnte sie leiten! Ihr übrigens auch. Die Welt ist begierig auf Lügen im Stil von »Martha und Elena«. Wenn jemand eine Geschichte der Lüge schreibt, kann jede von euch auf ein eigenes Kapitel hoffen. Nur gut, daß ich dies und jenes von euch gelernt habe, andernfalls wäre ich dort, im Licht, zugrundegegangen. »Sag mir nie, wann ich gehen soll. Ich werde es selbst entscheiden. Du bist das einzige in meinem dümmlichen, eher dummen Leben«. Und die Verlegerin gegenüber wird weich, hinter ihren hundert Dioptrien. Außer Dioptrien hat sie noch Diabetes und Dollars. Und ich habe einen unveröffentlichten Roman und Erinnerungen an Elena ... »Es hat keinen Sinn, vom Erfolg zu sprechen, meine Liebe. Was bedeutet er schon angesichts der Tatsache, daß wir jetzt zusam-

men sind, daß wir leise trinken und schweigen?« Das war bei einer anderen Verlegerin. Sie hatte keinen zu hohen Blutzuckerspiegel, aber auch nichts, was ihr Geschlecht verraten hätte. Sie hatte sich ausgesucht, eine Frau zu sein, gut, ich akzeptierte es. Auch für sie hatte ich etwas: Worte, übriggeblieben von Martha. Die Verlegerin las sie und weinte ... Und ich trinke auf meinen neuen Roman, den ich noch nicht geschrieben habe, der aber, so wie die Dinge mit der Verlegerin stehen, schon so gut wie gedruckt ist. Wenn es mir also gutgeht ... Und mir geht es gut! Wenn es mir gutgeht, dann weil ich es gelernt habe. Und nicht, weil ich keine schweren Momente gehabt hätte.

ELENA: Und wie hast du dir unsere Momente vorgestellt? Weißt du, daß sie um ein Haar gestorben wäre? Weißt du, daß ich sie danach um ein Haar umgebracht hätte?

DER INHABER: Es ist komisch sich vorzustellen, daß wir dann weiterhin alle drei hätten hier sein können.

ELENA: Was meinst du damit? Aber sag es deutlich!

DER INHABER: Damals sagten wir uns Worte, die wir nicht meinten.

ELENA: Welche Worte waren das?

DER INHABER: Warum müssen wir alte Geschichten aufwärmen?

ELENA: Weil ich damals aufgewühlt war und nicht alle im Gedächtnis behalten habe. Ich hatte nicht die Gelegenheit, sie mir in meinem Heft mit den breiten Linien aufzuschreiben.

DER INHABER: Jemand von euch nannte mich »Schakal«.

ELENA: Den Schakal und die alten Jungfern überspringen wir. Sie sind hundertprozentig in deinem Bestseller enthalten. Damals sagtest du etwas anderes zu ihr!

DER INHABER: Das gleiche, was auch du gesagt hast!

ELENA: Was?

MARTHA: Ruhig. Damals waren wir alle drei übertrieben emotional. Jetzt können wir uns das nicht erlauben. Wir müssen froh sein, daß wir zusammen sind. Ich kann immer noch nicht richtig glauben, daß du hier bist.

ELENA: Glaube es ruhig, er ist hier, der Herr Liebesschriftsteller!

DER INHABER: Ich gehe!

MARTHA: Nein!

ELENA: Soll er doch gehen!
Alle drei ziehen die Nase hoch. Martha steht auf, holt den Kassettenrecorder. Sie spielt eine Aufnahme ab.
DIE STIMME MARTHAS: Sechsundsiebzig Prozent der Menschen, für die Sie sich begeistern, erlauben es sich, an öffentlichen Orten zu weinen. Anderen Quellen zufolge ist der Prozentsatz höher. Um sich zu entspannen und geborgen zu fühlen in unserem Salon der Tränen, schlage ich Ihnen vor, sich die Grüße unseres Teams anzuhören, dem nicht nur Ihre Stimmungen nicht fremd sind, sondern das sie auch voll und ganz teilt. Ich liebe Sie und weine mit Ihnen.
MARTHA: Wenn wir uns schon einmal versammelt haben, warum sollten wir dann nicht auch ein bißchen Arbeit erledigen.
Sie drückt den Knopf. Alle drei sehen sich an und bemerken, daß keiner mehr weint. Der Inhaber stellt den Kassettenrecorder ab.
DER INHABER: Entschuldige, aber dieser Kassettenrecorder hat auf mich die gleiche Wirkung wie das Becherchen, wenn ich eine Urinprobe abgeben soll. Du kannst mich totschlagen, aber so werde ich keine einzige Träne vergießen. Meine parasympathischen Nerven zieren sich irgendwie.
ELENA: Das sind Körperflüssigkeiten, man kann sie nicht gewaltsam kontrollieren.
MARTHA: Gut, einige Minuten Konzentration. Jeder denkt, was er will.
Sie schweigen, um besser auf ihre Gedanken hören zu können.
ELENA: Ich habe etwas Wichtiges verpaßt. Bevor das Streichen begonnen hat, wäre eine ordentliche Desinfektion nötig gewesen. Etwas Einfaches und Effizientes. Chlorkalk, zum Beispiel. Unmengen von Chlorkalk auf den Boden der Kabinen, in die Ecken, auf die Fettflecken. Sonst wird alles durch die Farbe durchschlagen. Ich werde mich darum kümmern, wer sonst. Ich werde solange Chlorkalk streuen, bis ich spüre, daß meine Augen brennen. Aber ich werde mit dem Rücken zu ihm stehen, und er wird nicht sehen, daß ich weine ...
DER INHABER: Hoffentlich wird dieses Orange bald nachdunkeln. Zwei Monate werden sicher genug sein. Danach wird es wieder warm und schmutzig werden, und ich werde mich ruhiger füh-

len. Ich werde nur zum Zahnarzt hinausgehen und, um meine Steuern zu bezahlen. Oder wegen irgendwelchen sehr wichtigen Einkäufen. Ich werde ihr beibringen, ihre Hände nicht zu verstecken. Seltsam, sonst ist sie gealtert, aber ihre Hände sind es nicht. Die Fingernägel sind wieder abgebrochen, die Narben sind neu. Ich werde ihr beibringen, sie nicht zu verstecken, zumindest nicht vor mir, ich werde ihr beibringen, nur mit mir zu trinken, und von mir nur meine eigenen Worte zu erwarten. Für den Anfang habe ich genug ...

MARTHA: Nehmen wir es als wahr an, daß es Herbst ist. Ich brauche ihn. Ich brauche auch ein Glas. Ich werde ihn losschicken, eines zu kaufen. Eigentlich werden Gläser schon lange nicht mehr einzeln verkauft, deswegen werde ich ihm sagen, er soll sechs kaufen, fünf davon kaputtmachen und mit einem zurückkommen. Damit wir aus einem gemeinsamen Glas trinken. Wie früher. Schlechter Schnaps für zwei aus einem schartigen Glas. Während ich auf ihn warte, werde ich mich leerweinen. Hoffentlich laufe ich nur nicht ganz aus. Im schlimmsten Fall wird er bei seiner Rückkehr zwei Klumpen feuchten Salzes an der Bar vorfinden. Er wird nicht draufkommen, woher sie stammen. Vielleicht denkt er sich, daß es Glasscherben von den kaputten Gläsern sind, die am Profil seiner Schuhsohlen hängengeblieben sind. Von den fünf Gläsern, gekauft in einem Set von sechs, wegen einer ... Das Weinen deinetwegen! *[drückt den Knopf des Kassettenrecorders]*

Es ist still. So still, daß man die Bewegungen des Pinsels hört, mit dem der Mann mit den Chrysanthemen zuerst die Wände streicht, dann die Bar, dann die Flaschen, dann die Stühle, dann die Menschen, die darauf sitzen ... Überall nur Stille und verzweifelte Schönheit des Orange.

ENDE

Kalin Iliev:

Die Grenze

Personen:
TEDI
BOBI
DER GRENZBEAMTE
DER MINISTER
DER SOFTWARESPEZIALIST
DER PSYCHOLOGE

Um uns herum gibt es viele andere Welten, Max.
Und nicht eine davon ist unsere.

1.

Nacht.
Tedi und Bobi verbergen sich in einem Wäldchen am Straßenrand in der Nähe des Grenzübergangs. Im Licht des runden Mondes und der hellen Sterne über ihnen zeichnen sich ihre Schatten ab. Die Stille und das Zirpen der Grillen werden von Autolärm und gedämpften Stimmen unterbrochen.

TEDI: Super! ... Die richtige Zeit für eine Flucht! Zum Abhauen, Verschwinden, Durchbrennen ... Zum verfluchten Sprung aus der Scheiße! ... Wir werden darüber hinwegfliegen wie ... Und die Penner an der Grenze sollen nur den Rauch riechen ... Bist du bereit?
Pause.
Los! Hast du nie etwas riskiert? ... Hast du Angst? ...
Pause.
Mein Motorrad ist eine Bestie, dreihundertfünfundsiebzig Kubikzentimeter, Einspritzung, vier Auspuffrohre. Wenn ich voll aufdrehe, wird dein Kopf leer, aber deine Unterhose voll ...

Pause.

Es gibt nichts, wovor du dich fürchten müßtest. Ich habe eine Spezialbrille für Nachtfahrten, mit Infrarotstrahlen. Der Mond und die Sterne werden uns helfen ... Los, Bobi! Wir werden genau dorthin fliegen. Nicht durch die Grenzabsperrungen, nicht in einen anderen Staat ... Wir werden direkt ins Jenseits fliegen! ...
Pause.
Seit ich dieses Motorrad habe, habe ich aufgehört zu fixen. Das ist ein einmaliges Erlebnis, viel echter ... Glaub mir, Bobi!

BOBI: Leiser.

TEDI: Ich kann nicht leiser, ich bin aufgeregt.

BOBI: Was für Sterne denn?

TEDI: Wenn ich in so einem Zustand bin ...

BOBI: Hörst du, wie sie läuten?

TEDI: Einmal habe ich einen Maschinisten besprungen, während er den Zug fuhr ...

BOBI: Manchmal frage ich mich, ob es die Sterne sind oder die Grillen ...?

TEDI: Wenn ich nur daran denke ...

BOBI: An was erinnert dich dieses Läuten?

TEDI: An einen Kinderchor. Wenn du wüßtest ...

Sie küßt ihn.

BOBI: Was tust du da?

Pause.

TEDI: Nur Loser stellen solche Fragen.

BOBI: Wir sind nur Freunde, Tedi.

TEDI: Du hast recht. Es war ein dummer Scherz. Vergiß es! ...

Pause.

Du hast zu viele pädagogische Bücher gelesen. All diese – Rousseau, Tolstoj, Gianni Rodari ... Verschlinge doch besser Jack Kerrouac. Er wird dir helfen, den Wind zu spüren, dich zu befreien.

BOBI: Hör nur, hör nur!

TEDI: Was ist denn schon wieder?

BOBI: Es ähnelt wirklich einem himmlischen Kinderchor!

TEDI: Ich habe dir gesagt, du sollst es vergessen! Nur die Idioten nehmen alle dummen Scherze ernst ... Es wird bald vier Uhr.

BOBI: Vier ... hast du vier gesagt? ...
Pause.
Sie stand jede Nacht um diese Uhrzeit auf, in den letzten Monaten, jede Nacht ... bevor sie für immer davonflog ... Sie stand mit geschlossenen Augen auf ... Sie kam zu mir, als sei ich eine Puppe. Sie sprach mit mir, verdrehte meine Arme, drückte mir immer an ein und derselben Stelle auf den Bauch ... Und ich begann mit mechanischer Stimme, das Lied der Puppe zu singen.
TEDI: Was ist denn jetzt schon wieder mit dir los?
BOBI: Ich hatte einen Unglücksfall in der Familie. Mir wurde eine Schwester geboren.
TEDI: Und ich will, daß wir aufbrechen, weil es bald hell wird! ... Es tut mir leid.
Pause.
Man hört das Geräusch eines Glöckchens.
TEDI: Hast du gehört? Sind das auch Geräusche aus dem Kosmos?
BOBI: Das ist ein Pferd. Ich habe es gesehen, es grast ganz in der Nähe.
TEDI: Laß uns von hier verschwinden! ... Früher gab es Visa und alle möglichen anderen Beschränkungen. Und wir hatten keine Probleme mit der verfluchten Grenze. Jetzt sind wir angeblich frei, dafür haben sie uns verwechselt ... Und dieses Pferd? Ein Alptraum! Du beschwörst all diese Alpträume geradezu herauf! ... Laß uns das Motorrad besteigen!
BOBI: Du willst sagen, ich soll dich fest um die Hüften packen?
TEDI: Exakt. Und ich setze die Brille für Nachtfahrten auf, ohne Scheinwerfer, ich betätige den Starter und Gas bis zum Abwinken! Bis sie es überhaupt mitbekommen, werden wir an beiden Kontrollpunkten vorbei sein. Fünf Minuten später sind wir auf der Schnellstraße ... Los, Bobi! Tu etwas für dein Vaterland – emigriere!
BOBI: Das ist leicht gesagt, Tedi.
TEDI: Ihr Männer seid wie öffentliche Toiletten. Entweder seid ihr besetzt oder beschissen ... Bobi, wir haben schon einmal versucht, die verfluchte Grenze auf normale Art und Weise zu überqueren. Es hat nicht geklappt. Es war nicht unsere Schuld. Das heißt, jetzt ...

BOBI: Die globale Statistik zeigt, daß der zweite Versuch der effektivste ist. Er vereint Energie und Erfahrung.
TEDI: Was für ein Gespräch, mitten in der Nacht an der Grenze!
BOBI: Die Grenze steht dir bevor, auch nachdem du sie überschritten hast.
TEDI: Die Grenze beginnt und endet.
BOBI: Die Grenze endet, damit die nächste beginnt. Ein Mann muß versuchen, alle Grenzen zu überschreiten.
TEDI: Das ist doch leeres Geschwätz. Von uns werden Taten verlangt ...
BOBI: Der Gedanke ist die stärkste Tat, Tedi. Begreifst du nicht, daß das, was mit uns passiert ist, nicht passiert ist?
TEDI: Wie das ...?
BOBI: Ich bin mir sicher, daß es ein Irrtum war. Wahrscheinlich war der Grenzbeamte bei der Paßkontrolle betrunken, er hat sich getäuscht oder kann nicht mit dem Computer umgehen.
TEDI: Meinst du?
BOBI: Ich bin überzeugt davon. Bald werden die Diensthabenden abgelöst. Deshalb haben wir doch die ganze Nacht gewartet ... Alles wird gutgehen. Ich verspreche es dir, Tedi!
TEDI: Und wenn das gleiche passiert wie beim ersten Mal?
BOBI: Dann ... werden wir erneut warten, daß es dunkel wird. Und ich werde mit dir fliegen.
TEDI: Wirst du dann nicht wieder Angst haben?

Erneut hört man das Klingeln eines Glöckchens.
Pause.

BOBI: Unsere Ängste lauern uns auf ... Wirst du mir etwas erzählen ... über dich selbst?
TEDI: Und du?
BOBI: Wir beide.
TEDI: Wir beide ...? Wann? ... Bald werden sich unsere Wege trennen.
BOBI: Vielleicht haben wir auch noch eine Nacht.
TEDI: Noch eine ganze Nacht ...? Meinst du?
BOBI: Das ist gut möglich. Wenn man der Wahrscheinlichkeitstheorie Glauben schenkt ...
TEDI: Hör zu, Loser! ... Vor kurzem hast du es mir versprochen! Du hast mir versprochen, daß es ein Irrtum war und daß sie uns

bald durchlassen werden. Was erzählst du mir jetzt? ... Ich breche auf. Kommst du mit mir?

BOBI: Warte! ... Wir haben es doch besprochen?

TEDI: Nichts haben wir besprochen. Wir haben nur gesprochen ...

BOBI: Hältst du so deine Versprechen?

TEDI: Hast du schon einmal eine Frau gesehen, die ihre Versprechen hält?

BOBI: Du hältst dein Wort.

TEDI: Ich frage dich zum letzten Mal – gehst du mit mir, solange es noch dunkel ist?

BOBI: Schau, Tedi ...

TEDI: Ja oder nein?

BOBI: Du wirst mich doch wohl nicht so zurücklassen, allein, mitten in der Nacht?

TEDI: Ich bin kein Pilz, Bobi, um in einem Land zu wachsen, das einem Keller gleicht. Deshalb ...

BOBI: Gut ... Dann geh ...!

TEDI: Willst du, daß wir uns zum Abschied küssen?

BOBI: Ich habe meine Zähne nicht geputzt.

TEDI: Mieser Dreckskerl! Wenn du dir das nächste Mal die Zähne putzt, dann vergiß nicht, dir auch die Augen gut zu putzen! Ciao!

Tedi bricht auf.
Lange Pause.
Tedi kommt zurück.
Sie schweigen.

TEDI: Du hast Glück, es wird hell.

BOBI: Danke!

2.

Am Morgen.
Tedi und Bobi sind am Schalter des Grenzübergangs. Sie warten darauf, daß der Polizist an der Paßkontrolle sein Frühstück beendet.

TEDI: Ich habe schon lange niemanden mehr mit so viel Abscheu frühstücken gesehen.

DER GRENZBEAMTE: Es wäre besser, statt diesen verfluchten amerikanischen Sandwiches Scheiße zu essen. Millionen von Fliegen können nicht irren, haha ...!

TEDI: Sie stopfen sich aus Langeweile voll, nicht wahr?
DER GRENZBEAMTE: Yes. So ist es an der Grenze. Wir sind alle an der Grenze, und wir werden immer dort sein.
TEDI: Was wollen Sie damit sagen?
DER GRENZBEAMTE: Die Grenze steht einem bevor, auch wenn man sie überschritten hat. Die Pässe bitte!
Die beiden reichen ihm ihre Pässe. Der Grenzer schaut sie durch und bearbeitet sie.
Etwas stört ihn, er schaut zuerst Tedi intensiv an, dann Bobi.
DER GRENZBEAMTE: Sie sind ...
BOBI: Bobi.
DER GRENZBEAMTE: Genau, Bobi, ein Mann, Geschlecht männlich im Paß, und auf dem Bild, das sind Sie. Bei Ihren Namen kann man durcheinandergeraten. Bobi und Tedi, welcher ist männlich, und welcher ist weiblich? Aber was soll man machen – es gibt eben alle möglichen Namen. Wichtig ist, was der Mensch hinterläßt. Manche hinterlassen nur etwas, wenn sie sich hinhocken, haha ...! Und Sie sind Tedi, Geschlecht weiblich?
TEDI: Sie haben es erraten.
DER GRENZBEAMTE: Sind Sie schon einmal auf Händen gelaufen?
TEDI: Ich könnte mich nicht daran erinnern.
DER GRENZBEAMTE: Frauen mit schönen Beinen sollten auf Händen laufen, haha ...!
BOBI: Das war ein Kompliment, Tedi. Sag: »Danke schön!«
TEDI: Auf solche Komplimente ...
BOBI: Sie bedankt sich, Herr Grenzbeamter ...
Pause.
Warum haben Sie aufgehört, unsere Pässe zu bearbeiten?
DER GRENZBEAMTE: Habe ich das? Vielleicht denke ich an etwas Persönliches ...
BOBI: Nein, ich bin überzeugt ...
DER GRENZBEAMTE: Was?
BOBI: Daß sie ... Es scheint mir ...
DER GRENZBEAMTE: Uns scheint doch nicht etwa ein und dasselbe? ...
Pause.
Sie versuchen es, was? Ob Sie nicht vielleicht dieses Mal damit durchkommen ... Sie wissen ganz genau, warum man Sie ge-

stern zurückgeschickt hat. Es trifft Sie keine Schuld. Sie sind mir sympathisch. Ich selbst bedauere dieses Mißverständnis auch!

TEDI: Das heißt ... Das heißt, Sie werden uns durchlassen?

DER GRENZBEAMTE: Eine überflüssige Frage. Momentan können Sie weder diese, noch irgendeine andere Grenze passieren. Es ist mir wirklich unangenehm, daß ich Sie zurückschicken muß.

TEDI: Wir sind nicht auf der Schwarzen Liste, nicht wahr? Wir sind keine Serienkiller, keine Drogenkuriere, wir haben keine Steuerschulden ... Ist es nicht so?

DER GRENZBEAMTE: So ist es.

TEDI: Unsere Pässe sind also in Ordnung?

DER GRENZBEAMTE: Sie sind eine Frau, und was für eine ...! So steht es auch in Ihrem Paß – Tedi, Geschlecht weiblich. Und im Paß des Herrn steht völlig richtig, bitte schön, Bobi, so, Geschlecht männlich. Aber ... wenn ich Ihre Daten in den Computer eingebe, dann ist es genau umgekehrt. Laut Computer ist Tedi ein Mann und Bobi eine Frau. Alle übrigen Daten stimmen überein, keine Verwechslung möglich ... Wie sollen wir uns das erklären?

BOBI: Es ist ganz einfach. Der Fehler liegt in Ihrem Netzwerk, in Ihrem Computer.

DER GRENZBEAMTE: Wahrscheinlich. Aber zuerst muß bewiesen werden, daß es überhaupt ein Fehler ist ... Interessant, wie haben Sie sich gefunden?

BOBI: Zufällig.

DER GRENZBEAMTE: Schicksal also? Ihr Problem ist so selten, und siehe da – Sie haben sich getroffen! ... Das ist nicht nur ein Zufall. Das ist ...

TEDI: Das ist eine Falle ...!

BOBI: Das hat überhaupt nichts mit einer Falle zu tun, Tedi. Das bildest du dir nur ein ...

TEDI: Das ist eine Falle ... Glaub mir!

DER GRENZBEAMTE: Warten Sie! Wichtig ist, positiv zu denken und zu handeln. Wahrscheinlich handelt es sich wirklich um einen Fehler im Computernetzwerk. Dauernd Reformen, neue Computer, Software. Angeblich immer vollkommener, teurer ...

BOBI: Aber nichts kann eine edle menschliche Geste ersetzen. Nicht wahr?

DER GRENZBEAMTE: Das haben Sie schön gesagt.

BOBI: Zum Beispiel Ihre ...?

DER GRENZBEAMTE: Natürlich ... Aber erst nach der Arbeit. Ich kann Sie zum Trinken einladen. Wer würde schon auf die Gesellschaft so einer Dame verzichten wollen ... Und eines solchen Kavaliers, versteht sich!

BOBI: Sie sagten »Kavalier«. Genau. Ich habe Tedi versprochen, daß wir es schaffen würden. Daß unser zweiter Versuch ... Weil die Statistik beweist ... Verstehen Sie ...?

DER GRENZBEAMTE: Hut ab vor der Statistik! Ihr zufolge ist ein Haar in der Suppe relativ viel, ein Haar auf dem Kopf aber relativ wenig, haha ...

BOBI: Ich bitte Sie! ... Lassen Sie uns passieren!

DER GRENZBEAMTE: Sie wollen doch nicht etwa wirklich, daß ich die Gesetze übertrete? Daß ich verurteilt werde, daß ich ins Gefängnis komme? ...

BOBI: Nein ... Versetzen Sie sich einfach in unsere Lage.

DER GRENZBEAMTE: Ich versetze mich, ich liebe meinen Nächsten, aber ich übertreibe es auch nicht. Ein Gesetz ist ein Gesetz.

TEDI: Und wenn mit Ihnen ein solcher Fehler passieren würde?

DER GRENZBEAMTE: Mit mir? Unmöglich!

TEDI: Völlig unerwartet, ohne daß Sie es überhaupt ahnen ...? Zuerst erfahren Sie, daß Sie eine Frau sind. Und später, daß Sie nie das Land verlassen werden können ...

DER GRENZBEAMTE: Das ist absurd! Mir passieren keine Fehler und Mißverständnisse. Nur einmal, als mich die Kollegen in ein Bordell mitnahmen. Wir bestellten uns Mädchen ... Später erfuhr ich, daß einer von uns meine Frau abbekommen hatte ...

BOBI: Das heißt ... Auch Sie haben die Hinterhältigkeit des Lebens am eigenen Leib erfahren?

TEDI: Genau deshalb zählen wir auf sie ... Drücken Sie ein Auge zu! Geben Sie uns einen Stempel, und lassen Sie uns passieren! ... Tun sie es! Los! ... Sie sind ein guter Mensch. Sie werden es tun, nicht wahr?

Pause.
DER GRENZBEAMTE: Zerreißen Sie nicht mein Herz!
Tedi schlüpft zum Grenzbeamten in die Kabine.
BOBI: Tedi, wohin gehst du ...?
Tedi gibt ihm ein Zeichen zu schweigen.
TEDI: So, jetzt bin ich bei dir, und du kannst dich überzeugen ... Bin ich ein Mann oder eine Frau ... Betaste mich! Steck deine Hände unter meinen Pulli! So ... Das sind keine weiblichen Brüste, nicht wahr? ... Leg deine verschwitzte Hand zwischen meine Schenkel! ... Spürst du den kleinen Tedi, hast du schon ein anderes Mal so einen tollen Mann gespürt? ...
BOBI: Was tust du da, Tedi!?
TEDI: Wenn du eine Frau willst, bitte schön – Bobi ... Bobi ist eifersüchtig auf uns, Herr Grenzbeamter! ... Laß uns nur passieren, und ich lasse dich ... Ich bitte dich! Du wirst uns passieren lassen, nicht wahr?
Pause.
DER GRENZBEAMTE: Bringen Sie mich nicht so durcheinander, verdammt! ... Und wenn sie mich erwischen? Dann ist mir das Gefängnis sicher ... Herr! Sie sind unschuldig. Irgendeine Blindschleiche hat sie falsch in das System eingegeben. Was soll ich nur tun, Herr? ... Du schweigst? ... Du antwortest mir nicht ... Du gibst mir doch sonst immer Ratschläge, Herr, wenn ich sie nicht will, jetzt ... Was würdest du an meiner Stelle tun? ... Sie sind völlig unschuldig, ja ... Ja, es gibt immer einen Schuldigen ... Und wer wird der Schuldige sein? Ich? ... Ich? ... Nein! ... Raus hier! Raus! |*schiebt Tedi aus der Kabine*| Verschwinden Sie! Sonst lasse ich Sie wegen sexueller Belästigung eines Diensthabenden verhaften ... Verschwinden Sie! Vergeuden Sie nicht ihre Zeit!
Lange Pause.
TEDI: Verdammt! ... Was sollen wir jetzt tun?
DER GRENZBEAMTE: Man muß positiv denken. Zum Beispiel ... Schreiben Sie einen Brief an die Menschenrechtskommission in Den Haag. Beschreiben Sie ihnen ausführlich den Vorfall. Bitten Sie sie, Maßnahmen zu ergreifen, um Ihnen zu helfen. So schnell es geht! Weil ...

TEDI: »Weil« ...?
DER GRENZBEAMTE: Weil Folgen nicht ausgeschlossen sind.
BOBI: Was für Folgen?
DER GRENZBEAMTE: Ich weiß es nicht. Aber bei uns führt ein Fehler für gewöhnlich zum nächsten, zum Versuch, den zweiten zu vertuschen, zu Übereifer ... Schreiben Sie auch, daß solche kriminellen Fehler unsere Zukunft gefährden ... Tun Sie das. Und verschwinden Sie von hier! ... Ich bin ganz naßgeschwitzt, ich werde mich bestimmt erkälten! ... Was stehen Sie noch herum? ... Warum sehen Sie mich so an? Was flüstern Sie sich da zu, he?! ... Verschwinden Sie, habe ich Ihnen gesagt!
TEDI: Herr Grenzbeamter, seit wann hast du dich nicht mehr im Spiegel gesehen?
DER GRENZBEAMTE: Was geht Sie das an!?
BOBI: Du sagst, daß dir keine seltsamen Dinge passieren. Aber mit den Männern geschehen heute unerklärliche Veränderungen ...
DER GRENZBEAMTE: Aber nicht mit mir.
TEDI: Hast du in letzter Zeit deinem Bauch Beachtung geschenkt?
DER GRENZBEAMTE: Ein traditioneller Bierbauch.
TEDI: Das ist das Problem, er sieht nicht aus wie ein Bierbauch.
DER GRENZBEAMTE: Weißt du das aus eigener Erfahrung? ... Laßt mich in Frieden!
BOBI: Die Form von Bierbäuchen ist anders.
DER GRENZBEAMTE: Oh, ihr ausgebufften ...! Und wie sehen Bierbäuche aus – dreieckig, quadratisch, oder vielleicht nach innen gewölbt, haha ...!?
BOBI: Heute ist nichts mehr so, wie es sich gehört. Die Welt verändert sich in Sekundenschnelle schizophren, sie degradiert, völlig rätselhaft und unerklärlich! ... Weißt du zum Beispiel, daß es ein Insekt mit lateinischem Namen und einem Glied wie einer Schaufel gibt, das zuerst mit seinem Glied die Öffnung säubert und erst dann, will sagen ...
TEDI: Erst dann eindringt ... in die Öffnung.
DER GRENZBEAMTE: Das betrifft mich nicht.
BOBI: Alles auf dieser Welt betrifft dich!
DER GRENZBEAMTE: Ihr verschwendet eure Zeit.

TEDI: Ich bin eine Frau, aber ich bin ein Mann. Bobi ist ein Mann, aber er ist eine Frau. Und du ...
Pause.
DER GRENZBEAMTE: Ich ...? Was ist mit mir?
TEDI: Du bist vielleicht schwanger.
DER GRENZBEAMTE: Hahaha! Ihr seid nicht ganz dicht! Durchgeknallt! Völlig verrückt! ...
BOBI: Eine simple Annahme. Vor drei Jahren hat ein Student in den USA ein Kind zur Welt gebracht. Man kann auch andere derartige Anomalien erwarten.
TEDI: Viele männliche Exemplare verschiedener Arten gebären im Widerspruch zu den Naturgesetzen.
DER GRENZBEAMTE: He! ... Aber ja! ... Unsere Nachbarn haben sich einen reinrassigen männlichen Kater gekauft. Damit er ihnen Mäuse fängt ... Nach drei Jahren anstandslosen Jagens hörte er plötzlich auf. Er ließ sich gehen, wurde dicker ... Und gebar. Drei Kätzchen. Völlig unerwartet und im Widerspruch zu den Naturgesetzen ... Aber daß ein Mann schwanger wird ... Von wem soll den ein Mann schwanger werden?
TEDI: In jedem Fall nicht von einer Frau.
BOBI: Besonders, wenn er in einem früheren Leben eine fruchtbare Frau gewesen ist ...
Pause.
DER GRENZBEAMTE: Also, eurer Meinung nach ... Na gut. Und warum sollte es ausgerechnet mir passieren?
BOBI: Das fragt sich jeder. Bis es ihm passiert.
TEDI: Lerne schon mal ein paar Wiegenlieder.
DER GRENZBEAMTE: Was soll ich tun?
TEDI: Kennst du Wiegenlieder?
DER GRENZBEAMTE: Woher denn? Ich habe keine Kinder. Meine Frau habe ich nach jenem Vorfall fortgejagt. Seit damals, so viele Jahre lang, bin ich alleine ...
TEDI: Singst du gerne?
DER GRENZBEAMTE: Sehr. Ich mag Partys. Kann man diese Lieder auch bei einem geselligen Beisammensein singen? ...
TEDI: [*beginnt zu singen*] »Schlaf Kindchen, schlaf!«
Der Grenzer stimmt unsicher ein.

»Dein Vater hüt' die Schaf ...«
Tedi und Bobi gehen.
Der Grenzer fährt fort, das Lied wie ein Trinklied zu singen, er stampft den Takt mit den Füßen.

3.

Später am Tag.
Tedi fixiert einen Punkt.
Bobi schreibt.
Lange Pause.

BOBI: Du bist böse auf mich, nicht wahr? ...
|Schweigen|
Du bist böse, genervt, empört ... Du bist völlig außer dir! Nicht wahr? ...
|Schweigen|
Ich verspreche, ein andermal keine solchen Versprechen zu geben!
|Schweigen|
Kann ich dir den Brief vorlesen?
TEDI: Nein.
BOBI: Dann lese ich ihn mir eben selbst laut vor: »An die Menschenrechtskommission, Den Haag ... Sehr geehrte Damen und Herren! Nach allgemeiner Auffassung sind Sie die einzige Hoffnung für das Individuum in seinem Überlebenskampf gegen die Gesellschaft. Ein Kampf, der schon vor Jahrtausenden begonnen hat, noch in der Höhle. Es schreibt Ihnen Bobi, Mann von Geburt an, ›Geschlecht männlich‹ im Paß, aber ›Geschlecht weiblich‹ im Computer der Grenzpolizei ...«
TEDI: Und wo bin ich?
BOBI: Natürlich! Ich füge sofort hinzu: »Und auch Tedi, meine ...«
Meine was? Mitreisende, Freundin oder Gefährtin?
TEDI: Partnerin natürlich.
BOBI: »... Partnerin. Sie ist ebenfalls sowohl Mann, als auch Frau gleichzeitig, zum Ruhme der vaterländischen Bürokratie. Offensichtlich liegt hier eine rechtliche und existenzielle Absurdität vor. Die Folgen derselben sind unklar und unangenehm ...«
TEDI: Unheilvoll ...!

BOBI: »... Die Folgen derselben sind unklar und unheilvoll. Ein solches Mißverständnis ist heutzutage besonders alarmierend, da doch der zeitgenössische Mensch immer mehr die Orientierung verliert. Wenn seine Geschlechtsmerkmale verwischt werden und sich empfindlich verändern ...«
TEDI: Sprich von dir selbst.
BOBI: »... Ich spreche besonders vom Mann und im besonderen von mir selbst. Einerseits wird uns unsere Freiheit genommen, das Recht auf Bewegungsfreiheit ... Andererseits werden zusätzliche Voraussetzungen für Mißtrauen und Deformation unserer ohnehin oft bezweifelten männlichen Qualitäten geschaffen ... Ohne jede Übertreibung kann man behaupten, daß eine große Gefahr besteht. Für die menschliche Identität, für die kommenden Generationen, für den Sinn der Menschheit ... Wir bitten Sie, das Nötige zu veranlassen, um den geschehen Fehler so schnell wie möglich zu beheben ...«
TEDI: Sofort ...!
BOBI: »Wir bitten Sie, das Nötige zu veranlassen, um den geschehenen Fehler zu beheben. Sofort! Tedi und Bobi, Frau weiblichen Geschlechts und Mann männlichen Geschlechts.« Fertig.
TEDI: Bravo! ... Und was jetzt?
BOBI: Was meinst du ...?
TEDI: Du hast den Brief geschrieben. Und was jetzt?

4.

Man hört Beifall.
Ein Mann mit steifem Hut und Mobiltelefon in der Hand, in das er häufig hineinspricht, nähert sich Tedi und Bobi.
DER MINISTER: Bravo! ... Das Fräulein hat Sie gefragt: »Und was jetzt?« Eine logische Frage. Passend und auch gesetzmäßig ... Hallo! Ja, ich höre. Ja, sie brechen auf. Ich habe gesagt, sie sollen sofort aufbrechen, erst der eine, dann der andere ... Verzeihen Sie! So, ihr Brief wird nur ein schlechtes Licht auf unser Land werfen. Unsere Regierung führt eine titanische Schlacht, um unsere Gesetze an die der am weitest entwickelten Länder anzupassen. Ist es nicht so? So ist es. Sie wissen,

daß im Laufe des nächsten Jahres ein wichtiger Beitritt bevorsteht. Ist gerade jetzt die richtige Zeit für diesen Brief, ist es gerade jetzt an der Zeit, unserem eigenen Vaterland ein Ei zu legen?

TEDI: Warten Sie! Wer sind Sie ...

DER MINISTER: Moment! ... Hallo! Sie sind aufgebrochen? Bravo! Ich werde Sie für einen Orden vorschlagen ... Fräulein, Sie wollten tatsächlich fragen, wer ich bin? Ich ziehe den Hut vor Ihnen, denn vor Ihnen steht der Innenminister. Mein Besuch darf Sie nicht verwundern. Das Problem mit Tedi und Bobi hat mich persönlich bewegt. Entschuldigen Sie! ... Hallo! Ich höre. Überprüfen Sie, ob es auch andere solche Vorfälle gibt. Sofort! ... Wo waren wir stehengeblieben? ... Wie geht es Ihnen eigentlich, fühlen Sie sich gut?

TEDI: Haben Sie uns vor kurzem belauscht?

DER MINISTER: Nein, natürlich nicht. Das ist einfach mein Beruf, ich gehe grundsätzlich so aufmerksam spazieren, tauche unerwartet auf und habe immer nur eines im Hinterkopf ... Ich will meine Bitte wiederholen. Schicken Sie diesen Brief unter keinen Umständen nach Den Haag! Ich fasse Ihr Verständnis als Bereitschaft, mit dem Staat zusammenzuarbeiten, auf. Von meiner Seite entschuldige ich mich für das kleine Mißverständnis im Namen des Präsidenten, des Ministerpräsidenten, in meinem Namen ... Wie Sie sehen, verfolge ich den Fall persönlich mit und tue mein Möglichstes. Sie werden nicht der Willkür überlassen sein. Man ist schon auf dem Weg zu Ihnen ...

BOBI: Wir danken Ihnen!

TEDI: Wer ist auf dem Weg zu uns?

DER MINISTER: Sie werden es erfahren, wenn die Zeit dafür reif ist. Moment! ... Hallo, hallo! Ich scheiße auf eure Demokratie! Gut! Geben Sie ihnen eine Pressekonferenz. Sagen Sie den Journalisten, daß ich mich der Angelegenheit persönlich angenommen habe ...

Pause.

So. Und jetzt, Tedi und Bobi, lassen Sie mich Ihnen einige dienstliche Fragen stellen ... Hatten Sie, Tedi, irgendwelche Indikationen dafür, daß dies mit Ihnen geschehen würde? Hat Sie jemand verfolgt? Ist Ihnen in letzter Zeit ein Dokument abhanden gekommen, ein Brief, eine E-mail? Haben Sie etwas Ungewöhnliches bei der Arbeit mit Ihren persönlichen Dokumenten bemerkt, Personalausweis, Führerschein, Kreditkarten ...? Haben Sie einen Antrag auf Geschlechtsumwandlung eingereicht?

TEDI: Auf welche der Fragen soll ich antworten?

DER MINISTER: Auf alle.

TEDI: Nein.

DER MINISTER: Und Sie, Bobi?

BOBI: Es trifft mich wie ein Blitz aus heiterem Himmel.

DER MINISTER: Hat Sie jemand verfolgt, hat jemand Ihre Absichten gekannt?

BOBI: Das ist unmöglich, ich habe keine Absichten.

TEDI: Er entscheidet im letzten Moment.

DER MINISTER: Offensichtlich können wir nicht von Vorsatz sprechen. Es liegt ein gewöhnlicher technischer Fehler vor, und der Schuldige wird die Verantwortung dafür übernehmen.

BOBI: Wann wird all das ein Ende haben?

TEDI: Zum Teufel! Warum passieren immer mit mir diese Fehler!

DER MINISTER: Nichts dergleichen! Ich bin selbst oft verzweifelt, aber das ist ein anderes Thema ... Sehen Sie! Woraus besteht die Welt im Endeffekt? Aus Fehlern. Irren ist menschlich. Aber das darf man nicht verallgemeinern, man darf daraus keine Schlüsse ziehen, keine Theorien erfinden etc. Nicht wahr? ... Kann ich ihn zerreißen?

Pause.

TEDI: Nein ... Wen?

DER MINISTER: Den Brief natürlich ...

BOBI: Das, Herr Minister, ist geistiges Eigentum!

DER MINISTER: Gut! Vernichten Sie ihn selbst. Wenn ich aufbreche ... Andererseits, warum sollten Sie ihn vernichten? Es reicht, wenn Sie ihn nicht abschicken. Nur so können Sie auf meine volle und selbstlose Unterstützung zählen. Geben und Nehmen. Nicht Geben ...

TEDI: Man sieht auf den ersten Blick, daß Ihnen der Edelmut auf die Schulterklappen geschrieben steht.

DER MINISTER: Ich habe vergessen, Sie etwas zu fragen, Tedi ... Sind Sie, als Sie klein waren, als kleines Mädchen meine ich, unter einem Regenbogen durchgelaufen?
TEDI: Ja. Es ist wundervoll!
DER MINISTER: Sie kennen doch den Aberglauben? Unter dem Regenbogen gehen Mädchen hindurch, die sehr gerne Jungen werden wollen ... Ich frage mich, ob das nicht etwas mit dem Fall zu tun hat?
TEDI: Der Regenbogen ist doch nicht etwa Teil der Requisiten der Grenzpolizei?
DER MINISTER: In der modernen Kriminalistik werden alle möglichen Umstände in Betracht gezogen. Einschließlich derer von irrationalem und metaphysischem Charakter. Entschuldigen Sie! ... Hallo! Ja. Ja ... Ja ... Ja ... Ich bitte dich! Sei mir nicht böse! Aber ... Aber ... Warte! ...
Der Minister wirf verärgert sein Mobiltelefon weg.
BOBI: Kann ich Ihnen irgendwie helfen?
TEDI: Wohl kaum. Der Herr Minister spricht mit seiner Frau.
Pause.
DER MINISTER: Ich bedaure! ... Ich wechsle täglich die Nummer meines Mobiltelefons, aber bis zum Abend hat sie sie herausbekommen. Seit einem halben Jahr kontrolliere ich meine Untergebenen, aber ich habe immer noch nicht herausbekommen, wer der Denunziant ist ... Eigentlich geht es auch den Generälen wie mir, und den Obersten. Alles Männer unter dem Pantoffel, nicht Männer, sondern Funktionen, Prototypen. Am höchsten steigen natürlich die Prototypen der schrecklichsten und ehrgeizigsten Frauen auf. Meine ist der Kaiser. Unermüdlich, erfindungsreich, unersättlich. Zuerst wollte sie, daß ich Oberst werde, danach General, danach Minister, und jetzt schielt sie auf den Stuhl des Ministerpräsidenten ... Ein Alptraum, verstehen Sie? Das ist nicht mein Leben! ...
Pause.
Ich kann nicht mehr schlafen. Ganze Tage und Nächte denke ich über einen Ausweg nach ... Heute Morgen, als ich das dienstliche Bulletin las, brach ich sofort hierher auf. Ihr Fall brachte mich auf die Lösung für mein Problem ... Ja, ich werde sie weit

außer Landes schicken. Auf einen Ausflug. Sie soll sich die Chinesische Mauer anschauen, sie soll sie sich ganz anschauen, vom einen bis zum anderen Ende ... Und bei der Rückkehr ... Hoppla! Ihre Daten im Computernetzwerk stimmen nicht. Keine Rückkehr! Soll sie dort bleiben. Wie eine Frau männlichen Geschlechts. Soll sie das ganze chinesische Volk kommandieren ...
Pause.
Und ich ... Ich werde zu meiner alten, ruhigen Arbeit zurückkehren. Kassierer in der Wasserversorgungsgesellschaft ... Samstag und Sonntag – beim Angeln. Ich werfe die Angel aus, beobachte den Schwimmer, beginne zu träumen, fliege davon in die endlose Weite. Ich überschreite die Grenze und kehre zurück in meine Welt ... Wenn ich einen goldenen Fisch fange, werde ich nur einen Wunsch haben. Daß ich nie wieder heiraten muß. Weder in diesem, noch in einem anderen Leben ... Träume sind etwas Wunderbares! ...
Pause.
Haben Sie gesehen, wohin ich das Telefon geworfen habe? ... Ist ja auch egal. Ich habe nichts gesagt, Sie haben nichts gehört!
Der Minister verschwindet wie er gekommen ist.

5.

Später am Abend.
Tedi und Bobi sind immer noch am gleichen Ort.
TEDI: Bald wird es ganz dunkel sein.
BOBI: Ich habe vergessen, dir etwas zu sagen ...
TEDI: Es ist an der Zeit, daß wir uns vorbereiten!
BOBI: Gibt es nur eine Tankstelle in der Nähe?
TEDI: Der Tank ist voll.
BOBI: Wo gibt es in der Nähe eine geöffnete Tankstelle?
TEDI: Es ist weit bis dorthin ... Hast du nicht verstanden? Wir haben genug Treibstoff.
BOBI: Ich habe vergessen, dir zu sagen ...
TEDI: Was ist los, Bobi? ... Wir haben uns doch verstanden. Wir brechen auf!
BOBI: Ich will dir sagen, daß ...
TEDI: Zum Teufel! ... Sag schon! Was ist los?

BOBI: Wir haben kein Benzin.
Pause.
TEDI: Wie das?
BOBI: Ich habe es abgelassen, Tedi ... Heute morgen, vor Sonnenaufgang. Während du schliefst.
TEDI: Hör zu, Loser! ... Das ist ja wohl ein schlechter Scherz!?
BOBI: Du hast mir gesagt, ich soll nie einer Frau trauen ... Ich habe es für alle Fälle getan. Später ... habe ich vergessen, es dir zu sagen.
TEDI: Ich frage dich zum letzten Mal: Lügst du mich an?
BOBI: Kannst du dich nicht an den Gestank des abgelassenen Benzins heute Morgen erinnern?
Pause.
TEDI: Mieser Dreckskerl! Benzin stinkt nicht, sondern duftet! ... Du hast also wirklich ...!? Du hast meine Mühle angefaßt!? |*stürzt sich auf Bobi, schlägt ihn*| Ich bring dich um! Verfluchter Loser! ... Wie konnte ich dich nur als Anhalter mitnehmen!? ... Schon als ich deine glotzäugige, schwindsüchtige Visage sah, kamst du mir vor wie jener niederträchtige Chihuahua, wegen dem ich fast auf der Autobahn draufgegangen wäre ...
BOBI: Es tut mir leid! ... Kannst du mir verzeihen?
TEDI: Niederträchtiger Chihuahua!
BOBI: Es tut mir wirklich leid, Tedi!
TEDI: Keiner hat das Recht, mein Motorrad anzufassen! Weißt du, was es für mich bedeutet? ... Weißt du, daß ...? |*beginnt zu weinen*|
BOBI: Weine nicht, ich bitte dich! ... So bringst du mich auch noch zum Weinen! ...
Lange Pause.
TEDI: Als ich sechs Jahre alt war ... schenkte mir mein Vater ein kleines Pferdchen. Weiß, mit grauen Flecken, mit großen, schwarzen Augen. Seine klugen Augen strahlten eine Güte aus, wie sie sonst keiner hatte. Weder meine Mutter, noch mein Vater ... Es wurde zu meinem einzigen Freund. Es lehrte mich, auf ihm zu reiten. Es trug mich auf seinen Flügeln, vorsichtig und anmutig, wie eine Statue ...
Pause.

Einmal, als wir ritten ... hörte man ein Dröhnen, und an uns flog ein Rocker vorbei. Er fuhr ein geiles, blutrotes Untier, aus seinem Auspuff kam Feuer, so als brause der Satan persönlich an uns vorbei ... Mein Freund erschrak, wieherte auf, stieg abrupt auf die Hinterbeine und ... Ich erwachte im Krankenhaus, in einem Gipstrog. Ich hatte unglaubliches Glück gehabt, daß die Wirbel meiner Wirbelsäule nicht verschoben und ins Gehirn gerutscht waren ... Meine Wiederherstellung dauerte fünf Jahre. Ich erreichte das Unmögliche ...
Pause.
Das Weinen ist Feuchtigkeit, von der man rostet.
BOBI: Tedi, du wirst mir doch verzeihen? ...
TEDI: Was soll ich dir verzeihen? Daß du mein Motorrad angefaßt hast? Daß ich hier noch einen Tag und eine Nacht versauern muß? Daß ich zu weinen begonnen habe, das erste Mal seit ...?
BOBI: Es ist gut, daß du weinen kannst. Ich muß dir gestehen ...
TEDI: Ich weiß, daß du weinst.
BOBI: Woher?
TEDI: Das Weinen ist eine weibliche Reaktion. Heute morgen bist du auf weibliche Art und Weise vorgegangen, hinterhältig und niederträchtig.
BOBI: Du hast also auch schon bemerkt ...?
TEDI: Was genau?
BOBI: Meine Zwiespältigkeit. Der Fehler, der mit uns passiert, dieser Wechsel der Geschlechter in den Computern. Für mich ist das vielsagend. Weißt du, Tedi? ... Manche halten mich für homosexuell oder für bisexuell. Am Anfang amüsierte ich mich darüber. Dann begann ich nachzudenken. Ich begann, mich an diesen fremden Gedanken zu gewöhnen, ihn als meinen eigenen zu akzeptieren ... Ich denke, daß dieser Irrtum nicht nur ein Computerfehler ist, das ist ein Wink des Schicksals ...
TEDI: Unsinn! Mich betrachten sie dafür häufig als Mann. Ich fahre Motorrad, mag keine Pferde, keine Kinder ...
BOBI: Wie bitte?
TEDI: Mein Mutterinstinkt ist zerstört. Als Resultat des Unfalls. So ist das Leben heute, Bobi. Aus dem einen oder anderen Grund wechseln die Rollen von Mann und Frau oft.

BOBI: Fällt es dir nicht schwer?
TEDI: Mir fällt es leichter als dir, weil ich nicht Geschichte studiert habe. Ich akzeptiere die Dinge so, wie sie sind ... Bist du schon einmal mit einem Mann zusammengewesen, Bobi?
BOBI: Nein. Aber es passiert mir, daß ich seltsame Dinge träume ... Deshalb habe ich beschlossen, in eine Schwulenkommune zu gehen, weit weg, wo mich niemand kennt, in die USA zum Beispiel. Ich werde meine wirkliche Einstellung zu dieser Herausforderung überprüfen ... Aber am liebsten möchte ich nach Tibet gehen. So hoch wie möglich, näher zum Licht. Oberhalb aller Grenzen! Zur absoluten Projektion! Zum anderen, wirklichen Bobi! Ich stelle ihn mir sonnig vor, durchsichtig, wie einen Engel ...! Ich stelle mir vor, wie wir zu einem zusammenfließen ...!
TEDI: Du bist ein noch größerer Abenteurer als ich, Bobi ... Aber die Zivilisation hat dich sehr unterdrückt, die Wagenladungen gelesener Bücher, deine Komplexe ...
BOBI: Die Komplexe sind Präservative der Reflexe.
TEDI: Du suchst Bobi oben, und vielleicht ist er unten. Du willst in eine Schwulenkommune gehen, du willst auch nach Tibet. Völliges Chaos! ... Du mußt bestimmen, was es ist, ohne das du nicht kannst! Wer bist du? Willst du eigentlich Zeitgeschichte schreiben, oder ziehst du es vor, sie zu erleben? ... Ich, zum Beispiel, ziehe letzteres vor, ich bin verrückt nach meinem Motorrad!
BOBI: Ich denke, daß auch dein Motorrad ein Traum von etwas anderem ist.
TEDI: Du denkst zuviel! ... Ich aber will hundertachtzig fahren, ich will es jetzt tun, jetzt fliegen, jetzt high werden ... Und ich tue es! Und ich tue es jetzt! Aber du? ... Was willst du mehr als alles andere tun?
Pause.
BOBI: Ich bin verwirrt, Tedi ... Nach dem Tod meiner Schwester ...
TEDI: »Ich hatte einen Unglücksfall in der Familie. Mir wurde eine Schwester geboren ...« Was für eine rätselhafte Replik!?
BOBI: Meine Schwester war älter als ich. Wir waren alle in sie verliebt – rothaarig, mit blauen Augen und Sommersprossen. Und sogar ihr Name – Luisa ...

Pause.
Sie wurde plötzlich krank. Sie begann, nachts aufzustehen. Im Schlaf mit mir zu spielen, statt mit ihrer Puppe. Auf der Fensterbank spazierenzugehen. Eines Nachts, während ich schlief, flog sie davon ... Für immer ... Meine Eltern übertrugen ihre Liebe auf mich. Dann ereignete sich das Unglück. Ich wurde gleichzeitig ein Junge und ein Mädchen. Das bedeutet: »mir wurde eine Schwester geboren« ... Jeden Tag verwischte sich die Grenze zwischen den Geschlechtern ein bißchen mehr. Ich trug Luisa in mir und glaubte, daß sie durch mich weiterlebte. Ich lebte in meinem und in ihrem Namen. Ich erkannte die Welt zwiespältig. Damals litt ich nicht darunter. Mehr noch. Ich amüsierte mich. Zu Beginn ist die zwiespältige Erkenntnis nicht nur ein Vergnügen, nicht nur eine Versuchung – sie ist Narkose. Die Unzulänglichkeiten machen sich später bemerkbar. Als ich heranwuchs, begann die Zwiespältigkeit, mir zur Last zu werden, mich zu quälen. Seither wächst diese Verwirrung an ...

TEDI: Denkst du, daß es viele andere wie dich gibt?
BOBI: Manchmal ... in besonders starken Momenten zwiespältiger Weitsicht ... Mit meinen Sinnen spüre ich, wie viele wir sind. Und ich beruhige mich, ich bin nicht allein. Mehr noch fürchte ich mich aber. Ich frage mich, wohin geht die Welt? ... So zwiespältig und verwirrt? ... Was wird wohl die Zukunft bringen? ... Verschwinden die Geschlechter in ihrer jetzigen Art?
TEDI: Die Männer verschwinden, Bobi. Sie halten es nicht aus. Sie verlassen ihre Frauen und kehren an den Rockzipfel ihrer Mutter zurück. Sie verwandeln sich in ängstliche und impotente Selbstmörder und Homosexuelle. Weißt du, daß jede dritte Familie in Europa kein eigenes Kind hat? ... Der Schafbock, der Befruchter ist am Aussterben. Damit die Welt überlebt, haben die Gelehrten sogar eine vollständig chemische Methode zum Ersetzen des Spermas erfunden. Die Befruchtung ist kein Alltag mehr, sondern eine Revolution!
BOBI: Ist das die Zukunft, Tedi? Ist das unser Schicksal? ...
TEDI: Wir können die Welt nicht verändern, Bobi. Wir müssen uns damit abfinden, daß das Leben nicht unser Spiel ist.

BOBI: Das Sich-Abfinden beruhigt den Verstand. Aber meine Seele wird immer unruhiger!

TEDI: Weißt du, Bobi! ... Du kannst sowohl ein Romantiker, als auch ein Apokalyptiker sein. Ich aber mag es nicht, solche snobistischen Gespräche zu führen! Und die meisten Leute sind wie ich.

BOBI: Die meisten Menschen verstehen nicht, sie sehen nicht oder wollen nicht sehen. Ihr Urteil bei einem Treffen mit einem »anderen« Menschen ist: Laß ihn, der ist andersrum! ... Sie haben einfach Angst davor, die Wahrheit zu sehen.

TEDI: Hör zu, Bobi! ... Ob du zwiespältig bist oder einfach nur eine Schwuchtel, wen interessiert das schon?! Die Welt ist ein riesiger Sumpf. Und so ist sie schon seit Jahrtausenden. Zu deinem großen Bedauern passiert nichts Außergewöhnliches ... Betrink dich! Durchschneide die Luft und nicht dein eigenes Unterbewußtsein! Finde deine Hälfte außerhalb deiner selbst ...

BOBI: Wunderbar! ... Und was für eine soll das sein?

TEDI: Es ist normal, daß ein Mann sich eine Frau sucht. Aber wenn du so gerne exotisch sein möchtest, dann geht auch das Gegenteil ... Das Wichtigste ist, daß du Klarheit hast. Das ist es. Was für eine Geschichte wirst du sonst schreiben? Weißt du es? ... *Pause.*
Ich bin dir wegen des Motorrads nicht böse.

BOBI: Wirklich? ...

TEDI: Früh am Morgen füllen wir Benzin ein und fliegen davon!

BOBI: Vielen Dank! Noch eine Nacht mit mir an der Grenze ...?

TEDI: Ich habe auch schon weitaus Schlimmeres erlebt.

BOBI: Ist dir kalt?

TEDI: Die Abende an den Grenzen sind immer kühl.

BOBI: Komm zu mir! Wir werden uns aufwärmen ...

TEDI: Bist du sicher, daß du willst, daß ich zu dir komme?

BOBI: Vollkommen! ...

Tedi legt sich zu ihm.

BOBI: Jetzt sind wir quitt. Wir sind beide entblößt.

TEDI: Deshalb ist mir also kalt.

BOBI: Ich habe schon seit langem nicht mehr so mit jemandem gesprochen.

TEDI: Ich auch nicht.

BOBI: Hörst du das zauberhafte Läuten? Sind das die Sterne, sind es die Grillen, oder ist es der himmlische Kinderchor? ...
TEDI: Heute abend höre ich nichts.
Pause.
Bobi küßt sie.
TEDI: Es reicht! Wir sind nur Freunde, Bobi.

6.

Später.
Beide schlafen.
Man hört ein ohrenbetäubendes Brummen, den Lärm vom Rotor eines Hubschraubers. Mächtige Scheinwerfer beleuchten die Umgebung.
Tedi und Bobi springen erschrocken auf. Sie schreien, um einander hören zu können.
TEDI: Was ist hier los ...?!
BOBI: Wir träumen. »Apocalypse now« ...
TEDI: Werden sie uns verhaften?
BOBI: Sie können nicht ... Wir sind andere.
TEDI: Wir sind niemand, nicht wahr? ...
BOBI: Wir sind noch nie so sehr niemand gewesen ...
Allmählich verstummt der Lärm.
Im Licht vor ihnen erscheint ein Mann mit bunten Haaren, einer Brille mit vielen Dioptrien und einem Laptop.
DER SOFTWARESPEZIALIST: Entschuldigen Sie, daß ich auf diese größenwahnsinnige Art und Weise erscheine! Habe ich Sie geweckt? Es tut mir leid! ... Grüße vom Herrn Minister! Er hat mich mit dem Diensthubschrauber zu Ihnen geschickt!
TEDI: Ich hab's! ... Sie sind von der schnellen Eingreiftruppe, nicht wahr?
DER SOFTWARESPEZIALIST: Nichts dergleichen ... Ich war ein einfacher Softwarespezialist, aber ich habe Karriere gemacht. Jetzt bin ich Chef des nationalen Computernetzwerks beim Innenministerium.
BOBI: Gratuliere!
DER SOFTWARESPEZIALIST: Thank you! Ich bitte Sie ganz offiziell um Entschuldigung für die Fehler, die ...!

BOBI: Haben Sie sie schon beseitigt?

DER SOFTWARESPEZIALIST: Wir versuchen es, aber ... Grüße vom Herrn Minister, der mich dringlich mit dem Diensthubschrauber zu Ihnen geschickt hat! ...

TEDI: Das haben wir begriffen. Wie weit sind Sie?

DER SOFTWARESPEZIALIST: Es wurde eine Prophylaxe im ganzen Netzwerk durchgeführt. Computer, Server, Software. Wir haben auch unsere externen Partner überprüft. Bisher nichts ... Deshalb bin ich hier, vor Ort. Dringlich, mit dem Diensthubschrauber ... Das habe ich wohl schon gesagt. Ich war ein gewöhnlicher Softwarespezialist, aber jetzt ... Das habe ich wohl auch schon gesagt? ...

TEDI: Sagen Sie etwas, was Sie noch nicht gesagt haben.

DER SOFTWARESPEZIALIST: Ganz genau. In so einem schwierigen Augenblick ist es sehr wichtig, Ruhe zu bewahren! Sie sollen wissen, daß Sie nicht alleine sind im großen Informationsdorf ... Polieren Sie Ihr Interface, gehen Sie online und chatten Sie mit Perspektive.

TEDI: Könnten Sie das bitte übersetzen?

DER SOFTWARESPEZIALIST: Nun ja. Alles wird gut, Kopf hoch! Das war's.

BOBI: Sie scheinen optimistisch zu sein, was unser Problem angeht.

DER SOFTWARESPEZIALIST: Es gibt überhaupt kein Problem.

BOBI: Ich verstehe Sie nicht?

DER SOFTWARESPEZIALIST: Wenn es ein Problem gibt, dann auf der materiellen Ebene. Und Ihr Bewußtsein klickt es automatisch an. Aber wenn ich Sie upgrade, will sagen, wenn wir in die virtuelle Welt eintreten ... In der virtuellen Welt haben Sie kein Problem. Haben Sie mich jetzt verstanden?

BOBI: Wie das?

DER SOFTWARESPEZIALIST: Sie sind nicht allein im großen Informationsdorf ... Habe ich das schon gesagt?

TEDI: Zum Teufel mit Ihnen!

DER SOFTWARESPEZIALIST: Sehen Sie! ... Die virtuelle Welt hat, im Gegensatz zur materiellen, keine Begrenzungen. Sie tauchen ins Netz ein und fertig. Ende der dummen Situation, der Probleme, der Grenzen ... Die Grenze steht einem bevor, auch nachdem man sie überschritten hat. Nicht wahr?

BOBI: Dieser Junge weiß alles.
DER SOFTWARESPEZIALIST: Diese Maxime gilt nur für die physische Welt, nicht aber für die virtuelle. Die virtuelle, wie ich schon gesagt habe, hat keine Grenzen ...
TEDI: Dieser Junge ist ein Spinner, der mich sehr an jemanden erinnert ...!?
DER SOFTWARESPEZIALIST: Mir ist etwas eingefallen, was ich noch nicht gesagt habe! Ich sollte Sie daran erinnern, den Brief nicht abzuschicken ...
TEDI: Nochmals zum Teufel mit Ihnen! ...
BOBI: Wann werden wir das Land normal verlassen können, Herr Softwarespezialist?
DER SOFTWARESPEZIALIST: Es fällt mir schwer, Ihnen darauf zu antworten.
BOBI: Schalten Sie das Netz aus, und korrigieren Sie unsere Daten.
DER SOFTWARESPEZIALIST: Ich bedauere! ... Wir sind an das globale Grenzcomputernetzwerk angeschlossen. Unsere Software ist moralisch veraltet. Um eine Änderung durchzuführen, muß das ganze weltweite Netzwerk abgeschaltet werden ... Können Sie sich vorstellen, was dann passieren könnte? Die Welt wird überschwemmt werden von Taliban, Extremisten, Kannibalen ... Gar nicht daran denken!
BOBI: Kann man das Netzwerk nicht modernisieren?
DER SOFTWARESPEZIALIST: Das kann man. Aber nicht jetzt.
TEDI: Dann ...? Wozu, zum Teufel, sind Sie dann hier?!
DER SOFTWARESPEZIALIST: Um Ihre Leiden zu kompensieren. Auf der Welt existiert seit kurzem ein virtueller Staat, und in ihm leben mehr als eine Million Menschen. Er hat ein Parlament, einen Präsidenten, eine Regierung ... Ich freue mich, Sie im Namen des virtuellen Staates einladen zu dürfen, seine Bürger zu werden.
TEDI: Müssen wir davor virtuell werden?
DER SOFTWARESPEZIALIST: Die Welt teilt sich in gewöhnliche und privilegierte Menschen. Die einen sind im Netz, die anderen außerhalb. Den einen entstehen Probleme wie die Ihrigen, die anderen betrifft das nicht.
TEDI: Wie bekannt mir das ist!

DER SOFTWARESPEZIALIST: Manche messen ihr Leben in Geld und Kilogramm ...

TEDI: In Kilometern ...

DER SOFTWARESPEZIALIST: In der virtuellen Welt sind die Dimensionen andere. Prozessor, Hard Disk, Byte, Kilobyte, Megabyte, Gigabyte, Terabyte. Meiner bescheidenen Meinung nach faßt jedes Ihrer Gehirne ungefähr eineinhalb Terabyte, ganz ordentlich ...

TEDI: Ja! Genau so hat auch der Arzt in der Entzugsklinik mit uns gesprochen! ...

BOBI: Laß ihn doch ausreden, Tedi!

DER SOFTWARESPEZIALIST: Thank you! So ... Im Materiellen lebt der Mensch mit den Problemen seines trägen und kranken Körpers. Nicht wahr? Begrenzungen, Komplexe, Ängste. Im Virtuellen lebt der Geist des Menschen. Schneller als der Blitz, furchtlos und anonym. Dort ist der Mensch so, wie er sein will ...

BOBI: Das ist wahr ...

DER SOFTWARESPEZIALIST: Viele Menschen leben völlig virtuell. Kennen Sie das Spiel der »Avatare«, wissen Sie etwas über die Teilnehmer?

BOBI: Ich habe nur über diese mythischen Leute gehört.

DER SOFTWARESPEZIALIST: Sie existieren in der materiellen Welt nur insofern, als sie schlafen und essen ... Sonst sind sie im Netz, ganze Tage und Nächte lang. Im Netz sind ihr Bewußtsein, ihre Emotionen – dort ist ihre Seele. Sie sind Teil des Netzes, sie sind »Avatare« ... Manche von ihnen setzen das Spiel auch fort, nachdem sie physisch aufgehört haben zu existieren.

BOBI: Nach ihrem Tod ...?

DER SOFTWARESPEZIALIST: Yes! Sie bleiben für immer im Spiel ... Diese Menschen sind unsterblich! Sie sind Götter!

BOBI: Ist es möglich, ein Gott zu sein!?

DER SOFTWARESPEZIALIST: Sie haben das Angebot des virtuellen Staates gehört. Das ist eine unglaubliche Chance, wenn man bedenkt, wie eingeschränkt der Zugang zu ihren Sites für gewöhnliche User ist ... Außer der Einladung, seine Bürger zu werden, laden Sie der Präsident und das Parlament auch persönlich ein, eine spezielle Kommission im Parlament zu gründen und zu leiten. Eine Kommission zum Lösen der Probleme von Menschen mit verwechselter Identität. Sie erwarten Ihre Antwort bis zehn Uhr ...

TEDI: Leben echte oder ... virtuelle Menschen in diesem Staat?

DER SOFTWARESPEZIALIST: Menschen wie wir. Gleichzeitig echt und virtuell.

TEDI: Sie auch ...?

DER SOFTWARESPEZIALIST: Yes! ... Aber bedauerlicherweise habe ich nicht viel Zeit, in ihm zu leben.

TEDI: Könnten Sie etwas mehr über die Menschen in diesem Staat sagen?

DER SOFTWARESPEZIALIST: Okay! Ich werde Ihnen von einem Vorfall erzählen ... Zwei junge Leute, ein Mann und eine Frau, arbeiteten in einer Softwarefirma. Zusammen, einer neben dem anderen. Sie sahen sich fast jeden Tag. Sie gefielen einander, sie verliebten sich. Das ging Wochen, Monate, Jahre so. Ihre aufrichtige Liebe blieb ihnen selbst verborgen. In der groben materiellen Welt wagten sie es nicht, einander ihre Gefühle zu offenbaren. Sie zeigten ihre Liebe weder mit einem Wort, noch mit einer Geste. Sie waren beklommen, verstehen Sie? Es bestand die Gefahr, daß ihre Gefühle explodieren und sie verzehren würden! ... Habe ich Ihnen gesagt, daß Ihnen angeboten wird, einer Kommission für Menschen mit verwechselter Identität vorzustehen?

TEDI: Fahren Sie fort!

DER SOFTWARESPEZIALIST: Das ging so weiter, bis sie Bürger des virtuellen Staates wurden und sich richtig kennenlernten ...

TEDI: Wie das?

DER SOFTWARESPEZIALIST: Eines Abends ... Wir waren auf einer dienstlichen Party in einem Motel am Rande der Stadt. Am Höhepunkt des Abends verschwanden die Verliebten. Ich machte mir Sorgen und beschloß nachzusehen, was los ist. Und was meinen Sie, wo ich sie entdeckte? ... Jeder in seinem Zimmer, vor seinem Computer! Man hörte Musik von »Yes!«. Beide surften face-to-face auf der speziellen Site für Verliebte des virtuellen Staates ... Überirdische Schönheit! Er malte für sie mit Photoshop fliegende Vögel, sie versprühte bunte Wolken zwischen ihnen. Er malte die Gipfel der Berge, sie die ewiggrünen

Täler. Er fügte reißende Flüsse hinzu, und sie ließ sie in ihre Seen fließen. Und als sie Kinder auf die Wiese malte, kamen mir die Tränen! ... Er war ebenfalls tief gerührt und brachte ihr seinen virtuellen Strauß von frischen, frühlingshaften Waldblumen dar. Sie lächelte ihn glücklich an. Und dann ... verzeihen sie meine Rührung ... schrieb er ihr über ICQ: »I love you!« ...
Pause.
Ihre Liebe entwickelte sich, plötzlich ... Sie gingen über zu einer Konferenzschaltung mit Videoübertragung. Danach probierten sie die speziellen Computervorrichtungen für Cybersex aus. Später, versteht sich, zogen sie zusammen. Heute haben sie zwei Kinder ... Das ist wahre Romantik! Ein unbeschreiblicher Triumph des Geistes über den Körper! ...
BOBI: Ich kann es nicht glauben! ...
TEDI: Ich will es nicht glauben! ...
Unerwartet beginnt der Softwarespezialist, sich zu schütteln, und heult wie ein Wolf.
In der Nähe hört man erschrockene Schreie von Vögeln.
Pause.
DER SOFTWARESPEZIALIST: Sorry! ... Von Zeit zu Zeit verwildere ich. Die Nerven ... Ich drehe durch wegen dieser vielen Reisen, Kontakten mit Menschen, Gesprächen, dem dummen Zeug, das ich rede ...
BOBI: Warum sind Sie dann Vorgesetzter geworden?
DER SOFTWARESPEZIALIST: Mein Cousin wurde Innenminister. Er bat mich, das nationale Computernetzwerk nach internationalen Standards zu reorganisieren. Er ließ mich nicht in Frieden, bis ich annahm. Jetzt arbeite ich mit Hunderten von Leuten zusammen ... Durch meine langjährige Arbeit mit Computern hatte ich verlernt, mich mit Menschen zu unterhalten. Um den Posten zu bekommen, habe ich einen dreimonatigen Kurs gemacht. Sprechübungen. Mit Menschen. Ich habe gelernt zu antworten, Fragen zu stellen, zu überzeugen, sinnlose Gespräche zu führen, um das Kollektiv zu festigen ... Jetzt kann ich gut sprechen. Nur von Zeit zu Zeit wiederhole ich ... wiederhole ich mich ...
|verstummt mit offenem Mund|
Pause.

BOBI: Geht es Ihnen gut?
DER SOFTWARESPEZIALIST: Ja ... Nein ... Ich leide nur an Computerentzug – viele Menschen, wenig Computer. Nur in der Toilette bin ich allein. Ich habe mir einen Trick ausgedacht und ... habe in der Toilette ... einen mächtigen Computer montiert, eine Kamera und eine Satellitendirektverbindung zum virtuellen Staat ... Wenn Sie wüßten, was einmal für eine Konfusion deswegen entstanden ist ...
Pause.
TEDI: Ich verehre die Konfusionen!
DER SOFTWARESPEZIALIST: Ich saß auf der Kloschüssel, in Anzug und mit stilsicherer Krawatte, ich trank eiskaltes Bier und nahm an einer internationalen Konferenz teil. Meine Kamera nahm nur meinen Oberkörper auf und übertrug mein Bild in die ganze Welt ... Plötzlich rumorte mein Bauch. Vom unteren, unsichtbaren Teil meines Körpers drangen laute Geräusche herauf. Häßliche und unkontrollierte Geräusche ... Eine Darmverstimmung! Schrecklich! ... Stellen Sie sich das peinliche Bild eines verlegenen und sich in die Hose machenden Menschen im Anzug auf einer internationalen Konferenz vor ...!
TEDI: Herrlich! ...
DER SOFTWARESPEZIALIST: Unabhängig davon ... wärmt mich diese Erinnerung ... bis jetzt! Ich habe solche Lust, alles hinzuwerfen und nicht mehr herauszukommen aus ...!
Pause.
Ich lasse Ihnen diesen Laptop hier. Auf seinem Bildschirm finden Sie die URL und die Emailadresse des virtuellen Staates. Viel Erfolg! ... Bye, bye!
Der Softwarespezialist fliegt davon.

7.

Am Morgen.
Tedi und Bobi sitzen vor dem Computer.
BOBI: Da ... »Willkommen!« ... Sie begrüßen uns ... Wir sind der eino Million hundertundfünftausendsechshundertundsiebte ... und sechshundertundachte Bürger des Globalen Virtuellen Staates ... Ist das nicht toll, Tedi! Wir werden Götter sein! ...

TEDI: Ihr Männer seid immer Götter. Denkt ihr zumindest ... Und alle Mädchen gehören euch. Glaubt ihr.
BOBI: Was willst du damit sagen?
TEDI: Mir ist ein Vorfall eingefallen. Der Dozent im Priesterseminar hatte, zur Zeit eines Nachtdienstes, seine Schüler im nahen Internetstudio erwischt. Die Bildschirme der Computer waren natürlich voll mit nackten Frauen: »Habt ihr denn keine Scham vor Gott?«, empörte sich der Geistliche im tiefen Baß. »Gott und der Computer haben nichts gemeinsam«, maulten seine zukünftigen Kollegen. »Gott ist ein großer Computer, aber nirgends steht geschrieben, daß er halbnackt ist!«, rief der Lehrer in noch tieferem Baß und löschte die Verderbtheit mit einem Druck auf die Tastatur.
BOBI: Tedi! ... Entspann dich! Glaube! ... Bist du in deiner Kindheit nicht im Traum geflogen, hast du dir keine Geschichten ausgedacht?
TEDI: Meine Kindheit war kurz.
Pause.
BOBI: Das tut mir leid! Aber das hindert dich nicht daran, jetzt zu fliegen, von neuem.
TEDI: Ich tue es. Nur auf andere Art und Weise.
BOBI: Da ...! Sie fragen, ob wir den Wunsch haben, unser Geschlecht zu kennzeichnen? ... Ja, natürlich. Tedi, Geschlecht weiblich, und Bobi, Geschlecht männlich ...
TEDI: Bobi, Geschlecht kindlich ...
BOBI: Es werden uns persönliche Seiten ausgearbeitet. Frage: Was ist Ihr bevorzugtes Exterieur ... Zum Beispiel – ein hübscher Fleck irgendwo auf der Welt, der Besuchern das Interieur unserer Seiten verrät ... Was soll ich für dich hineinschreiben, Tedi?
TEDI: Montreux, die Allee am See, die Statue von Freddie Mercury, zu Beginn des Frühlings, wenn noch keine Touristen da sind.
BOBI: So ... Jetzt ich ... Tibet, im Sommer, wenn es am meisten Licht gibt ... Akzeptiert ... Sie fragen, ob wir irgendwelche Fragen haben? Tedi ...?
TEDI: Wie werden wir einander begrüßen?

BOBI: Die Antwort ist, wie wir wollen. Am häufigsten »Hi!« ... Ich werde sie fragen, wann die erste Sitzung der Kommission ist.
TEDI: Du nimmst das Spiel zu ernst, Bobi!
BOBI: Die Antwort lautet: »Machen Sie einen Vorschlag!« ... Was für einen Vorschlag soll ich machen?
TEDI: Hat das irgendeine Bedeutung?
BOBI: Natürlich hat es das. Das ist eine parlamentarische Kommission ...
TEDI: Schreib, was dir gerade einfällt.
BOBI: Na hör mal! Weißt du, was du da sagst?
TEDI: Du bist wirklich nicht normal!
BOBI: Hilf mir, Tedi! Was soll ich ihnen antworten?
TEDI: Du weißt, daß mich das überhaupt nicht interessiert. Ich warte darauf, daß es dunkel wird, um das Motorrad anzuwerfen.
BOBI: Ich bitte dich, ich bin es nicht gewohnt, auf diese Weise Entscheidungen zu treffen! ...
TEDI: Bobi, hör auf! ... Hör auf, oder wir werden uns zerstreiten! ...
Pause.
BOBI: Ich habe ihnen geantwortet, daß wir ihnen später einen Vorschlag machen werden ... Gott sei Dank, sie haben angenommen! ...
Pause.
Bewohner des Virtuellen Staates! ... Wie kann dich das nicht herausfordern, wie kann es dir nicht gefallen!?
TEDI: Was soll mir gefallen? Den dritten Tag an dieser verfluchten Grenze zu stehen? Soll mich dieses Ding da begeistern – der Computer! ... Was fühlst du im Moment?
BOBI: Was meinst du? ... Ein Gefühl von Macht, von Einigkeit! ... Wir sind nicht allein, wir leben in einer anderen Welt!
TEDI: Leben wir? ... Was heißt da: »Wir leben ...«? Was ist das für eine Welt? ... Wie sind wir dorthin gelangt?
BOBI: Wir haben die Grenze überschritten, Tedi ...
TEDI: Das ist mir gar nicht aufgefallen.
BOBI: Diese Welt ist ohne Begrenzungen, verstehst du?
TEDI: Ich verstehe. Aber sag du mir ... Warum begeistert dich das alles so? Hat sich etwas verändert? Du, zum Beispiel, hast du dich verändert? ...

BOBI: Es fällt mir schwer, das zu sagen ... Wahrscheinlich bin ich von meinem Äußeren her derselbe?
TEDI: Viel schlimmer sogar ... Hast du Hunger?
BOBI: Ich könnte ein ganzes Huhn aufessen.
TEDI: Bestell es dir über den Computer. Laß mir nur ein Flügelchen übrig ...
Lange Pause.
BOBI: Wie geht es dir, Tedi?
TEDI: Ich fühle mich wie in einer idiotischen Falle ...! Ich habe Angst, Bobi!

8.

Später.
Man hört eine monotone Melodie.
Ein Mann nähert sich Tedi und Bobi, bekleidet mit einer grünen Robe, er spielt auf einem exotischen Saiteninstrument.
TEDI: Bobi, kneif mich!
BOBI: Du träumst nicht, Tedi ... Mein Herr, haben Sie sich vielleicht in der Adresse geirrt?
DER PSYCHOLOGE: Der Herr Minister hat mich gebeten, Ihnen ...
TEDI: Habe ich dir nicht gesagt, daß diese ganze Geschichte eine verfluchte, widerliche Falle ist?!
DER PSYCHOLOGE: Was tut man nicht alles für Geld! Statt daß ich einen Drink schlürfe, korrigiere ich fremde Fehler ... Ihr Geschlecht ist doch im Computernetzwerk der Grenzpolizei vertauscht worden?
TEDI: Nicht unser Geschlecht ist vertauscht worden, sondern unsere Identität ...
DER PSYCHOLOGE: In diesem Fall handelt es sich um ein und dasselbe. Ich verstehe nichts von Computernetzwerken, sondern nur etwas von Menschen ... Ich bin hier, um Ihnen zu helfen, die Umstände so zu akzeptieren, wie sie sind ...
TEDI: Wir brauchen Ihre Hilfe nicht.
DER PSYCHOLOGE: Sie können nicht ohne meine Hilfe die Grenze der geschlechtlichen Beschränktheit überwinden.
BOBI: Die Grenze steht vor dir, auch nachdem du sie überschritten hast.

DER PSYCHOLOGE: Ich kenne meine Repliken, mein Herr. Das gilt aber nicht für die psychologischen Grenzen.
TEDI: Zum Teufel! ... Wann wird das alles ein Ende haben!? Wann werden Sie uns endlich in Frieden lassen?!
DER PSYCHOLOGE: Ich bedauere, es gibt eine gewisse Prozedur ...
TEDI: Was für eine Prozedur?
DER PSYCHOLOGE: Wenn solche Fehler passieren, wendet der Staat eine Reihe von Mechanismen an ...
TEDI: Mechanismen?! Prozedur!? ... Bitte! Das ist wirklich ein Alptraum! ... Wird denn nicht endlich der Türriegel einschnappen und alles ein Ende haben?
DER PSYCHOLOGE: Seien Sie beruhigt! Es ist alles nur zu Ihrem Besten ... Sie haben den Brief doch noch nicht abgeschickt?
BOBI: Hören Sie, das ist nicht Ihr Bier! ... Haben Sie nicht kapiert, daß ihre Anwesenheit hier unerwünscht ist!? ...
Pause. Der Psychologe spielt monoton, beruhigend, er begleitet sich selbst. Er spricht leise, flößt ein.
DER PSYCHOLOGE: Beruhigen Sie sich! ... Ich verstehe Sie! ... Es tut mir leid! ... Ich entschuldige mich! Beruhigen Sie sich! ... Verstehen Sie auch mich! ... Mein Honorar für so eine Visite ist stattlich. Außerdem habe ich es schon ausgegeben. Im voraus. Ich muß es wieder einarbeiten ... Beruhigen Sie sich! ... Glauben Sie mir! ... Charakterlich bin ich anhänglich und unnachgiebig. Lassen Sie mich besser meinen Besuch zu Ende bringen! Sie werden es nicht bereuen! ... Beruhigen Sie sich! Mehr als einen Tag und eine Nacht habe ich Ihr Problem studiert. Ein einmaliger Fall. Er eröffnet mir eine unglaubliche berufliche Chance. Glauben Sie mir! Ich bitte Sie! ...
Pause.
BOBI: Sie sprechen so komisch ...!?
DER PSYCHOLOGE: Das habe ich in Tibet gelernt, dort habe ich meinen Facharzt gemacht.
BOBI: Wirklich!? ...
DER PSYCHOLOGE: Deshalb fiel die Wahl in diesem Fall auch auf mich. Ich bin Psychologe und Psychoanalytiker. Ich beherrsche nichttraditionelle Methoden der Entspannung und Suggestion. Ich verwende auch die Methode der Musikmeditation.

TEDI: Es gibt keine Rettung! Nirgends gibt es Rettung! ... Die ganze Welt ist eine Klinik ...!

DER PSYCHOLOGE: Entspannen Sie sich, Fräulein! ... Sie sind frustriert. Sie leiden an einer Psychosymptomatik. Sie projizieren fremde Modelle auf Ihr eigenes Leben, die einen Abdruck in Ihrem Unterbewußtsein hinterlassen haben ... Die moderne Literatur verwendet häufig solche schmerzhaften Bilder. Gefängnisse, Kliniken, Psychiatrien ... Sie können sich von dieser Abhängigkeit befreien. Stellen Sie sich vor, daß dies eine literarische Formel ist. Es ist jemand anderem passiert, Sie haben es im Fernsehen gesehen ... Distanzieren Sie sich von sich selbst! Sollen wir es versuchen!?

TEDI: Ich will das nicht tun!

DER PSYCHOLOGE: Sperren Sie sich nicht! Ich werde solange darauf bestehen, bis Sie sich einverstanden erklären ... Sie können es schaffen, nicht wahr?

TEDI: Ich habe es schon gesagt: Ich will nicht!

DER PSYCHOLOGE: Und wenn ich Sie darum bitte? ... Wenn ich ihnen helfe? |*verwendet erneut das Musikinstrument*| Beruhigen Sie sich! ... Ich bitte Sie! ... Nur für einen Augenblick ... Betrachten Sie sich als Außenstehender! ... Los! ... So ... Sie tun es ... Genau so ... Wie fühlen Sie sich?

Pause.

TEDI: Verwundert.

DER PSYCHOLOGE: Ausgezeichnet! Die Verwunderung ist ein Zeichen für die Distanzierung, von der die Rede war. Ich danke Ihnen! ... Oft vermischen sich Realität und künstlerische Phantasie. Hier einige Beispiele für die Vertauschung der Welten ... Seit mehr als zwanzig Jahren überquert ein Reisender die Grenzen der Welt mit einem ungültigen Paß. Auf seinem Paß klebt statt seinem Bild ein Bild von seinem wilden, zähnefletschenden Hund. Der Mann ist es leid, mit einer Hundevisage im Paß herumzulaufen, und er selbst deckt die Verwechslung auf. Offensichtlich unterscheiden die Grenzmächte nicht zwischen einem menschlichen und einem Hundegesicht ... Ein Mann verwandelt sich in ein Pferd und erforscht die Welt durch die feuchten und metaphorischen Augen des Pferdes, dieses großen

Freundes des Menschen ... Ein Handelsreisender entdeckt unerwartet, daß er kein Mensch mehr ist, sondern ein riesiges Insekt. Er verfällt in eine existentielle Krise. Er verursacht seinen Verwandten und Freunden unbeschreibliche Schmerzen und erfüllt sie mit Abscheu ... Ein Lüstling nimmt die Form einer weiblichen Brust an. Genau, eine große, saftige Titte. Er erforscht seinen Zustand und geilt sich an seiner eigenen Erotik auf ... Na? ... Wo ist die Grenze zwischen dem Realen und dem Ausgedachten?
Pause.
Kehren wir zu Ihrem Problem zurück. Was beunruhigt Sie mehr? Die Unmöglichkeit, die Grenze zu überqueren, oder der Fehler mit der falschen Angabe Ihres Geschlechts selbst? ... Ich nehme an, daß es bei dem Herrn letzteres ist.

BOBI: Woher wissen Sie das?

DER PSYCHOLOGE: Das ist mein Beruf. Und bei Ihnen, Fräulein?

TEDI: Ich will einfach weg von hier! ...

DER PSYCHOLOGE: So ... Der Herr faßt das existierende Problem als geschlechtliches auf, das Fräulein jedoch als soziales. Das ist normal. Für Männer ist eine solche Versifikation schwerer hinzunehmen. Für die meisten Frauen ist das Umgekehrte sogar ein Kompliment. Der Begriff »maskulines Mädchen« erfreut sich immer größerer Beliebtheit.

BOBI: Haben Sie ... »Versifikation« gesagt?

DER PSYCHOLOGE: Sie kennen sicher eine der führenden Hypothesen bezüglich der Genese des Menschen? Ein zwittriges Wesen, das sich in zwei einzelne Geschlechter getrennt hat, um sich zu reproduzieren. Männlich und weiblich. Mit dem Fortschritt der Genetik wird diese Notwendigkeit entfallen. Allmählich wird das Urbild des Menschen wiederhergestellt. Achtung! ... Am Horizont steht der neue Herrscher der Welt, das zwittrige, kosmische Untier!

BOBI: Glauben Sie an diese Hypothese?

DER PSYCHOLOGE: Und wie sollen wir uns den Boom von Unisex, Schwulen, Transvestiten und anderen Menschen mit verändertem Geschlecht oder einem zweifachen Bewußtsein sonst erklären?

TEDI: Oh mein Gott! ... Das hier ist nicht nur ein Irrenhaus, sondern etwas Schlimmeres! ...

DER PSYCHOLOGE: Sehr oft sieht die Zukunft in den Augen des Gegenwartsmenschen pervers, häßlich, schrecklich und bedrohlich aus ... Aber von uns hängt nichts ab. Wir machen die Zukunft nicht. Wir analysieren sie nur objektiv.
Pause.
Wir sind erneut vom Thema abgekommen. Unsere Sitzung ist eigentlich ein Spiel. Sind Sie dazu bereit?

TEDI: Ohne mich.

DER PSYCHOLOGE: Sind Sie sicher?

TEDI: Völlig. Fragen Sie mich nichts mehr, spielen Sie mir nichts vor, hypnotisieren Sie mich nicht ...!

DER PSYCHOLOGE: Gut. Beruhigen Sie sich!

TEDI: Beruhigen Sie mich nicht! ... Sie gehen mir auf die Nerven!
Pause.

DER PSYCHOLOGE: Wird der Herr am Spiel teilnehmen?

BOBI: Warum nicht?

DER PSYCHOLOGE: Es ist notwendig, daß Sie sich selbst glauben. Daß Sie in den Worten und Bildern, die Sie hören werden, die Sie denken werden, völlig aufgehen. Es ist notwendig, daß Sie Ihre Phantasien materialisieren. Daß Sie das Maximum aus Ihrem Unterbewußtsein herausholen ... Das erfordert Konzentration. Das erfordert Vertrauen ... Werden Sie es schaffen?

BOBI: Ich hoffe es.

DER PSYCHOLOGE: Der erste Teil des Spiels ist Ihre Verwandlung in eine FRAU. So weit, daß Sie Gefühle und Gedanken im Femininum ausdrücken. In IHREM Namen ... Der zweite Teil ist für zwei Personen – eine lyrische Etüde. Würden Sie ihm als Partner zur Verfügung stehen, Fräulein?
|*Schweigen*|
Schon klar ... Dann bin ich gezwungen, Sie zu ersetzen ... So. Das Endziel des Spiels ist es, daß der Spielende virtuell von einem Geschlecht ins andere übergeht. Daß er die Metamorphose erlebt und sich erkennt. Daß er die Angst vor dieser Metamorphose überwindet. Und daß er bei der »Rückkehr« in sein wirkliches Geschlecht alle Ängste und Komplexe aus seinem

Unterbewußtsein tilgt. Daß er ein Gleichgewicht erreicht. Ein Gleichgewicht ... Akzeptieren Sie die Bedingungen des Spiels?
BOBI: Ich akzeptiere.
TEDI: Bobi, tu das nicht!
BOBI: Ich habe es schon gesagt. Ich will dieses Spiel!
TEDI: Das ist nicht nur ein Spiel! Es ist gefährlich ...!
BOBI: Du fliegst mit hundertachtzig! Ich will auch fliegen! Ich will ... mich selbst entdecken! ... Jetzt oder nie!
TEDI: Bobi ...!
BOBI: Steh mir nicht im Weg! Laß mich! ... Entweder ich tue es jetzt, oder mein Leben hat keinen Sinn mehr ...!
TEDI: Zum Teufel mit dir!
DER PSYCHOLOGE: Bei von der Universität in Queens, USA, durchgeführten Untersuchungen wurde eine seltsame Veränderung bei den Männern festgestellt, die kürzlich Vater geworden sind. Bei ihnen ist eine Verringerung des Spiegels des männlichen Hormons Testosteron gemessen worden. Und zur gleichen Zeit – eine Erhöhung des Hormons Estradiol, verbunden mit dem mütterlichen Verhalten bei Frauen ... Anders gesagt, wenn ein Mann vorher beim Anblick einer sexy Mutter mit Kind eine Gänsehaut bekommen hat: »Ach, wenn die mir nur einmal unterkäme ...!«, würde ein Vater bei einem solchen Anblick in Rührung geraten: »Ach, was für ein liebes Kind!« ... Das ist ein typisches Beispiel für den Einfluß der Psyche auf die Biologie.
Pause.
Wir beginnen nun unser kleines psychologisches Spiel! |*begleitet sich selbst mit dem Musikinstrument*| Setzen Sie sich, mein Herr! ... Beruhigen Sie sich! ... Schließen Sie die Augen! ... Beruhigen Sie sich, und vergessen Sie alles! ... Alles! ... Sie sind nackt ... Völlig nackt ... Sie haben eine Dusche genommen ... Alleine, vollkommen alleine ... Vor einem großen Spiegel ... Frei ... Erregt ... Ihr Körper dürstet ... Er vibriert ... Sie betrachten sich aufmerksam ... Sehr aufmerksam ... Ihre Brüste sind größer geworden ... Wie bei einem Mädchen ... Kleine und saftige Brustwarzen ... Sie betasten sie ... Mit langen und schönen Fingern ... Mit eleganten, fraulichen Bewegungen ... Sie

liebkosen Ihre runden Hüften ... Sie lassen zärtlich Ihre gefühlvollen Handflächen gleiten ... Nach unten ... Nach vorne ... Sie streicheln die Härchen ... Den Venushügel ... Dann noch tiefer ... Es ist angenehm ... Die Erregung befreit ... Berauscht ... Befriedigung ... Das ist das Wort ... Befriedigung ... Und jetzt ziehen Sie sich an ... Die Unterwäsche ist rot ... Das Kleid in kirschrot ... Die Schuhe sind schwarz ...
Pause.
Wer bist du?
|*Schweigen*|
Wer bist du?
BOBI: Ich bin ...
Pause.
Ich ... bin ... Luisa.
TEDI: Bobi ...!
DER PSYCHOLOGE: Schweigen Sie! ... Woher kommst du, Luisa?
BOBI: Von ... sehr ... weit her ...
DER PSYCHOLOGE: Erwartest du jemanden? ...
|*Schweigen*|
Erwartest du jemanden?
BOBI: Den Prinzen ...
DER PSYCHOLOGE: Der Prinz aus deinen Träumen ist schon hier, Luisa! Er steht vor dir ... Wie strahlend schön und charmant du bist! Du wirst die Perle dieses Abends sein! ... Aber der Ball hat begonnen, Luisa ... Man erwartet uns!
BOBI: Der Ball! ...
DER PSYCHOLOGE: Laß uns gehen, meine Schöne! ...
Bobi steht benommen auf und legt kokett seine Hand in die Hand des Psychologen. Die beiden drehen sich im Kreis, rituell und feierlich.
DER PSYCHOLOGE: Hörst du die Musik des Gardeorchesters? ... Sie spielen für dich! ... Laß uns im Wirbelwind des Tanzes davonfliegen! ...
Die beiden tanzen in der Stille. Ihre Bewegungen werden immer realer. Ihre Körper schmiegen sich aneinander.
DER PSYCHOLOGE: So wie die Mondsichel das nächtliche Blau durchbohrt, so wie der schäumende Bach in die aufgeplatzte Erde

eindringt, so wollen auch wir beide eins werden, Luisa ... Du und ich, Luisa! ... Willst du, daß wir uns vereinigen?
BOBI: Mein Prinz! ...
DER PSYCHOLOGE: Du und ich, Luisa? Jetzt, Luisa? ... Sag ja!
BOBI: Ja ...
Der Psychologe drückt Bobi immer fester an sich . Er streichelt ihn, zieht ihn aus.
Tedi stürzt sich auf sie.
TEDI: Was tun Sie mit ihm!? ...
DER PSYCHOLOGE: Zerstören Sie das Experiment nicht! ...
TEDI: |*schlägt den Psychologen mit allem, was ihr zwischen die Finger kommt*| Du bist ein Experiment! ... Psychoidiot! ... Mieser Scheißkerl! ...
DER PSYCHOLOGE: Verfluchte Feministin! ... Dein Platz ist in der Klinik! ...
TEDI: |*mit letzten Anstrengungen gelingt es ihr, sie zu trennen*| Warum erschießt du dich nicht hinter der nächsten Kurve! ... Verschwinde von hier! ... Verschwinde! ...
Der Psychologe flieht.
Tedi jagt ihn.
Sie sind außer Sichtweite.
Bobi kommt langsam zu sich.
Lange Pause.
Tedi kommt zurück. Sie geht zu Bobi. Sie macht einen Versuch, ihn zu streicheln.
Bobi entzieht sich, er hat Gänsehaut.
TEDI: Ich habe richtig gehandelt, Bobi!
BOBI: Warum ...? Warum hast du das getan?
TEDI: Ich versichere es dir!
BOBI: Bist du eifersüchtig ...?
TEDI: Du bist verrückt!
BOBI: Laß mich!
TEDI: Hör mir zu, Dummerchen ...!
BOBI: Ich weiß! Ich bin ein Dummkopf, ein Loser, ein Chihuahua ... Laß mich! Für immer! ...
TEDI: Soll ich dir dein Hemd zuknöpfen?
BOBI: Ich hasse dich! Laß mich sofort in Frieden! Oder ...

Pause.
Ich werde dich umbringen! ... Wenn du nicht verschwindest, bringe ich dich um! ... Widerliche, gefühllose Hündin! ... Ich bringe dich um! Ich bringe mich selbst auch um! Ich bringe alle um! ...
Tedi geht.
Bobi bleibt allein. Er rührt sich nicht.
Irgendwoher hört man die bekannte monotone Melodie.

9.

Später.
Der Grenzübergang. Der Grenzbeamte ißt und langweilt sich. Lärm von einem Motorrad.
Der Grenzer bläst in die Signalpfeife. Es klappt nicht, sein Mund ist voll, er verschluckt sich, hustet und spuckt. Erneut bläst er schrill in die Pfeife.
DER GRENZBEAMTE: He! ... Tedi! Komm her! ... Komm schnell! ...
Der Lärm vom Motorrad verstummt.
Pause.
Tedi nähert sich der Kabine, mit dem Helm in der Hand.
DER GRENZBEAMTE: Sag mir, Tedi ... Warum willst du über die Grenze?
TEDI: Das geht dich nichts an!
DER GRENZBEAMTE: Wenn du mir antwortest, werde ich dir etwas sehr Wichtiges verraten.
TEDI: Ich will in die Alpen. Ich werde versuchen, bei der Weltmeisterschaft für Bergmotorradrennen für Frauen teilzunehmen ...
DER GRENZBEAMTE: Du bist wirklich völlig verrückt!
TEDI: Willst du nur die Zeit totschlagen, oder hast du mir etwas zu sagen?
DER GRENZBEAMTE: Du bist inzwischen Tedi, Geschlecht weiblich ...
Pause.
TEDI: Wie bitte ...!?
DER GRENZBEAMTE: Der Fehler ist behoben. Vor kurzem kam die Benachrichtigung.
TEDI: Das ist doch nicht möglich! Ich war mir sicher ...

DER GRENZBEAMTE: Was?
TEDI: Daß das eine ... Falle ist.
DER GRENZBEAMTE: Ich schwöre bei dem Kind, daß ich in meinem Bierbäuchlein trage!
TEDI: Warum falle ich eigentlich auf dich herein ...!?
DER GRENZBEAMTE: Gestern habe ich Diät gehalten ... Kommt es dir nicht auch so vor, daß mein Bäuchlein heute kleiner ist?
TEDI: Mit diesem Beruf wirst du es schwer haben abzunehmen.
DER GRENZBEAMTE: Am Morgen wäre ich fast vor Hunger gestorben! ... Denk an meine Worte! Ein richtiger Mann muß auch an der richtigen Stelle Gewicht haben.
TEDI: Ich werde es mir merken ... Ich breche auf. Ciao!
DER GRENZBEAMTE: Gib mir deinen Paß!
Pause.
TEDI: Warum ...?
DER GRENZBEAMTE: Um ihn abzustempeln und ihn dir feierlich zu überreichen.
TEDI: Hör auf, deine Späße mit mir zu treiben.
DER GRENZBEAMTE: Und warum sollte ich dich auf den Arm nehmen? Wegen eures gestrigen Scherzes? ... Hier ist es den ganzen Tag über so langweilig. Langeweile, Langeweile, unendliche Langeweile! Und gestern haben wir uns so gut amüsiert! Ich liebe es, mich zu amüsieren. Worüber es auch sei. Manchmal sogar, Gott verzeihe mich, auch über das Tragische ... Weißt du, was der Unterschied zwischen dem Tragischen und dem Komischen ist?
TEDI: Nein ...
DER GRENZBEAMTE: Den Paß, bitte!
Tedi gibt ihm mechanisch ihren Paß.
Du gehst also mitten über den Markt. Um dich herum ist alles voll mit Menschen. Und zack! ... Deine Hose platzt, hinten ... Für dich ist das eine Tragödie ... Aber für die hinter dir Gehenden – eine Komödie ... |*stempelt den Paß ab und gibt ihr.*| Gehab dich wohl! ... Und paß auf, daß du dir in den Alpenschluchten nicht das Genick brichst! Es wäre schade um eine Frau wie dich!
TEDI: |*betrachtet ihren Paß*| Ein Stempel, ein richtiger Stempel ...

DER GRENZBEAMTE: Weißt du, was passiert ist? Irgendwo auf der Trasse, ganz in der Nähe von uns, ist ein Kabel feucht geworden ... Ein einfaches Kabel ...
Pause.
Was stehst du da noch herum? ... Warum brichst du nicht auf?
TEDI: Ich breche auf ... |*steht da, betrachtet weiterhin ihren Paß*| Mein Gott! Ich kann es nicht glauben ...!
DER GRENZBEAMTE: Woher kommst du gerade, so außer Atem und verschwitzt?
TEDI: Ich hatte kein Benzin und habe das Motorrad zur Tankstelle geschoben.
DER GRENZBEAMTE: Hättest du den jungen Mann eingespannt, wäre er mit dem Motorrad durch die Gegend gepilgert ...! Statt daß er hin und her läuft und glotzt wie ...
TEDI: Ein Chihuahua.
DER GRENZBEAMTE: Haha! He, du hast mich schon wieder zum Lachen gebracht! ...
Pause.
TEDI: Wann? ... Wann hast du ihn gesehen?
DER GRENZBEAMTE: Vor ein paar Minuten ... Er suchte nach einem Strick. Ich habe ihn gefragt, ob er sich aufhängen will. Und er – so ein Spaßvogel: Ich werde mich aufhängen, hat er mir gesagt, nur daß ich Angst habe, daran zu ersticken ...
TEDI: Einen Strick hat er gesucht? ...
DER GRENZBEAMTE: Ich habe ihm geraten, sich nicht über einem Fluß aufzuhängen. Damit er nicht ertrinkt, falls das Seil reißt ... Wir haben gelacht.
TEDI: Das mit dem Schaden, mit den Pässen ...? Hast du es ihm gesagt?
DER GRENZBEAMTE: Und ich habe es sogar wiederholt, weil er mich beim ersten Mal nicht gehört hat.
TEDI: Und er ... er, was hat er ...?
DER GRENZBEAMTE: Ein Spaßvogel, ein großer Spaßvogel ... Er habe einen Paß direkt nach dort ...
TEDI: Nach dort ...?
DER GRENZBEAMTE: Ich habe nichts verstanden. Er kam mir durcheinander vor ...

Pause.
Was ist los? Er wird sich doch nicht wirklich ...? Macht keine Witze mit dem Leben, he!
TEDI: Er ist wirklich ein großer Spaßvogel. ... Mein Gott! Bobi! Was hast du getan!? Bobi! ... |*stürzt zum Motorrad*|
DER GRENZBEAMTE: |*holt sie ein*| Ich komme mit dir!
TEDI: Und wer bewacht die verfluchte Grenze? ... Ich komme schon alleine zurecht.
DER GRENZBEAMTE: |*gibt ihr die Pfeife*| Wenn du Hilfe brauchst, dann blas hinein!
Tedi küßt ihn.
DER GRENZBEAMTE: Danke, Tedi! ... Zum letzten Mal hat mich vor drei Jahren eine Frau geküßt.
TEDI: Und ich habe auch vor drei Jahren in der Klinik zum letzten Mal einen ... Erhängten gesehen. |*rennt zum Motorrad*|
DER GRENZBEAMTE: Ach, Bobi, Bobi! ...

10.

Der bekannte Ort. Ein improvisierter Galgen.
Bobi hat die Schlinge um seinen Hals gelegt, er ist bereit, den letzten Schritt zu tun.
Lärm eines Motorrads.
Bobi zögert.
Tedi stürzt auf ihn zu.
TEDI: Bobi! Nein! Mach keinen Blödsinn! ...
|*Schweigen*|
Hör mir zu! Alles wird wieder gut! Nur das ist nicht wiedergutzumachen! ...
|*Schweigen*|
Vor drei Jahren, meine beste Freundin ... Ich habe sie von der Lampe abgenommen ... Ich bitte dich, bring mich nicht erneut zum Weinen! Es wird sonst noch zur Gewohnheit ...
|*Schweigen*|
Verzeih mir! Ich habe mich dir gegenüber schuldig gemacht! ... Ich hätte ... hätte ... Ich weiß nicht, was ich hätte tun müssen!
Pause.
BOBI: Ich bin schuld ... Bitte verzeih mir, Tedi! ...

TEDI: Und warum hast du beschlossen, die Grenze des Lebens zu überschreiten? ... Was ist passiert? Wovor hast du dich so erschrocken, Bobi?
BOBI: Vor dem, was ich gesehen habe. Während des Psychospiels. Als ich in mich selbst hineingeschaut habe ...
TEDI: Was hast du gesehen, Bobi?
BOBI: Ich konnte ihn sehen ...
TEDI: Wen?
BOBI: Den anderen ... Bobi.
TEDI: Unglaublich! ... Ich platze vor Neugier! Erzähl es mir! Ich bitte dich!
Lange Pause.
BOBI: Riesige purpurne Wolken, Nebel von purpurnen Dämpfen. Unterdrücktes Knurren, Klappern und heiseres Röcheln ... Als ich unter den Nebel tauchte, sah ich ein brodelndes, goldglänzendes Bassin ... Ich sah Dutzende entstellter, animalischer Grimassen. Sie gaben unmenschliche Geräusche im brodelnden, goldenen Wasser von sich. Sie bissen sich, sie zerrissen sich, sie brachen einander die Gliedmaßen, sie stachen sich die Augen aus ... Alle sie waren meine Doppelgänger. Eine Unmenge von Doppelgängern ... Ich sah die Apokalypse ... Ich hatte Angst! Ich war entsetzt!
TEDI: War Luisa dort?
BOBI: Nein. Dort war nur ich ... Dort war nur meine Seele. Eingefroren über dem goldenen Bassin. Sie starrte mit unmenschlichem Schrecken meine Doppelgänger an ...
Pause.
Ich träumte davon, den anderen Bobi zu sehen. Ich stellte ihn mir vor wie einen Engel ... Mein Traum ist zerplatzt wie eine Seifenblase. Ich bin am Boden zerstört, Tedi!
TEDI: Das sind kranke Phantasien!
BOBI: Es gibt für mich keinen Grund mehr, länger zu leben.
TEDI: Es gibt einen ... Natürlich gibt es einen.
BOBI: Nenn mir wenigstens einen Grund.
TEDI: Zum Beispiel ... meinetwegen.
Pause.
Wo hast du diesen Strick gefunden?

BOBI: Damit war das Pferd angebunden, daß hier in der Nähe grast. Ich habe es befreit ...
Pause.
Meinst du das ernst, was du gerade gesagt hast?
|*Schweigen*|
Warum bist du zurückgekommen?
TEDI: Wie lange wollen wir noch so miteinander reden?
BOBI: Bin ich komisch? ... Sehe ich aus wie ein Idiot in einer dummen Komödie? ...
TEDI: Du siehst aus wie ein verwirrter Mann!
BOBI: Meinst du, ich bin ... jämmerlich?
TEDI: Du hast einfach vergessen, daß das Leben hart und einmalig ist! ...
Pause.
BOBI: Und wenn ich jetzt heruntersteige, wirst du ... Glaubst du, daß ich überhaupt die Kraft dazu habe?
TEDI: Du hast es schon getan. In dir selbst. Du hast auch diese Grenze überschritten ... Komm runter. Ich bitte dich! ...
Pause.
Atme den frischen Morgen ein, Bobi! ... Hör das Lied der Grillen, den himmlischen Kinderchor ...! Komm zu mir! ...
Pause.
Bobi steigt vom Galgen herunter. Er nähert sich Tedi.
Sie umarmen sich schweigend.

11.

Die beiden.
TEDI: Wie bist du nur auf die Idee gekommen ...?
BOBI: Beim Erhängen ist man, kurz bevor man stirbt, höchst glücklich. Man bekommt einen einmaligen Orgasmus ...
TEDI: Wie romantisch.
BOBI: Jeder muß dieses Gefühl zumindest einmal in seinem Leben erfahren.
TEDI: Indem er sich erhängt?
BOBI: Oft träume ich von einem riesigen schneeweißen Vulkan. Seine Kuppel bebt, dröhnt ... Plötzlich bricht der Vulkan aus und übergießt die Täler mit seinen weißen Geysiren ... Ich

habe noch nie einen vulkanischen Orgasmus gehabt! Nie, nie! ...
Pause.
TEDI: Wir vermischen gefährlich oft das Leben mit dem Spiel, Bobi ... Wer hat uns das wohl vorherbestimmt?
BOBI: Wer immer es will.
TEDI: War es ein Traum? ... Das, was in diesen Tagen mit uns geschehen ist?
BOBI: Ein Traum. Durch eine Wolke.
TEDI: Ich weiß nicht mehr, wo ich bin. Wir haben alle Grenzen überschritten. Virtuelle, geschlechtliche, alle möglichen ... Bitte sehr. Mein Paß ist zur Ausreise abgestempelt. Heißt das, ich bin schon auf der anderen Seite? Heißt das, ich habe die Staatsgrenze überquert ... Verfluchtes Leben, verfluchte Schizophrenie! Laß uns gehen!
BOBI: Wohin?
TEDI: Wohin auch immer. Jetzt werde ich dir zeigen, wie man hundertachtzig fährt! Vielleicht machst du dir nicht in die Hosen, aber ich werde alle Doppelgänger aus deinem Kopf blasen! ...
Pause.
BOBI: Ich habe meine Pläne geändert.
TEDI: Das überrascht mich nicht.
BOBI: Ich will Kinder haben.
TEDI: Kinder? ... Toll! ...
Pause.
Und wie lange wird dein Beschluß anhalten?
BOBI: Soweit ich weiß, ist die Vaterschaft für immer.
TEDI: Noch etwas anderes, Bobi?
BOBI: Im Moment genügt mir das.
TEDI: Ich muß zugeben ...
Pause.
Sag mal ... meinst du das ernst? Und wann hast du dich entschieden?
BOBI: Ich bin heruntergestiegen, weil ich mich entschieden habe. Du hast mir geholfen ... Danke!
TEDI: Schau an! ... Der Gedanke an die Fortsetzung des Geschlechts und an deine eigene Unsterblichkeit hat dich gerührt ...

BOBI: Nein, Tedi! Das Zeugen und Aufziehen eines Kindes ist heutzutage eine Mission ... Jeden Tag werden auf der Welt über eine Million Kinder geboren. Das Gebären eines Kindes ist nur ein millionster Teil des Ganzen. Sehr wenig, eine verschwindend geringe Zahl, nicht wahr? Aber es ist mehr als Null. Und jede Geburt ist Hoffnung. Das heißt, 0,000001 Prozent der Hoffnung. Wenn du alle diese winzigen Prozentsätze zusammenzählst, macht das hundert Prozent. Hundert Prozent Hoffnung, Tedi!

TEDI: Du bist verrückt, Bobi!

BOBI: Um diese Chance zu haben, müssen wir alle an sie glauben. Wir müssen glauben, daß gerade unser Kind ein neuer Heiland ist! ...

TEDI: Glaubst du daran?

BOBI: Nur dann werden wir das Licht gebären! Nur dann werden wir die Menschheit retten! Sonst vergrößern wir nur den Müllberg der Erde ... Klingt das sehr naiv?

TEDI: Du glaubst das wirklich, Bobi!?

BOBI: Glaube auch du, Tedi! Jeder von uns hat seinen Stern am Himmel. In ihm lebt unser Geist, und auf der Erde verrosten und verfaulen und phosphoreszieren nur unsere Verpackungen ...

TEDI: Ich erinnere mich an einen Poeten in der Klinik, einen Epileptiker ... Er sagte gerne: »Jeder unentdeckte Stern ist aus zwei Prozent unbekannten Mineralien und achtundneunzig Prozent Sehnsucht zusammengesetzt!« ...

Pause.

Und wie stellst du dir die Mutter deiner Kinder vor?

BOBI: Ich würde mich freuen, wenn sie dir ähnlich wäre.

TEDI: Man hat schon viel Spaß mit dir, Bobi! ...

BOBI: Und sie sollte wie du Wiegenlieder kennen ...

TEDI: Idiot!

Lange Pause.

Machst du Witze?

BOBI: Wann habe ich jemals Witze gemacht!?

TEDI: Du machst Witze. Und ich falle auf dich herein ... Beweise, daß du es ernst meinst!

Pause.

Bobi küßt sie.
TEDI: Ich bin mir nicht sicher ... Kannst du das noch einmal wiederholen?
Bobi küßt sie erneut.
Pause.
TEDI: Bist du sicher, daß du willst, daß ich dir das richtige Küssen beibringe?
BOBI: Wenn es sein muß ...
TEDI: Und bist du sicher, daß du willst, daß die Mutter deiner Kinder mir ähnlich ist?
BOBI: Völlig.
TEDI: Aber warum?
BOBI: Mit dir zusammen habe ich alle Grenzen überschritten, Tedi. Ich kenne keine andere solche Frau.
TEDI: Ich kenne auch keinen anderen wie dich ... Aber du weißt doch, daß ich keine Kinder mag?
BOBI: Das ist nicht wahr! Du wolltest mich retten und Kinder mit mir haben. Dessen bin ich mir sicher ... Sag mir die Wahrheit, Tedi!
Lange Pause.
TEDI: Alles ist ein Resultat des Unfalls, Bobi ... Wenn ich in den nächsten drei Jahren kein Kind zur Welt bringe, dann werde ich nie mehr Kinder haben können. Oder es wird auf Kosten meines Lebens sein ... Ich hatte Angst, einen Kompromiß eingehen zu müssen. Mit wem auch immer. Nur und nur, um ein Kind zu haben. Und ich wollte auf keinen Fall Kompromisse eingehen. Und deshalb ... deshalb ...
BOBI: Mit mir ist es kein Kompromiß!
TEDI: Nachdem ich dir mein Geheimnis anvertraut habe, werde ich dir auch etwas anderes beichten ...
BOBI: Ich höre!
TEDI: Ich will so gerne Mutter sein, daß ich sogar bereit wäre, einen Kompromiß einzugehen.
BOBI: Keine Kompromisse!
TEDI: Wenn ich dir zwei Kinder gebäre, wirst du mir dann ein Pferd schenken?
BOBI: Du hast eines. Es grast da drüben.

TEDI: Mit dir hat man wirklich sehr viel Spaß!
BOBI: Mit dir auch. Wir haben das Leben und das Spiel völlig durcheinandergeworfen ... Ich habe nur vor einem Angst ... Dein Motorrad, dein Wind ...?
TEDI: Wie auch deine Reisen, Tibet ...?
Lange Pause.
BOBI: Was werden wir mit der ... Freiheit tun? ...
TEDI: Wir werden sie verlieren ... allmählich.
BOBI: Los, dann laß uns einander küssen! ...
TEDI: Und die Kommission, der virtuelle Staat, der Brief nach Den Haag ...?
BOBI: Überlassen wir die Spiele den Kindern ... Los, komm! ...

12.

Die beiden umarmen sich, legen sich auf den Boden.
Pause.
TEDI: Sei nicht böse, wenn es nicht auf Anhieb klappt!
BOBI: Wir machen so lange weiter, bis es klappt.
TEDI: Ich dachte eigentlich an den vulkanischen Orgasmus ...
BOBI: Und ich an die Schwangerschaft ...
TEDI: Denk dran – drei Jahre ...!
BOBI: Sei ganz beruhigt! In dieser Zeit kann man einen englischen Rasen anlegen.
TEDI: Hörst du jenes Läuten ...?
Pause.
Du stehst in Flammen! Du verbrennst auch mich! ...
Pause.
Wo bist du? ... Was ist los? Bobi!? ...
Lange Pause.
BOBI: Als ob mich der Blitz getroffen hätte ... Ich habe die Grenze gespürt. Ich habe sie gesehen ... Aber nicht oben, nicht weit weg, sondern drinnen ... Nah, ganz nah ...

ENDE

Kurzbiographien der Autoren

EMIL BONEV, geb. 1961 in Tărgovište. Schauspielstudium an der Nationalen Akademie für Theater und Film »Krăstjo Sarafov« in Sofia. Seit 1999 Direktor des Dramatischen Theaters »N. O. Masalitinov« in Plovdiv.
Er ist Autor der Stücke »Meersalz« (1998), »Ein Päckchen Kürbiskerne« (1999), »910 $« (2000), »Poker« (2001), »*Das Wort Schweigen*« *(2002)*, »Bahnwärterhäuschen 117« (2003) sowie des Drehbuchs für die Fernsehserie »Meersalz« (nach dem gleichnamigen Stück). Übersetzungen ins Serbische, Türkische, Russische und Englische.

INA BOŽIDAROVA, geb. 1959 in Sofia. Studium der Bulgaristik an der Universität Sofia, Aufbaustudium der Theaterwissenschaft an der Nationalen Akademie für Theater und Film »Krăstjo Sarafov« in Sofia und der Dramaturgie am Royal Court Theatre in London.
Sie ist Autorin der Stücke »Die Krise« (1994), »Weg aus Rosen und Dornen« (1997), »Aschenputtel aber ...« (1999), »*Saxophon*« *(2001)*, »Weibliche Zelle« (2005) sowie der Dramatisierungen von »Aladin und die Wunderlampe«, »Momo«, »Der Zauberer von Oz« und »Pinocchio – für Kinder verboten« nach Carlo Collodi. Übersetzungen ins Englische.

JURIJ DAČEV, geb. 1963 in Šumen. Studium der Theaterwissenschaft an der Nationalen Akademie für Theater und Film »Krăstjo Sarafov« in Sofia. Seit 1995 Dramaturg des »Kleinen Stadttheaters hinter dem Kanal« in Sofia. Theaterkritiker, Journalist, seit 2002 Lehrbeauftragter für Dramaturgie an der Nationalen Akademie für Theater und Film.
Er ist Autor der Stücke »À l'Anglais« (1994), »Hundepension« (1996), »Gestrige Küsse« (1998), »*Salon der Tränen*« *(2000)*, »Ehrbare Morde« (2004) sowie mehrerer Drehbücher für Film und Fernsehen. Übersetzungen ins Russische, Deutsche und Englische.

TEODORA DIMOVA, geb. 1960 in Sofia. Studium der Anglistik an der Universität Sofia, Aufbaustudium der Dramaturgie am Royal Court Theatre in London.
Sie ist Autorin der Stücke »Fury« (1987), »Igrila« (1991), »Das Plateau« (1993), »Ohne Haut (Neda und die Hunde)« (1995), »Anhalter« (1999), »Das Schloss Ireloch« (2000), »Liebhaber« (2001), »Eine Hälfte (Die Hündin)« (2002), »*Schlangenmilch*« *(2003)*, »Die unsichtbaren Wege der Vergebung« (2004) sowie der Romane »Emine« und »Die Mütter«. Übersetzungen ins Englische, Deutsche, Französische, Makedonische, Albanische und Griechische.

JANA DOBREVA, geb. 1962 in Sofia. Studium der Journalistik an der Universität Sofia.
Sie ist Autorin der Stücke »Manchmal im Leben« (1990), »Lass uns draußen spielen« (1992), »Blaubeerstille« (1994), »Sandpuzzle« (1996), »Oh mein Gott! Krokodile!« (1997), »Die Frau von gegenüber« (1998), »*Die Wärme im November*« *(2002)*, »Gnade für Mama« (2005) sowie mehrerer Drehbücher für Film und Fernsehen. Übersetzungen ins Englische, Russische, Deutsche, Französische, Makedonische, Griechische, Tschechische, Rumänische und Ungarische.

KALIN ILIEV, geb. 1956 in Gabrovo. Studium der Bulgaristik an der Universität von Veliko Tărnovo, 1986 Aufbaustudium der praktischen Dramaturgie. Seit 1998 Vorsitzender der »Stiftung für bulgarische Literatur« in Sofia.
Er ist Autor der Stücke »Der Schlüssel« (1997), »Der Hosenscheißer« (1998), »Eine Geschichte vom Ende« (1999), »Der Ball der Schlangen« (1999), »*Die Grenze*« *(2002)* sowie des Romans »Der letzte Briefträger«. Übersetzungen ins Französische, Englische, Ukrainische, Slowenische, Rumänische und Makedonische.

Die **Bühnenrechte** für die Stücke

»Die Wärme im November« (Jana Dobreva),
»Schlangenmilch« (Teodora Dimova) und
»Das Wort Schweigen« (Emil Bonev)
liegen bei:

Österreichischer Bühnenverlag Kaiser & Co. Ges. m. b. H.
Am Gestade 5/2
A-1010 Wien
Tel.: +43/1/75355222
Fax: +43/1/5353915
office@kaiserverlag.at
www.kaiserverlag.at

Über die Bühnenrechte der anderen Stücke wurde
bei Drucklegung dieser Anthologie noch verhandelt.
Bei Interesse wenden Sie sich bitte an den Drava Verlag
oder die Herausgeber.